LA GESTION DES CONFLITS

Par Ahmat Yacoub Dabio
Doctorat en Sociologie (Gestions des conflits)

Président du centre d'études pour le développement et la prévention de l'extrémisme

CEDPE – N'Djamena -Tchad

Ahmat Mahamat Yacoub, LA GESTION DES CONFLITS

Je dédie cet ouvrage de paix et pour la paix à Fahima et Adila,
souhaitant que leur génération soit meilleure que la nôtre.

Table des matières

Ahmat Mahamat Yacoub, LA GESTION DES CONFLITS

Remerciements

C'est avec un réel plaisir que je propose cette étude aux professionnels en matière de gestion de conflit. Un ouvrage de plus de 400 pages, basé en grande partie sur ma thèse de doctorat qui traitait ***'la Gestion des conflits'***.

Je tiens à remercier tous ceux qui ont apporté leur contribution intellectuelle et morale à mon travail. A commencer par mon directeur de thèse : Servet ERTUL et les membres du Comité de Suivi de Thèse : Jean-Philippe Melchior et Mme Sandrine Drapier. C'est grâce à leurs conseils éclairés et à leur suivi rigoureux que ce travail a pu aboutir.

Je présente également mes remerciements à M. Gilles Ferréol, à M. Philip Milburn, à M. Parsad Gunputh Rajenda, à Mme Rhita Bousta ainsi qu'à M. Gerald Billard, directeur du laboratoire ESO Le Mans, et aux membres de ce laboratoire, pour leur accueil et leur disponibilité. Tous se reconnaitront dans ce travail.

Je présente enfin ma gratitude à ma famille et à mes amis, sans citer de nom, pour leurs encouragements.

Avant-propos

L'historiographie de la médiation à travers sa typologie et ses différentes étapes nous a donné l'envie de travailler sur une thématique dont nous croyons qu'elle apportera des éléments positifs à la gestion des conflits. La médiation est plus que jamais nécessaire. Loin de posséder un bâton magique, elle contribue à éloigner les conflits en proposant des solutions négociées et consensuelles aux parties en conflit. Toutefois, l'efficacité de l'institution depend avant tout de son adaptation aux valeurs socioculturelles du temps et de l'espace. Qu'il s'agisse des conflits impliquant administration et administré(s), inter ou intracommunautaire, ce sont après tout des conflits de sociétés.

Des réformes en réformes, des pays comme l'Espagne, le Portugal puis la France, ont adopté une stratégie qui a consisté à fusionner plusieurs Autorités Admministratives Institutionnelles (AAI) pour en faire une importante Autorité Administrative Indépendante Spécialisée (AAIS) dont l'objet principal, justifient-ils, le renforcement de l'institution dans le domaine de l'hybridité et de l'indépendance aux pouvoirs. Ce point reste d'ailleurs discutable. Avec cette nouvelle vision, l'institution s'adapte au développement socioculturel pour se charger de la protection non juridictionnelle des droits fondamentaux de la personne. Et c'est au moment où les démocraties adaptent et adoptent ce mécanisme efficace de gestion des conflits, le destin a voulu que la médiature de la République tchadienne soit supprimée à N'Djamena (Tchad) le 27 mars 2018.

Résumé

A travers cet ouvrage qui a pour objet d'analyser la médiation comme autorité administrative indépendante (AAI), impartiale, ayant pour mission le traitement de conflits entre les administrés, usagers et les différents organes de l'administration publique, nous allons nous intéresser dans un premier temps aux origines principales des conflits, en particulier au sens normatif et sociologique du terme, en revisitant le concept de justice sociale.

Dans un deuxième temps, nous justifierons le rôle de la médiation face aux litiges et différends irrésolus par les tribunaux, avant de conclure cette partie par une interprétation des statistiques. Nous nous appuierons aussi pour cela sur l'étude d'échantillons de questionnaire portant sur l'ombudsman et ses aspects spécifiques dans certains pays.

Il s'agira de se livrer à un examen attentif des moyens par lesquels l'institution d'Ombudsman/Médiateur conçoit, répond et élabore la question de la médiation entre l'administré et l'administration et au-delà. Ce sera aussi l'occasion d'examiner, dans les situations conflictuelles, le rôle de la médiation dans son rapport au droit coutumier et d'aborder « *les forces et faiblesses des pratiques qui irriguent la médiation* »[1] parlementaire depuis son apparition.

Dans une troisième partie, nous allons nous intéresser au développement de l'institution, puis, nous ferons une typologie des conflits en nous attachant aux dossiers (réclamations) arrivés ou transmis à l'institution tchadienne. Nous allons consacrer quelques exemples à la Médiation contemporaine et aux traits communs de certains types d'institutions. Nous aborderons aussi les enjeux culturels, la consolidation de la paix et le rôle de la 'Médiatologie' sociologique particulièrement dans l'espace scolaire.

Tout au long de l'analyse, les questions en rapport avec les conflits et les techniques de l'Ombudsman seront abordées à la lumière de la recherche, des enquêtes, échanges et informations recueillis auprès des professionnels, directement ou indirectement, en rapport avec le sujet. Ainsi, au fur et à mesure, se dessineront des éléments de compréhension qui permettront de

---

[1] http://imaq.org/2012/10/12/linstitut-de-la-mediation-dans-lespace-francophone-i-m-e-f-au-quebec/

mieux cerner le sujet.

Enfin, dans notre démarche, nous consacrons un chapitre sur la jeunesse, l'extrémisme et le rôle que peut jouer la 'Médiatologie' sociologique dans la prévention du conflit violent. Nous allons aussi nous interroger sur l'utilité de l'institution alors qu'il existe d'autres organismes en charge de la protection non juridictionnelle des droits fondamentaux.

Abstract

First and foremost, in order to highlight this thesis which aims to analyze impartially mediation as an independent administrative authority (AAI), whose mission is to treat conflicts between citizens, users and the various bodies of the public administration, we will be devoting ourselves first of all to the main origins of conflicts and specifically in the normative and sociological sense of the term, by revisiting the concept of social justice.

Secondly, we are going to justify the role of mediation and specifically in disputes and unresolved disputes by the courts, supported by the study of a sample questionnaire dealing with the function of ombudsman and its aspects in some countries.

It will involve a careful examination of the means by which the Ombudsman / Ombudsman institution conceives, responds and elaborate on the issue of mediation between the public and the administration and beyond. Plus, it is an opportunity to examine the role of mediation in situations of conflict with regard to customary law and to address "the strengths and weaknesses of the practices that have irrigated parliamentary mediation" since its creation.

In the third part, we are going to focus on the development of the institution, in particular on the case of the Mediature of the Republic of Chad.

Then, we will make a typology of conflicts by studying the files (claims) addressed or conveyed to the Mediature. We will dwell upon some examples of contemporary mediation and the common features of certain types of institutions. Then we will discuss culture, peace building and the role of sociological mediology, specially in the school area.

Throughout the analysis, the conflict-related issues and techniques of the Ombudsman are addressed in order to highlight research, surveys, exchanges and information gathered from professionals, explicitly or implicitly, related to the topic. Thus, to do so, a structure of comprehension will be created to better understand the topic.

Finally, in our approach, we dedicate a chapter to youth, extremism and the role that sociological mediology can play in the prevention of violent conflict. We will also examine the usefulness of the institution while there are other bodies in charge of the non-judicial protection of fundamental rights.

Introduction Générale

Depuis la nuit des temps, la notion de conflit est intrinsèquement liée à la société. On la trouve à tous les niveaux de la vie courante qui oppose deux ou plusieurs parties. Elle est présente dans un couple, une famille, une communauté sociale, clanique, ethnique, religieuse, politique ou encore entre deux ou plusieurs pays, etc. *« Le conflit est virtuellement ou visiblement présent dans tous les actes de la vie, de l'individu, de la famille, de la collectivité, de l'entreprise ou de l'État »*[2]. En général, les conflits trouvent leurs origines dans la compétition, le désir ardent de l'Homme à régner en maître sur les autres, le moi de l'être humain, le refus de partager, de distribuer, l'envie de tout garder, de tout gagner. Les conflits les plus meurtriers étaient, par le passé, des différends communautaires autour de la terre et des sources d'eau, entre agriculteurs et éleveurs. D'une manière générale, toute société, selon Kag Sanoussi, *« est un espace social traversé par plusieurs*

---

[2] http://institut-international-gestion-conflits.org/index.php/contenus-generaux.

interactions pouvant déboucher sur des crises, risques et conflits »[3].

Malgré le développement rapide des progrès technologiques et des moyens de communication qui rapprochent le monde et facilitent les échanges, les relations se complexifient encore plus entre des sociétés en pleine mutation qui, au fur et à mesure, remettent « *en question des cultures et des valeurs (Lévesque, 1993)* »[4] à la recherche d'une vie meilleure. Au lieu que le développement décomplexifie les relations sociales, il crée au contraire des conflits difficilement gérables.

Dans un tel contexte, pour gérer les conflits aussi complexes qui ébranlent la coexistence sociétale autrefois pacifique, bouleversent les relations et divisent les sociétés, on a toujours besoin – en complémentarité des mécanismes de protection juridictionnelle, d'autres organes de protection non juridictionnelle des droits fondamentaux de la

---

[3] Kag Sanoussi, expert, président-fondateur de l'Institut international de gestion des conflits (IIGC), « Prévention et gestion des risques, crises et conflits : les 10 clés de l'intelligence négociationnelle » (1), extrait de *La pratique de l'intelligence négociationnelle*, 8 pages.

[4] LEVESQUE, A. Partenaires multiples et projets communs, cité par Babu Annie, Bounnoure-Aufiere Pierrette, Berube Linda, Lambert Daniel *Guide la médiation familiale*. Etape par étape, Erès, Coll. Question de Société, Toulouse 2010, p. 19.

personne.

Ce faisant, la société a envisagé un éventail de mécanismes des règlements des conflits qui reposent sur trois méthodes :

- La violence,
- La justice,
- La solution à l'amiable.

➢ **La première option** consiste à obtenir ou arracher ce que l'on veut par la force, jusqu'à violer - s'il le faut - les droits fondamentaux de la personne. C'est s'imposer par la brutalité pour réaliser une revendication justifiée ou injuste. Cette manière de faire engendre des conséquences imprévisibles dont même les superpuissances comme la Russie et les États-Unis d'Amérique évitent d'en arriver là. L'Union soviétique par exemple avait choisi d'exclure cette option en lançant l'idée de la coexistence pacifique, une doctrine formulée pour la première fois en 1952 par Joseph Staline, et reprise par Malenkov en 1953 puis dans le discours de Nikita Khrouchtchev en 1956. Le but de cette doctrine soviétique était d'éviter un affrontement nucléaire avec les États-Unis d'Amérique car la détention par les deux superpuissances d'armes de destruction massive pouvait menacer sérieusement l'existence de l'humanité. Même si, quelques fois, il n'existe pas d'autres options que celle de l'utilisation de la force afin d'éviter la violence des idéologies extrémistes politiques ou religieuses qui prônent l'anéantissement total, comme cela se passe au XXIème siècle (le cas de AL QUAIDA, DAECH, ALSHABAB, BOKO HARAM...), ou comme cela a pu se passer durant la Seconde guerre mondiale. Bien que ce genre du dernier conflit international soit rare, c'est un exemple de nature à justifier l'utilisation de la force pour éviter le pire tout en sachant que celle-ci peut être un mal nécessaire pouvant engendrer destruction et mort d'hommes.

- **La deuxième option** que la société a envisagée pour résoudre des conflits est un mécanisme de protection juridictionnelle des droits fondamentaux. C'est la justice. Pour convaincre les Hommes de la vertu de la justice, des lois sont conçues pour permettre une protection juridictionnelle des droits et libertés capable de répondre à des critères d'indépendance et d'impartialité. Accepter de se conformer aux lois en vigueur consiste à accepter le verdict prononcé en faveur d'une partie. Il y aura alors un gagnant et un perdant tout en sachant que la procédure pourrait être très longue et très couteuse G énéralement, celui qui gagne ne serait - pas dans tous les cas - celui qui a le dessus ou qui a le moyen et/ou le pouvoir. En plus de la perte du temps et du résultat qui consiste à désigner un gagnant et un perdant, il y a aussi « *la prolifération des lois, d'amendements aux lois existantes, de normes secondaires, de règlements, etc. D'où, par exemple, l'invention de nouvelles définitions du fait juridique dans le droit pénal, et de formes de dommages indemnisables dans le droit civil. Et, de là, la recherche de nouveaux instruments de gestion de contentieux, parmi lesquels la médiation* »[5].

- **La troisième option** de résolution des conflits est une panoplie de mécanismes qui se base sur la

[5] Gaddi Daniela, « Les effets indésirables du processus d'assimilation de la médiation au droit », *Information sociales*, 2012/2 n° 170, p. 28-36.

protection non juridictionnelle des droits fondamentaux. Il se fait à l'amiable par la voie de négociation, arbitrage, conciliation, médiation ; des pratiques qui se ressemblent mais qui présentent cependant des différences notoires. Cette option de mecanisme de gestion de conflit exige dans la plupart des cas la présence d'un tiers qui se saisit du dossier dans le but de jouer un rôle de bons offices, de rapprocher les points de vue des parties en conflit afin de trouver un terrain d'entente. Ce tiers peut être un arbitre, un négociateur, un médiateur, un conciliateur. On peut déduire qu'il y a un conflit, des parties impliquées dans ce conflit et un tiers qui est censé gérer ce conflit. Il y a, alors « *Gestion/ règlement/ résolution/ traitement de conflit* », *avec différents modes opératoires mais qui doivent correspondre au cadre spatio-temporel, adapté selon la situation, la mentalité, les circonstances, la tradition, les us et coutumes* »[6] dans certains espaces. Bref, tout « *règlement approprié des*

[6] Jérôme Luther Viret, *Le sol & le sang, la famille et la reproduction sociale en France du Moyen Age au XIXe siècle,* CNR éditions 2014, p.47: *« La coutume est un phénomène d'imitation et de répétition dans le temps (...) c'est l'imitation des ancêtres et l'exemplarité qui fondent l'opinio necessitatis, le sentiment partagé qu'il faut suivre la règle (...)* Jean Carbonnier insiste sur l'habitude. *La coutume est analysée comme une multiplication d'habitudes que l'on suit, car c'est, dit-il, la voie du moindre effort, de la commodité. Il y a aussi la sécurité génrale qu'apporte la réciprocité (...) le sacrifice supposé est donc compensé par un avantage à venir* ».

litiges (ARL) se réfère à l'éventail de méthodes disponibles pour la résolution des différends : On les appelle Règlement approprié des litiges (ARL), Mode alternatif de règlement des litiges, (MARL), Règlement extraordinaire des litiges (REL), Modes alternatifs de règlement des conflits (MARC), Modes alternatifs de résolution des conflits (MARC) ou encore Règlement proportionnel des litiges (RPL) »[7]. Chacun de ces mécanismes répond, malgré des nuances insignifiantes, au même objectif, à savoir aider les parties litigieuses à atteindre par le dialogue une solution à l'amiable, acceptée mutuellement, contrairement à la justice où l'on n'a pas besoin du consentement des deux parties pour juger et prononcer le verdict. Ce procédé gestionnaire de conflit est beaucoup plus avantageux en termes des dépenses et plus rapide que la violence et la justice, il n'y aura pas de perdant puisque les parties en conflit sortent tous gagnantes. Ce procédé est moins couteux que l'utilisation de la force et plus rapide puisqu'il peut respecter le principe du délai raisonnable. Ce principe est à titre d'exemple imposé par la Cour Européenne

---

[7] Règlement des litiges, Attestation de formation aux pratiques d'Ombudsman, Origine de l'Ombudsman moderne, *African Ombudsman Research Centre* (CROA), 13-19 novembre 2013, Luzaka, Zambie, 189 pages.

des Droits de l'Homme, ce qui peut s'appliquer par analogie à tous les conflits (c'est exactement le but de la nouvelle loi française du 18 novembre 2016 intitulée Loi portant sur la modernisation de la justice du 21ème siècle).

Parmi les différents mécanismes de protection non juridictionnelle, il y a la médiation.

Dans la lignée d'une démarche recherche-action[8], un des premiers objectifs de notre démarche est, autant que faire se peut, d'étudier le degré de l'importance voire la nécessité de la gestion des conflits à travers des solutions consensuelles, surtout en s'adaptant à l'espace socio-temporel ; et en évitant la violence et en aidant la justice à se désengorger de plus en plus à travers le renforcement des mécanismes *modernes et civilisés*.

Aussi, les incohérences relevées visent à contribuer à l'amélioration d'une part, des textes de l'ombudsman et d'autre part, ceux de l'administration, pour se rapprocher encore plus de l'objectif, celui de jouer un rôle plus performant dans

---

[8] A propos de « recherche – action », voir notamment Brasseur Martine, « L'interaction du chercheur avec son terrain en recherche- action : deux cas d'accompagnement individuel des managers », *Recherches en Sciences de Gestion* 2012/2 (N° 89), p. 103-118.

la stabilité et la paix sociale en protégeant les droits fondamentaux de l'être humain.

La gestion des conflits à travers la médiation reste l'épicentre de notre ouvrage et donc il y a lieu de souligner que la première difficulté à laquelle fait face notre étude est la porosité des frontières entre les différents types de médiation, une porosité reconnue par plusieurs indications, notamment la haute instance internationale : *« Nous avons assisté ces dernières années à une prolifération des médiateurs »*[9], a relevé le Président de l'Assemblée générale des Nations unies. Avec l'émergence de la médiation institutionnelle, il y a eu en France *« un flottement jusqu'en 1970* [car] *une partie des animateurs ont été rebaptisés médiateurs, d'où des confusions possibles »*[10]. Ancien protecteur du citoyen du Québec et ancien président de L'AOMF, Daniel Jacoby propose le nom OmbudsMédiateur, comme « *un néologisme qui regroupe les caractéristiques fondamentales de l'ombudsman et du médiateur*

---

[9] Nations unies, Département de l'information, Service des informations et des accréditations, New York, Assemblée générale, 66e session, Débat thématique informel, *op.cit.*

[10] Stimec Arnaud, *La Médiation en entreprise*, Paris, éd. Dunod, 2004-2007, p. 6.

institutionnel de type parlementaire ». Fathi ben Mrad disait *« de nombreux enjeux professionnels et de territoire existent autour des appellations* »[11]. Dans son ouvrage, Michèle Guillaume-Hofnung a indiqué que : « *avec le recul, vingt-cinq ans après le début de la 'décennie de la médiation', la perception de l'originalité profonde de la médiation impose pour se consolider d'utiles mises au point »*[12]. Bonafé-Schmitt Jean-Pierre a même proposé *« la création d'un Observatoire de la médiation* » dans le but dit-il, de *« dresser un état des lieux de la médiation, mais aussi d'analyser ce phénomène de la médiation* »[13]. Ce qui veut dire qu'il faut un éclaircissement sur la terminologie, l'originalité et la contrefaçon. Dimitri Löhrer évoque le terme d'*ombudsman spécialisé « Human right ombudsman* » mais qui le limite à trois pays (Portugal, Espagne et France). Nous en

---

[11] Mrad fathi Ben, « Définir la médiation parmi les modes alternatifs de régulation des conflits », *Informations sociales*, 2012/2 n° 170, p. 11-19. *« il convient de rappeler que de nombreux enjeux professionnels et de territoire existent autour des appellations. Dans certains champs, elles permettent de revaloriser des fonctions en mal de reconnaissance, certains médiateurs sociaux, ou se démarquer pour affirmer la fermeture du champ professionnel, à l'instar des avocats qui ont rebaptisé leurs fonctions de médiation, autrefois revendiquées en tant que telles, en droit collaboratifs, aujourd'hui délimité à leur expertise »*.

[12] Guillaume-Hofnung Michèle, *La médiation*, PUF, 1995, p. 3.

[13] Bonafé-Schmitt Jean-Pierre, « Evaluation des effets des processus de médiation », *Informations sociales*, 2012/2 n° 170, p. 122-129

reviendrons sur ce type d'ombudsman dit contemporain adopté par l'Espagne et le Portugal, suivis par la France en 2008 qui a créé le *Défenseur des Droits*.

Pour éviter la porosité négative, et « *pour éviter la prolifération de gourous incontrôlables* », nous préférons désigner la médiation administrative/parlementaire par la *'Médiatologie'* et le médiateur par le *Médiatologue*. Espérant ainsi se rapprocher des différentes réactions. Michèle Guillaume-Hofnung disait : « *la disparition de la Médiature de la République (en France) va libérer la réflexion terminologique et permettre au Club des médiateurs de se rapprocher du modèle de médiation* »[14] même si le doute plane encore sur le nouveau concept, s'il peut ou non remplacer la Mediature de la République car « *le défenseur des droits* » se compose de plusieurs associations dont la plupart n'ont aucun rapport avec les concepts de la médiation parlementaire que nous osons appeler la 'Médiatologie'. Dans notre travail, sont utilisées des différentes terminologies pour désigner la médiation institutionnelle : Médiateur de la République, Défenseur des droits, Ombudsman,

[14] Guillaume-Hofnung Michèle (1995), *op. cit.*

OmbudsmanMédiateur, Ombusperson, Défenseur du Peuple, Avocat du peuple, Protecteur du citoyen, ou encore *médiatologue et médiatologie*. A la fin de notre étude, nous avons cherché à savoir si l'institution telle quelle est aujourd'hui, reste encore intéressante, après un siècle d'existence, ou si elle nécessite une réforme à l'instar de la péninsule Ibérique.

Dans notre étude, nous nous sommes rapprochés de *l'historiographie* de la médiation axée en analysant tout d'abord le sens des deux mots (Gestion et Conflit) en se basant sur des ouvrages en rapport avec la sociologie, la médiation, la philosophie, le droit, la politique, en effectuant des enquêtes et à prendre des notes. Nous avons concentré nos recherches sur des revues, des documents, des rapports, des articles, des communiqués, des analyses sur la gestion des conflits en ayant à l'esprit ce qui touchait à la médiation au sens normatif sans toutefois se livrer à une « *gloutonnerie livresque* »[15].

Pour affiner notre travail, nous avons accordé à la

---

[15] Van Campenhoudt Luc / Quivy Raymond, Manuel de recherche en sciences sociales avec la collaboration de Jacques Marquet, problèmes de méthode, édition Dunod, Paris, 1995, 2006, 2011, 4ème édition, p.12.

télévision nationale tchadienne un entretien en arabe de 45 minutes sur la médiation, une autre interview en arabe à la télévision Qatari Al Jazeera sur le conflit de Boko Haram et le rôle que la Médiation joue dans l'insertion socioprofessionnelle des désengagés de Boko Haram au Lac-Tchad. Une autre interview en français à la télévision Africa 24 sur le conflit entre éleveurs et agriculteurs et les causes des conflits. Un point de presse en français (maison des Médias, N'Djamena) sur les statistiques de la Mediature entre 2000 et 2010), puis une interview en arabe à la radio nationale tchadienne (RNT), le 8 octobre 2017, sur le conflit des jeunes dans les établissements scolaires. Durant notre travail, nous avons assisté à deux congrès et un atelier. Le premier congrès était au Québec (Canada) en octobre 2015 où nous avons assuré une communication sur la présence des Médiateurs sur les réseaux sociaux. Le deuxième congrès était celui organisé début juillet 2016, à Montréal, par l'Association internationale des sociologues francophones (AISF) où nous avons accordé une communication sur le rôle de la 'Médiatologie' sociologique dans la prévention des conflits en milieux scolaires. Puis une intervention dans un atelier organisé par le PNUD, à N'Djamena, au Tchad, en *août 2017* sur « *la prévention de l'extrémisme violent chez les jeunes* ».

PARTIE I

Des conflits aux médiations

Chapitre I – Les conflits, nature, typologie, causes, sources et résolution

I.1. Le conflit : nature et typologie

Un conflit est une divergence opposant deux ou plusieurs personnes/parties et dont l'origine peut être un malentendu, une incompréhension sur un ou plusieurs sujet(s). Il existe de nombreuses définitions du mot conflit. Selon Thomas Fiutak, « *le conflit est une situation bien installée, complexe et comprenant plusieurs strates* »[16]. En général, le conflit est de source sociale où chacune des parties impliquées défend ou revendique un intérêt qui n'est pas du goût de l'autre (s). Selon le dictionnaire CNRTL, le conflit devient un **conflit**, quand « *Choc, heurt se produisent lorsque des éléments, des forces antagonistes entrent en contact et cherchent à s'évincer réciproquement* »[17] . Cette définition est beaucoup plus proche du conflit de nature politique et intercommunautaire. Selon Deutsch et Coleman (2000), le conflit est un « *désaccord au travers duquel les parties engagées perçoivent une menace de leurs besoins, intérêts ou affaires* »[18].

---

[16] http://www.centremediationconseil.fr/definition-de-la-mediation-p180918.html.
[17] http://cnrtl.fr/
[18] Gérer les conflits, définitions de conflit, Attestation de formation aux

Le conflit peut être abstrait « *entre forces intellectuelles, affectives, morales, sociales…* »[19] ou concret comme les deux grands conflits internationaux, conflits armés engageant deux ou plusieurs personnes, groupes, communautés, deux ou plusieurs pays (1re et 2e Guerres mondiales), le conflit en Irak, celui en Afghanistan, en Syrie, etc. On peut même se permettre de dire qu'il convient de faire la différence entre conflit passif (administration/administré) et conflit agressif, celui qui entraîne la mort d'Hommes (éleveurs/ agriculteurs).

En somme, les sources d'hostilités peuvent être politique, religieuse ou sociales. Elles se développent dans un environnement où existe « *une violence sociale passée, de voisinages instables et d'une pauvreté extrême, se combinant avec des conditions sociétales liées à la discrimination et à la privation économique, à la répression politique et à l'autoritarisme, à la polarisation ethnique, ainsi qu'à la dégradation de l'environnement et à la raréfaction des ressources, qui sont autant d'éléments pouvant contribuer à l'instabilité politique et aux conflits* »[20]. Toutefois, la typologie des

---

pratiques d'Ombudsman, Origine de l'Ombudsman moderne, *African Ombudsman Research Centre* (CROA), *op.cit*.

[19] CNRTL, *op. cit.*

[20] Conseil de paix et de sécurité (CPS) de l'Union africaine (UA), 463e réunion, le 27 oct. 2014, sous la forme d'une séance publique, conformément à l'article 8 (10) du Protocole relatif à la création du CPS,

conflits pourrait nous apporter plus de détail sur ce qu'est le conflit.

I.1.1. (La) Typologie des conflits

La défense d'intérêt tourne le plus souvent en conflit impliquant deux à plusieurs parties. Cela étant, il y a plusieurs types de conflits. Dans le monde développé, le conflit tourne autour de l'économie à l'exemple du conflit social ; autour de l'idéologie (race, opinion, religion…) ; autour de frontières généralement dans les pays du Tiers-monde, alors que dans la plupart des pays sous-développés, le conflit intercommunautaire opposant nomades et agriculteurs est patent. A cela s'ajoute, le conflit entre administrateurs et administrés.

Ces différents types de conflits gravitent, en réalité, autour des conflits d'intérêt. Toutefois, qu'il soit abstrait ou concret, le conflit est divisé en deux :

Le macro-conflit qui est généralement violent : conflit politique, conflit frontalier, conflit intercommunautaire, conflit religieux. Quel que soit le différend, force est de constater que chacune des parties impliquées défend, en réalité, un intérêt quelconque. Le conflit dégénère en

---

sur le thème :
« Prévention structurelle des conflits – Revigorer les États en situation de fragilité en Afrique ».

violence lorsque l'une des parties refuse d'écouter les doléances de l'autre et devient, dans ce cas, un ennemi. Une dictature, par exemple, peut dégénérer en conflit armé. Un différend entre deux sociétés ou deux communautés peut devenir un conflit armé. Même si ces genres de conflits de société sont en voie de disparition en Occident, après les massacres en Serbie, ils sont par ailleurs très répandus dans le monde arabe et en Afrique : comme en Somalie en 2014 ou à Aswan, au sud de l'Egypte en 2014[21]. En Irak, ils naissent entre les communautés sunnites et chiites, en Syrie entre Alaouites et sunnites, au Yémen entre sunnites et Houttis, en Centrafrique entre Sélèka et Anti-Balaka…sans oublier l'extrémisme violent cause d'un nombre important de morts.

Le micro-conflit, quelquefois sans ampleur, bascule rarement dans la violence. Il s'agit du conflit administratif, familial, conjugal, financier…

[21] http://www.rfi.fr/moyen-orient/20140406-egypte-23-morts-affrontements-entre-tribus.

Graphique 1- typologie de conflits

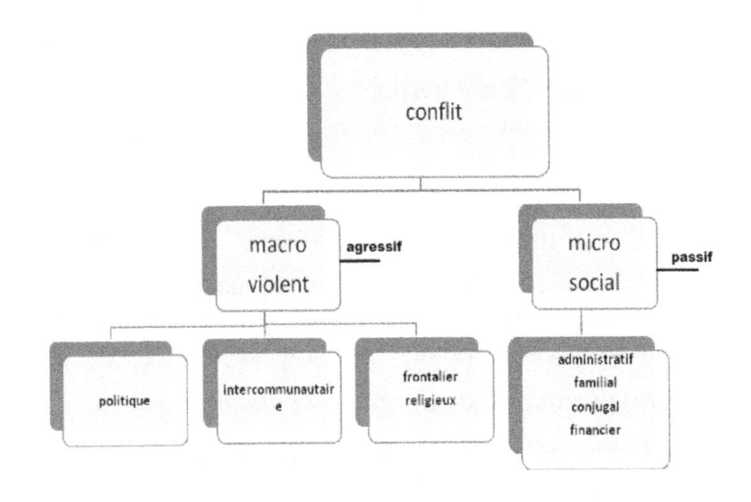

Le conflit évolue et se complique, si l'une des parties en conflit, ou les deux en même temps, refuse(nt) d'engager un dialogue pour trouver une solution, ou alors elle(s) s'entête(nt) et durcisse(nt) leurs positions. Il est clair que dans une négociation il faut être deux. S'il en manque un c'est grave, s'il en manque deux c'est pire. Pour dissiper un différend et éviter la dramatisation, il faut négocier et, dans ce cas, toutes les parties impliquées dans le différend doivent être présentes et disponibles pour négocier en s'écoutant, en se prêtant attention. Mais, seule, la présence des protagonistes n'est pas assez suffisante car, pour réussir, il est utile de mettre en œuvre une procédure de résolution de conflit, pour éviter les arrières pensés, voire des calculs nocifs en tête qui s'appuient sur des mensonges ou des mythes, avec l'idée d'écraser l'autre partie.

II.1.1. Causes et sources des conflits

Il est difficile de dresser une liste exhaustive des causes et origines des conflits puisqu'elles diffèrent d'une société à l'autre. « *Chaque conflit a une part émotionnelle, due à des interactions humaines complexes* »[22]. Par exemple, le conflit conjugal ou familial, en Occident, provient généralement d'un problème d'intérêt financier – comme les salaires, les allocations familiales, la garde d'enfant(s), l'héritage –, alors qu'en Orient, on trouve d'ordinaire ses sources dans la vie sociale, notamment la polygamie et l'inégalité entre l'homme et la femme. En Afrique, la plus grande partie des conflits trouve souvent son origine dans des disputes de nature intercommunautaires, autour des sources d'eau et des champs, opposant agriculteurs et éleveurs. Les premiers empêchant les éleveurs/nomades d'abreuver leurs troupeaux en exploitant les sources, dont la quantité est insuffisante pour satisfaire les deux parties. Par ailleurs, naissent des conflits lorsque des

---

[22] http://www.centremediationconseil.fr/definition-de-la-mediation-p180918.html.

troupeaux dévastent des champs. Les facteurs peuvent être « en deux ordres, les facteurs prédisposants et les facteurs déclenchants et non prépondérants et enclenchant »[23].

Christopher Moore divise les causes des conflits en cinq, ainsi appelées le
« *Cercle de conflit de Moore* »[24] :

Graphique 2 – Cercle de conflit Moore[25]

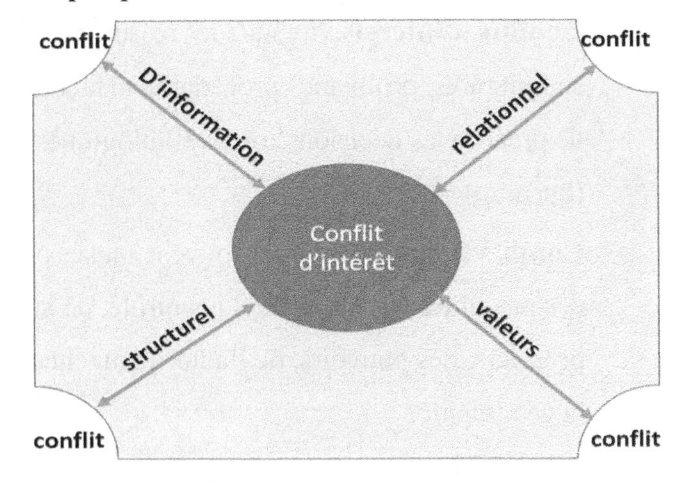

- **Conflits relationnels** : sont souvent les résultats

[23] Archives MRT, Mise au point de la Médiation nationale, n°118/PM/MN/CAB/2000, N'Djamena le 13 décembre 2000, Madjioudou Laoundam Laoumai Directeur de cabinet.
[24] Cercle de conflit de Moore (causes), Attestation de formation aux pratiques d'Ombudsman, Bureau de l'Ombudsman et plaignantes, African Ombudsman Research Centre (CROA), *op.cit.*
[25] Présentation du cercle modifié par nous-même.

d'une mauvaise communication, de fortes émotions, de stéréotypes et de préjugés.

- **Conflits d'informations** : sont dus au manque d'information ou à la désinformation ainsi qu'à la différence d'interprétation.
- **Conflits de valeurs** : le plus souvent ils proviennent de différences idéologiques ou d'idées ou de modes de vie.
- **Conflits d'intérêts** : lorsque les ressources se font rares, problèmes procéduraux (façon de prendre les décisions) ou psychologiques (qui a tort ?).
- **Conflits structurels** : sont souvent causés par des inégalités structurelles du contrôle, de la propriété, des pouvoirs, de l'autorité ou encore de la géographie.

I.2. Le processus de règlement des conflits

Le mode opératoire communément adopté pour résoudre un conflit était, par le passé, les tribunaux, militaire pour l'armée et les prisonniers de guerre ; pénal pour les crimes ; commercial pour les affaires, etc.

Mais, généralement, les procédures judiciaires sont en fait très longues et exigent d'importantes dépenses. Puis, dans les pays aux institutions fragiles, les jugements dans les deux premiers tribunaux se basent sur des enquêtes dont les aveux sont extirpés par des méthodes souvent arbitraires. Le verdict est prononcé en faveur de la partie la plus forte, rappelant l'adage selon lequel 'la raison du plus fort est toujours la meilleure'. Alors que la partie perdante quitte le tribunal avec amertume, celle qui a gagné, elle, saute de joie et crie victoire. Peut-on qualifier cela de règlement juste ? C'est un verdict prononcé par un juge dans le respect total de la loi constitutionnelle, mais ce n'est pas à l'amiable dès lors qu'une partie se sent lésée, tant qu'elle estime que le verdict lui a été injustement imposé. Elle quitte en ayant à l'esprit que le juge est injuste, qu'il a pris parti ou qu'il est corrompu. Outre la partie adverse avec qui elle est en conflit, naît dans sa tête un autre ennemi en la personne du juge. Certains vont trop loin jusqu'à accuser tout le système judiciaire de corrompu, voire le pays de non-droit.

Dans de pareilles situations, la justice conventionnelle n'aurait pas réglé le conflit mais plutôt aggravé la situation. La partie perdante s'en prend à tout le monde, même à son avocat. Elle peut accuser ce dernier de l'avoir escroquée sans vouloir la défendre.

Elle comptabilise et mémorise les dépenses qu'elle a faites, refuse de l'oublier, et se pose en victime. Des verdicts de ce genre peuvent pousser la partie perdante à s'en prendre violemment au juge, à la partie gagnante ou à son avocat. Etant victime, elle sera comme une "bête" blessée et sa réaction est imprévisible. Au palais de justice de N'Djamena, au Tchad, un homme a sauvagement assassiné la partie adverse, quelques minutes après l'énoncé du verdict. L'homme est décédé sous les coups de poignard. Une scène qui s'est déroulée dans la cour du palais de justice, au vu et au su des forces de l'ordre, prises de court, qui n'ont pu empêcher le meurtre. L'assassin se sentant lésé par le verdict, a décidé de se faire justice lui-même. Il n'est pas question de prêcher la démolition de la justice conventionnelle qui, grâce aux différentes expériences passées, a connu une évolution significative. Le but étant de faire la lumière sur les différents mécanismes de règlement des conflits et se demander s'il ne faut pas privilégier la solution consensuelle à travers le dialogue quel que soit le conflit ?

A l'époque romaine, existaient plusieurs types de mécanismes, notamment des justices populaires, des prières judiciaires… « *à côté de la justice officielle romaine, il existait dans l'Empire d'autres niveaux judiciaires, notamment des justices 'populaires' qui absorbaient une partie de la litigiosité dans les provinces, ouvrant sur d'autres modes de résolution des conflits* ». Les « *Prières judiciaires* » étaient une justice de concept alternatif, une autre forme de résolution de conflit à l'époque romaine. « *Du point de vue des requérants, elles sont de véritables justices alternatives parce qu'elles s'adressent au dieu pour satisfaire de façon en partie fantasmatique leurs revendications les plus profondes* ».

Depuis la nuit des temps, l'Homme n'a de cesse de chercher un intermédiaire, une sorte d'intercesseur en mesure de résoudre ses conflits : « *les justices 'populaires', le prétoire des dieux (...) la mentalité magique (...) les prières judiciaires qui sollicitent l'intervention d'un dieu* »[26], les prêtres, le gouverneur.... Tous les moyens sont bons jusqu'à faire appel à l'eau ; dans le « *jet du bois de Sen, fils de l'Aigle* » : « *On jetait trois morceaux de bois dans l'eau, dont celui de l'accusé. Si celui-ci était coupable, son bois allait au fond de l'eau, s'il était*

---

[26] Kerneis Soazick, « Des justices 'populaires' dans l'Empire romain (IIe-IVe siècles) », *Droit et culture* [en ligne], 65-2013-1, mis en ligne le 12 septembre 2013, consulté le 13 juillet 2015. URL : http://droitcultures.revues.org/3026. (Dans les justices populaires, « *l'auteur d'une* defixio *classique réclamant le malheur de son adversaire, tandis que la prière judiciaire tend d'abord à la réparation d'un préjudice subi* ».

innocent il restait à la surface ».

« *Hier comme aujourd'hui, l'essentiel est non pas tant le jugement que la paix retrouvée* »[27]. Dans son ouvrage 'La noblesse au Moyen âge XIe-XVe siècles', Philippe Contamine, a rapporté qu'il existait vers le XIe siècle des « *assesseurs des tribunaux des amicorum, (...) ainsi que les arbitres, étaient choisis par les parties elles-mêmes* »[28]. Une approche avec le Médiateur institutionnel d'aujourd'hui, dont une des conditions de l'intercession est l'acceptation de son service par les parties en conflit. Selon Philippe Contamine, il y avait à cette époque quatre types de tribunaux parmi lesquels « *ceux des amicorum* » qui sont des arbitres chargés de procéder au règlement des conflits opposant des « *membres des groupes aristocratiques, en particulier des chevaliers* »[29].

Peu à peu, l'être humain a envisagé des dispositifs de règlement appropriés des litiges (RAL) comme l'arbitrage, le jugement, la procédure d'expertise, l'évaluation neutre, la négociation, la médiation, la conciliation. Avec ces mécanismes de gestion des

---

[27] *Ibid.*
[28] Contamine Philippe, *La noblesse au Moyen âge XIe-XVe siècles, Essais à la mémoire de Robert Boutruche*, éd. PUF 1976, page165
[29] *Ibid.*

conflits, on cherche à aider les parties litigieuses à trouver une solution équitable. Contrairement à la prière judiciaire qui cherche d'abord la réparation d'un préjudice subi, dans la procédure des justices populaires une pression est exercée sur l'adversaire en utilisant la malédiction[30].

Au XIXe siècle, l'Empire ottoman a créé ce que l'on appelle le *Diwan Al Madhalim*, une sorte de chambre de plaignants qu'on a nommé ensuite Médiation, gérée alors par *Almohasseb* qui n'est autre que l'Ombudsman, le Médiateur, une sorte de représentant du peuple auprès de l'empereur, et qui recense ses doléances et ses plaintes. Généralement, ce sont des plaintes contre son administration. Cela explique que l'Homme cherchait depuis longtemps un intermédiaire pour résoudre ses conflits. Finalement, il a mis la main sur la

---

[30] *Ibid. « En cas de vol, la victime commençait par maudire en public et solennellement le voleur. Elle adjurait tous les esprits des eaux, des montagnes ou des airs de prêter l'oreille à ses paroles, puis rapportait les faits. En dernier lieu, venaient les imprécations maléfiques (...) si le voleur est un homme, qu'il échoue dans toutes ses entreprises ! Puisse-t-il souffrir d'un mal qui ne le tue pas mais le rende impotent, le torture sans répit et le mette à charge à autrui, que sa femme soit infidèle ... S'il va à la guerre, qu'il s'y fasse tuer... Si le voleur est une femme, qu'elle reste stérile, ou si elle se trouve enceinte, puissent ses espoirs être déçus et son enfant mort- né ; ou mieux encore qu'elle meure en couches ! Que son mari lui soit infidèle et la méprise et la maltraite... Le lendemain soir, le bien était restitué, déposé devant la porte du plaignant »*

médiation, l'un des mécanismes simple, efficace, rapide et moins couteux, et dont le but est aussi d'aider les différentes parties en conflit de renouer ou de rétablir leurs relations distendues. Dans le chapitre suivant, il est question d'étudier la médiation, un des mecanismes de gestion des conflits.

Chapitre II – La médiation, une institution en développement

II.1. La médiation

Le terme de médiation vient du latin « *mediare (être au milieu)* »[31]. La médiation est définie comme le fait de servir d'intermédiaire entre deux ou plusieurs parties. « *Entremise destinée à concilier ou faire parvenir à un accord, à un accommodement des personnes ou des parties ayant des différends. Elle est synonyme d'arbitrage, de conciliation, de bons offices* »[32]. C'est un mécanisme, un mode alternatif de règlement/ de résolution de conflit qui s'implique dans un conflit à condition que les parties concernées le sollicitent. Elle permet aux parties de s'engager librement, sans aucune contrainte, ni influence mais de bonne foi,

dans un processus de recherche d'une solution à l'amiable, négociée et acceptée, grâce au concours d'une tierce personne appelée le Médiateur. Pour Fathi Ben Mrad « *la médiation est manifestement un mode de régulation souple et adaptable aux besoins exprimés par les*

---

[31] Mrad Fathi Ben, « Définir la médiation parmi les modes alternatifs de régulation des conflits », Informations sociales, *op.cit.*

[32] CNRTL, *op.cit.*

parties qui, à aucun moment, ne se départissent de leur liberté de décision »[33]. Le but de la médiation ne se limite pas seulement à la recherche d'une solution mais que la solution soit équitable et surtout aider les parties en conflit de renouer ou de rétablir leurs relations distendues. L'institut français de la Médiation définit la médiation comme « *une méthode de règlement des conflits sous la conduite d'un professionnel : le médiateur* »[34]. Selon le

professeur Théodore Holo, « *la médiation est un terme polysémique. En droit international public ou plutôt dans les relations internationales, la médiation est la procédure pacifique de règlement des conflits internationaux caractérisée par l'intervention d'un tiers, comme les 'bons offices' auxquels elle se confond parfois* »[35]. Celui à qui l'on s'adresse pour solliciter une intervention afin de trouver de solution à l'amiable, peut être un juge, un arbitre, un conciliateur, un médiateur, un négociateur, un facilitateur... La médiation, en tant que telle, est

---

[33] Mrad Fathi Ben, « Définir la médiation parmi les modes alternatifs de régulation des conflits », Informations sociales, *op.cit.*

[34] Institut français de la médiation

[35] Le médiateur, un facilitateur relationnel », *in* Professeur Théodore Holo, ancien ministre des Affaires étrangères, communication présentée à l'occasion du séminaire de formation des cadres de l'OPM tenu à Possotomé, du 29 au 31 janvier 2007, 7 pages.

une pratique classique qui existait depuis des époques reculées. Elle « *est présente dans (toutes) les pratiques* »[36] sous différentes appellations ayant le même objectif : celui de résoudre un problème opposant deux ou plusieurs parties. Elle se pratiquait, au départ, en se basant sur les cultures socialo-traditionnelles avant même l'apparition de la loi romaine. Selon Gaddi Daniela, c'est « *une pratique à travers laquelle les individus eux-mêmes définissent leurs prétentions et les exercent de façon autonome, ensemble et non pas malgré ou contre l'autre, dans un processus qui se déroule selon les orientations des parties* »[37].

La médiation s'est peu à peu développée jusqu'à devenir ce qu'elle est aujourd'hui. De la médiation traditionnelle qui s'opérait sur les normes des us et coutumes des sociétés, à la médiation institutionnelle créée pour la première fois en 1809 en Suède. Pour Grelley Pierre la médiation est « *autre chose que la simple gestion d'un conflit puisqu'elle investit de plus en plus fréquemment des champs qui ne sont pas ceux de la concurrence et du conflit, mais plutôt ceux de la*

---

[36] Barus-Michel Jacqueline, « La médiation, point de vue psychanalytique et clinique », *Le Journal des psychologues*, 2011/5 n° 288, p. 44-48. DOI : 10.3917/jdp.288.0044

[37] Gaddi Daniela, « Les effets indésirables du processus d'assimilation de la médiation au droit », Information sociales, 2012/2 n° 170, p. 28-36.

communication »[38]. Faget Jacques trouve que « *la médiation est initialement pensée comme une contre-culture face à des pouvoirs institutionnels coercitifs et violents dont les modalités d'action sont déshumanisées* »[39]. Bousta Rhita dit que « *l'essence même de l'Ombudsman est-elle à rechercher ailleurs que dans le dilemme des pouvoirs et contrepouvoirs* »[40]. Le philosophe français Michaël Foessel qualifie la médiation de « *point de rencontre entre des manières de diriger des hommes et des procédures par lesquelles les hommes se dirigent eux-mêmes* (Foessel, 2010, p. 37)»[41]. Daniela Gaddi disait que la médiation a « *été progressivement incorporée, en tant qu'instrument de gestion dans les contentieux, dans quasiment tous les secteurs du droit* »[42]. La Communauté européenne et le Parlement européen définissent l'institution « *comme un processus structuré,*

---

[38] Grelley Pierre, « introduction », informations sociales, 2012/2 n° 170, p. 4-5

[39] Faguet jacques, « les mondes pluriels de la médiation », Informations sociales, 2012/2 n° 170, p. 20-26.

[40] Bousta Rhita, Contribution à une définition de l'Ombudsman », Revue française d'administration publique, 2007/3 n° 123, p. 387-397. DOI : 10.3917/ rfap. 123.0387

[41] Battistoni Éric, « Le développement des médiations en Europe », *Informations sociales*, 2012/2 n° 170, p. 38-49. Foessel M., 2010, *État de vigilance. Critique de la banalité sécuritaire*, Lormont, éd. Le Bord de l'Eau, coll.
« Diagnostics », 155 p., cité par Batistoni Battistoni Éric, « Le développement des médiations en Europe », *op. cit.*

[42] Gaddi Daniela, « Les effets indésirables du processus d'assimilation de la médiation au droit », *op.cit.*

qu'elle que soit la manière dont il est nommé ou visé, dans lequel deux ou plusieurs parties d'un litige tentent volontairement de parvenir à un accord sur la résolution de leur litige avec l'aide d'un médiateur »[43]. Pour Barus-Michel Jacqueline « *la médiation est une lutte entre des forces contraires pour en atténuer la violence destructrice, les dériver, les réemployer* »[44]. Toutefois, Éric Battistoni dit qu'il n'y a « *aucune définition qui engloberait le phénomène médiationnel en une formule terminologique univoque* »[45].

Cette discipline, au fur et à mesure qu'elle évolue, devient toutefois, un cocktail de pluridisciplinarité, de concentrés du droit, de la sociologie, de la psychologie, de l'anthropologie, de la science politique... Il y a une sorte de complémentarité substantielle de toutes ces disciplines, une sorte de « *transversalité* »[46] et d'interconnexions. « *La médiation (...) traverse de nombreuses barrières disciplinaires (Gremmo, 2007)* »[47]. Cette interdisciplinarité constitue

---

[43] Battistoni Éric, *op. cit*

[44]Barus-Michel Jacqueline, La médiation, point de vue psychanalytique et clinique », *Le Journal des psychologues*, 2011/5 n° 288, p. 44-48. DOI : 10.3917/jdp.288.0044

[45] Battistoni Éric, « Le développement des médiations en Europe », *op.cit.*

[46] Sous la direction de Demontrond Philippe Robert, L'analyse de concepts, Collection « *Méthodes de recherche en sciences humaines et sociales* », Ed. Apogée –Ireimar 2004, diffusion PUF, p. 7.

[47] Gremmo Marie-José, *La médiation formative dans*

une richesse pour une médiation décloisonnée. Elle alimente constamment le bon fonctionnement de la médiation mais elle n'exerce en aucun moment d'influence sur elle, et ne partage pas nécessairement les mêmes préoccupations.

Par ailleurs, quel que soit son évolution, il ne faut pas perdre de vue la limite de la médiation dans certains conflits de type pénal comme par exemple « *le meurtre, l'homicide par imprudence, le viol, le trafic de stupéfiants, le recel de choses, le chantage, la traite d'un être humain, le harcèlement sexuel, l'exploitation à la vente à la sauvette, l'atteinte à l'inviolabilité des caractéristique génétiques d'une personne, la manipulation mentale, l'organisation frauduleuse de l'insolvabilité ou encore le blanchiment* »[48].

En conclusion, la médiation traditionnelle est née en même temps que l'Homme sur terre. Alors, la pratique se faisait selon des règles respectant les us et coutumes des sociétés pour résoudre toutes sortes de conflits de

---

l'autoformation institutionnelle : de la galaxie au Paradigme. Presses Universitaires de Nancy. La Médiation. Problématique, figures, usages, Presses Universitaires de Nancy, pp. 65-78, 2007, Questions d'éducation et de formation. <halshs-00613738> *Cité par* Battistoni Éric, « Le développement des médiations en Europe ».

[48] Conte Philippe, Droit pénal spécial, l'incrimination du meurtre, édition LexisNexis 2016, 5ème édition, p.532

nature sociétale. On se basait sur des « *lois non- écrites, règles coutumières, traditions* »[49]. A l'époque ancestrale, les conflits ne sont pas aussi divers et multiples qu'aux temps modernes, après l'instauration de la loi romaine. Les conflits les plus courants sont ceux en rapport avec le terroir, les sources d'eau, la famille, la lutte pour la chefferie. Puis, est venue la loi romaine qui a commencé à organiser les sociétés.

Malgré la traçabilité (*cf. infra*) que nous proposons, cependant d'aucuns mettent en doute l'existence d'un historique très précis de la médiation. Arnaud Stimec souligne ceci :
« *Si la violence des relations entre tribus des temps préhistoriques semble exclure la médiation (et la conciliation par un tiers), il en est probablement autrement de la relation à l'intérieur desdits groupes. L'existence d'un chef (et donc d'une régulation) n'exclut ni d'autres niveaux de problèmes, ni de contestations* »[50]. La médiation est interprétée par

---

[49]Gremmo Marie-José. La médiation formative dans l'autoformation institutionnelle : de la galaxie auParadigme. Presses Universitaires de Nancy. La Médiation. Problématique, figures, usages, Presses Universitaires de Nancy, pp. 65-78, 2007, Questions d'éducation et de formation. <halshs-00613738>, cité par Battistoni Éric, « Le développement des médiations en Europe » (op.cit..

[50] Stimec Arnaud, *op.cit.*, p. 15.

certains « *comme une forme primitive de justice* »[51], Arnaud Stimec aurait estimé que l'homme s'est inspiré des chimpanzés[52] pour apprendre la médiation/conciliation ! on peut aussi prétendre qu'on s'est inspiré de l'abeille médiatrice des fleurs amours. Aujourd'hui, avec l'évolution du concept de la médiation, son adoption et adaptation dans plus de 120 pays, on peut croire qu'elle est devenue plus importante qu'une simple forme primitive de justice. Elle est comme le disait Dimitri Löhrer une instance de garantie non juridictionnelle qui garantit « *l'effectivité des droits et libertés par la voie du dialogue et de la persuation, c'est-à-dire en dehors de tout pouvoir coercitif* »[53].

---

[51] Grelley Pierre, « La balance, le Glaive et le pendule. Pour une petite histoire de la médiation » *Informations sociales*, 2012/2, n°170, p. 6-9.

[52] Stimec Arnaud, *op.cit.* p. 15. « *L'observation des Bonobos ou des chimpanzés (les primates les plus proches de l'homme avec un génome similaire à 99%) est sans doute une manière d'imaginer des comportements de l'homme premier. Les recherches sur ce terrain indiquent l'existence fréquente de conciliateurs. Il s'agit souvent d'une vieille femelle ou d'un vieux mâle externe aux jeux de pouvoir. Il est de toute façon possible de faire état d'une tradition millénaire qui place la médiation/conciliation comme, peut-être, le plus vieux métier du monde. Cette approche n'est pas particulièrement occidentale et apparaît fortement ancrée dans la tradition chinoise, arabe ou africaine (la palabre)* ».

[53] Löhrer Dimitri, *la protection non juridictionnelle des droits fondamentaux en droit constitutionnel comparé, L'exemple de l'ombudsman spécialisé portugais, espagnol et français*, Institut Universitaire Varenne, Collection des Thèses n°95, Introduction p.10, 891 pages.

II.2. Le médiateur

Il s'agit là d'un ombudsman. Un médiateur est un intercesseur, un intermédiaire, un tiers impartial et indépendant, celui qui supervise les actes et l'action de l'administration « *ses prises de position, ses attitudes, son comportement* »[54]. Son contrôle n'est ni politique ni juridique, mais un contrôle social et administratif. Il assure en quelque sorte la protection non juridictionnelle des droits fondamentaux de la personne. Il sert de lien entre deux ou plusieurs personnes ou parties en conflit, et dont l'objectif est de trouver une solution pour faire retomber une tension ou éviter la confrontation. BOUSTA Rhita dit que le médiateur « *n'est donc pas seulement un intercesseur physique ou un moyen alternatif de règlement des litiges ; sa fonction doit aussi être analysée au regard d'une définition matérielle de la médiation, consistant pour M. Chrétien en la recherche d'un équilibre entre éthique administrative et droit positif. Pour M. Mescheriakoff* (rejoint par Mme Delaunay)[55], *le Médiateur de la République est un*

---

[54] Bousta Rhita, Contribution à une définition de l'Ombudsman », Revue française d'administration publique, 2007/3 n° 123, p. 387-397. DOI : 10.3917/ rfap. 123.0387

[55] P. Chrétien, A.S. Mescheriakoff, B. Delaunay, auteurs cités par R. Bousta, (*op. cit*). Pour plus d'information voir les réfences en bibliographie.

régulateur de la fonction administrative »[56]. Il est régulateur puisqu'il est habilité à faire des propositions ou des recommandations aux autorités compétentes pour corriger des incohérences censées apporter une amélioration aux services. S'il est régulateur de la fonction administrative, « *eu égard à la place prépondérante de leurs tribunaux administratifs* », les pays de l'Europe de l'Ouest ne voient pas la nécessité d'instaurer un Ombudsman, contrairement aux États de la Common Law qui encouragent l'instauration d'un ombudsman pour « *permettre un meilleur équilibre entre les droits des citoyens et le pouvoir de la Couronne* »[57]. Il convient toutefois de rappeler que l'instauration d'un ombudsmediateur n'a toujours pas été chose facile dans certains pays où il est, soit considéré comme concurrent, ou comme organe de plus, dont sa mission est déjà assurée par le juge administratif. Pour reprendre les mots du professeur Gaston Jèze, cette voie de droit est « *la plus merveilleuse création des juristes, l'arme la plus efficace, la plus économique, la plus pratique qui puisse exister au monde pour défendre les libertés* »[58].

---

[56] Bousta Rhita, Contribution à une définition de l'Ombudsman », Revue française d'administration publique, *op.cit., pour plus d'information. Voir*
[57] *Ibid.*
[58] Löhrer Dimitri, *la protection non juridictionnelle des droits fondamentaux en droit constitutionnel comparé, L'exemple de l'ombudsman spécialisé*

Stanley Anderson[59] décrit les ombudsmans comme des « *spécialistes de l'humanisation » qui aident à « rétablir la dignité de la personne* » et qui permettent « *à la conscience collective d'avoir voix au chapitre* ». L'AOUCC décrit l'ombudsman comme « *ayant à cœur des valeurs d'équité et de respect* », il « *contribue à tenir l'institution imputable de la mise en œuvre des valeurs qu'elle a elle-même adoptées, et contribue ainsi à la réalisation de la mission de l'institution* »[60]. Le professeur Claude Lienhard définit le médiateur comme « *un passeur entre un présent souvent malheureux, chaotique, et un futur d'espérance, porteur de sens* »[61], une définition proche de la médiation familiale.

Toutefois, il n'est pas facile d'obtenir une définition unique de l'institution car chaque pays adapte le statut juridique de l'institution à son contexte socio-politique interne. C'est comme le droit qui est « *le produit de l'histoire et de la réalité sociale de son pays*

---

portugais, espagnol et français, Institut Universitaire Varenne, Collection des Thèses n°95, Introduction p.86, 891 pages.

[59] Stanley V. Anderson, Canadian ombudsman proposals, in Association des ombudsmans des universités et collèges canadiens, *op.cit.*

[60] Association des ombudsmans des universités et collèges canadiens, *op.cit.*

[61] Lienhard Claude, « Introduction », *in* Babu Annie et Bonnoure-Aufiere Pierrette, *Guide de la médiation familiale, Etape par étape*, éd. Erès, 2010, p. 11.

»[62]. Ce faisant, toutes les définitions, quel que soit le type de médiation, expriment le même souci d'impartialité, d'indépendance et de neutralité. Bref, la médiation est un processus de communication qui s'exerce grâce à la participation d'un tiers neutre, impartial et indépendant qui, par des entretiens confidentiels, va tenter de prévenir la rupture du lien social et ou le cas échéant de rétablir le lien distendu. En 2009, « *un groupe de réflexion d'organisations de médiation* »[63] adopte la définition suivante : « *La médiation, qu'elle soit judiciaire ou conventionnelle, est un processus structuré reposant sur la responsabilité et l'autonomie des participants qui, volontairement, avec l'aide d'un tiers neutre, impartial, indépendant et sans pouvoir décisionnel ou consultatif, favorise par des entretiens confidentiels l'établissement ou le rétablissement des liens, la*

---

[62] LöhrerDimitri, *op. cit.*

[63] Le groupe de réflexion d'organisations de médiation se compose de :

- L'Association des médiateurs européens (AME), Association nationale des médiateurs (ANM),
- L'Association pour la Médiation Familiale (APMF), Centre de Médiation et d'Arbitrage de Paris (CMAP),
- La Chambre nationale des praticiens de la médiation (CNPM), Fédération nationale de la médiation familiale (FENAMEF),
- La Fédération nationale des centres de médiation (FNCM), Consulte des médiateurs d'entreprises (CME),
- Le Réseau des médiateurs en entreprise (RME),
- L'Union professionnelle indépendante des médiateurs (UPIM).

prévention ou le règlement des conflits »[64]. Toutes ces associations se sont également accordées sur un Code national de déontologie du médiateur qui « *représente à la fois l'exigence commune de règles déontologiques fiables et la volonté de convergence des médiateurs de tous horizons professionnels* »[65] concluait Stephen Bensimon, directeur de l'IFOMENE, Institut de formation à la Médiation et à la négociation de l'Institut catholique de Paris. M. Gil Robles[66] souligne que « *l'Ombudsman est un instrument de contrôle parlementaire de l'administration mis à disposition du citoyen* »[67].

La Définition officielle de l'Association des ombudsmans et médiateurs africains (AOMA) est : « *L'Ombudsman est un fonctionnaire indépendant, impartial qui a le pouvoir et la responsabilité de recevoir, d'investiguer ou de traiter de façon informelle les plaintes des citoyens ordinaires relatives à des actions ou à des cas de mauvaise administration*

---

[64] http://www.thierry-noellec-mediation.com/l-abecedaire-de-la-mediation/
[65] http://www.icp.fr/a-propos-de-l-icp/decouvrez-l-icp/facultes-et-instituts/institut-de-formation-a-la-mediation- et-a-la-negociation-1602.kjsp
[66] Gil-Robles (A.), *El Defensor del Pueblo (Comentarios en torno a una proposición de Ley orgánica),* Madrid, Cuadernos Civitas, S.A, 1979, p. 30. Cité par Bousta Rhita.
[67] Bousta Rhita, Contribution à une définition de l'Ombudsman », *Revue française d'administration publique, op.cit.*

commis par certains organes de l'État (services et institutions de l'État) et, le cas échéant, de faire des observations et des recommandations ainsi que de publier des rapports »[68].

En réalité, ces multitudes de définition révèlent que la tâche de l'Ombudsman n'est pas facile à définir en raison de « *la diversité et de l'ambiguïté des fonctions assignées à l'Ombudsman par la loi ou la Constitution* »[69]. « *Mme Reif*[70] *distingue les ombudsmans classiques des ombudsman hybrides, dont les Human Rights Ombudsmen chargés à la fois de superviser l'administration publique et de protéger les droits fondamentaux des individus (tels que le Defensor del Pueblo, ou le Provedor de justiçia* »[71]. Alors que RHITA Bousta estime que « *la notion de service public est l'une des plus floues (...) la délimitation de la catégorie « droit fondamental* » est l'une des plus complexes et qu'il faudra construire une fonction se détachant de ces particularités tout en faisant preuve d'une suffisante

---

[68] AOMA 2012, *Attestation de formation aux pratiques d'Ombudsman Lusaka*, nov. 2013, p. 13.
[69] Bousta Rhita, op.cit.
[70] Reif (L.C.), *The Ombudsman, Good Governance and the International Human Rights System*, Leiden, Boston, International Studies in Human Rights, vol. 79, Martinus Nijhoff, 2004, p. 3. Cité par Bousta, op. cit
[71] Bousta, *op. cit.*

précision. Pour messieurs Legrand, Marcou et Wennergren (cités par Mme Reif) l'Ombudsman est chargé de « *protéger les personnes contre le mauvais fonctionnement de l'administration ou contre l'abus de position dominante des activités administratives* »[72]. Mme Guillaume- Hoffnung apporte une définition fonctionnelle de l'Ombudsman : « *processus ternaire de création mentale (individuelle ou collective) ou dépassement d'une situation binaire (d'inertie ou d'opposition) opérant grâce à l'action d'un élément tiers* », puisque le médiateur, selon RHITA Bousta « *ne doit pas être exclusivement défini en fonction du pouvoir du Parlement, du Gouvernement ou du juge (ni) comme un moyen alternatif de règlement des litiges* ». Enfin, un Ombuds/Médiateur sert à rapprocher le citoyen de l'administration, à améliorer la performance de l'administration publique en proposant des modifications dans les législations. Il joue également un rôle dans le renforcement de la paix. « *L'ombudsman facilite la quête de solutions justes, aptes à créer, maintenir et renforcer le lien de confiance entre l'institution et ses membres* »[73].

---

[72] Bousta, *op.cit.*

[73] Association des ombudsmans des universités et collèges canadiens, *op.cit.*

Le concept de Médiateur : L'Ombudsman ou le Médiateur est une personne indépendante et impartiale qui agit en traitant les plaintes des citoyens relatives à des injustices ou à des cas de mauvaise administration commis par des organes de l'État.

Après un examen approfondi et impartial, il détermine si la plainte est fondée et formule des recommandations à l'intention de l'organisation afin de régler le problème. D'autres auront le pouvoir de mener des actions en justice car le médiateur dans certains cas, ne s'empêche pas de collaborer avec la justice pour trouver une solution à certains conflits tout en s'appuyant sur les règles d'équité : « *si les médiateurs n'écartent pas systématiquement les références aux règles de droit, ils s'appuient sur les règles d'équité dégagées par les parties et contribuent à leur réconciliation* »[74].

L'institution se veut être une passerelle entre l'administration et le citoyen afin de rétablir la confiance entre les administrés et l'administration, par le biais de la médiation.

---

[74] Mrad Fathi Ben, « Définir la médiation parmi les modes alternatifs de régulation des conflits », *Informations sociales, op.cit.*

Le terme composé de 'mauvaise administration' nous renvoie au nouveau concept de la 'bonne gouvernance' adopté par les institutions de médiation à caractère hybride. Aujourd'hui, la terminologie 'bonne gouvernance' devient à la mode au sein des institutions d'ombudsman comme dans les sociétés civiles et les organisations bancaires et de défense des droits de l'Homme.

II.3. La bonne gouvernance, un concept moderne de l'ombudsmédiateur

Il est difficile d'établir une définition précise de la bonne gouvernance. Mais, le terme classique de gouvernance est d'origine grec et signifie « gouverner un bateau ou un char »[75]

---

[75] Mais qu'est-ce que la bonne gouvernance ?, 04/2012 (http://base.d-p-h.info/fr/fiches/dph/fiche-dph- 9075.html. Ce terme est utilisé par les français au XIIIe siècle, et les anglais au XIVe siècle, pour signifier le gouvernement. Puis il devient gouvernance économique au XXe siècle. Utilisé par des économistes américains dès 1939, et « *sous la forme de 'Urban Governance' par Marguaret Thatcher, Premier ministre du Royaume- Uni, pour définir un désengagement des autorités locales vers des formes de privatisation ». En 1990, la Banque mondiale a pris le concept à son compte pour encourager les États africains à privatiser les structures économiques afin de les libéraliser, « dans sa politique vis-à-vis de l'Afrique, (elle) va user du même vocable pour définir des politiques de libéralisme et de désengagement de l'État ». Selon le groupe multiculturel l'Alliance pour un monde responsable, pluriel « la gouvernance, c'est précisément la capacité des sociétés humaines à se doter des systèmes de représentation, d'institutions, de procédures, de moyens de mesure, de processus, de corps sociaux capables de gérer*

Dans le vocable politique, la gouvernance désigne « *des modes de gouvernement moins verticaux et autoritaires, plus contractualisés et consensuels que par le passé* ». La bonne gouvernance c'est le changement vers l'amélioration de l'administration que cherche à réaliser l'ombudsman. Car « *l'émergence progressive d'une théorie de la bonne gouvernance à partir de l'observation de problèmes, de pratiques et d'innovations* »[76]évite le conflit et renforce les relations entre administrés et administration. Bernard Hours disait *«la gouvernance se présente désormais comme un outil essentiel, voire indispensable, de mise en ordre, de régulation, ou de maîtrise à la fois des risques et des aspirations* ».

Enfin, la bonne gouvernance, il faut le souligner concerne la bonne administration dans tous les domaines économique, social, politique, financier, environnemental, le respect des droits de l'Homme. C'est *« un dispositif producteur de normes (...) et leur mise en application via des instances supranationales, nationales, locales, suivant des processus de*

---

les interdépendances de manière pacifique. La bonne gouvernance ne sert pas seulement à maintenir le 'cap', mais aussi un instrument d'aide au changement ».

[76] Faguet Jacques, « les mondes pluriels de la médiation », Informations sociales, 2012/2 n° 170, p. 20-26.

subsidiarités problématiques »[77]. Alors que la société civile l'utilise pour critiquer des insuffisances, l'ombudsman l'utilise pour recommander *« des améliorations des performances économiques, sociales, démocratiques (...) elle interpelle tous les champs disciplinaires des sciences sociales ».*[78]

II.4. La nécessité du recours à la médiation

Le recours à la médiation n'est pas une obligation. La médiation n'intervient que si toutes les parties en conflit l'acceptent. « *Le recours à la médiation doit être la règle et non pas l'exception »,* a rappelé le ministre des Affaires étrangères de l'Italie, faisant référence à l'article 33 de la Charte de l'ONU. Ce texte demande aux parties de rechercher une solution à un différend « *avant tout, par voie de négociation, d'enquête, de médiation, de conciliation, d'arbitrage, de règlement judiciaire, de recours aux organismes ou accords régionaux, ou par d'autres moyens pacifiques de leur choix* »[79].

---

[77] Hours Bernard, « La bonne gouvernance est-elle bonne pour les sociétés ? », *L'Homme et la société* 2016/1 (n° 199), p. 7-8. DOI 10.3917/lhs.199.0007

[78] Hours Bernard, « *La bonne gouvernance est-elle bonne pour les sociétés* ? », L'Homme et la société 2016/1 (n° 199), p. 7-8. DOI 10.3917/lhs.199.0007

[79] http://www.un.org/press/fr/2012/AG11242.doc.htm.

La Médiation conduit à la réconciliation des parties en conflits et « *la réconciliation constitue une forme généreuse de dialogue en faveur de la paix, enracinée dans la tradition historique et humaniste de diverses cultures et civilisations, qui ont toujours encouragé les valeurs interdisciplinaires et complémentaires de respect et de tolérance, concilié les relations individuelles, les liens familiaux, les communautés tribales et nationales, les relations aux niveaux régional et international* »[80].

Un parent peut jouer le médiateur dans un conflit opposant ses enfants qui se disputent un jouet par exemple. L'intervention de celui-ci auprès de ces jeunes peut être une médiation s'il s'agit de rapprocher les points de vue des deux parties pour s'organiser et jouer dans la quiétude ; arbitrage si l'intercesseur exclut toute médiation à l'amiable mais impose la solution émanant de son point de vue, de sa conviction. Solution qui doit être acceptée sans contestation par les deux parties en conflit. Les deux

---

[80] Foundation for Subjective Experience and Research (SER), International & UN Affairs Main NGO Représentative, « Résolution proposant à l'Assemblée générale de l'Organisation des Nations unies (ONU) de proclamer la période 2010-2020 décennie internationale de la réconciliation, suite à la proclamation déclarant 2009 année internationale de la réconciliation », 5 février 2008.

modèles qui ont pour seul objectif la réconciliation, se pratiquaient depuis l'existence sur terre de l'être humain. Mais, à la différence de l'arbitrage, la médiation est une procédure de réconciliation convaincante pour les deux parties, car elles les associent à la résolution du différend. C'est *la justice douce* comme on a l'habitude de le dire dans le giron des institutions.

II.5. La différence entre conciliation et médiation

Comme la médiation, la conciliation est aussi un mode de résolution des conflits mais à la différence de la médiation, elle peut être obligatoire ou à la demande des parties en conflits. Alors que le Médiateur ne soumet pas des propositions aux parties en conflits, dans la conciliation, on peut jouer un rôle très actif allant jusqu'à proposer des solutions. *« Le terme de conciliation vient du latin conciliare (unir) »*[81]. *« Selon Jean-Loup Vivier, le conciliateur élabore une décision et recueille l'assentiment des plaideurs ; le médiateur aide les parties à élaborer elles-mêmes un accord » (1996 p. 12) (...) la différence entre conciliation et médiation réside donc dans le fait qu'en conciliation le juge peut lui-même être*

---

[81] Mrad Fathi Ben, « Définir la médiation parmi les modes alternatifs de régulation des conflits », *op.cit.*

conciliateur, alors qu'en médiation, la présence d'un tiers extérieur est indispensable (...) il convient également d'ajouter que le conciliateur recherche les faits qui lui semblent pertinents pour ses propres évaluation et estimation de la situation. Il est investi d'une autorité en vertu de son pouvoir d'instruction »[82].

En effet, la confusion régnait entre les deux mots (conciliation et médiation) qui sont *des « faits interchangeables. C'est à partir des travaux de Rogers, Black et Mouton, Gordon*[83]*... et de l'observation des pratiques que la distinction entre ces approches centrées sur le processus (médiation) et celles centrées sur le résultat (conciliation) se formalise »*[84]. En France, avant même la promulgation, le 3 janvier 1973, de *« la loi instituant un médiateur, particulièrement inspiré du modèle de l'ombudsman scandinave »,* Le Monde du 16

---

[82] *Ibid.*

[83] Consultation: A Handbook for Individual and Organization Development (Anglais) Broché – 1 janvier 1976, de Robert R. Blake (Auteur), Jane S.Mouton (Auteur), Jane Srygley Mouton (Auteur), https://www.amazon.fr/Consultation-Handbook-Individual-Organization-Development/dp/0201005948/ref=sr_1_1/258-9281259-0403149?s=books&ie=UTF8&qid=1524150941&sr=8-1&keywords=9780201005943 cité par Association des ombudsmans des universités et collèges canadiens, *L'Histoire de AOUCC*, 24 page.

[84] Association des ombudsmans des universités et collèges canadiens, *L'Histoire de AOUCC*, 24 pages.

janvier 1973, p. 30, col.2[85] , *« en fait, la médiation/conciliation s'était développée de manière significative, et plus qu'aux États-Unis, au cours de la période 1936-1939, dans les relations collectives du travail »*[86]. *« Les attributions du conciliateur lui permettent de vérifier la véracité des propos que lui rapportent les parties et de procéder à l'éventuelle mise en doute de l'exactitude des points de vue exprimés. Au contraire du médiateur qui, lui, ne s'appuie pas sur la recherche des preuves ni sur l'évaluation des faits (...) en conciliation, on parle plus de litige que de conflit, dans la mesure où ce sont les réclamations et leurs traductions juridiques qui sont mises en avant, alors qu'en médiation ce sont les conflits sous-jacents aux litiges qui retiennent l'attention du tiers (Garby*[87]*, 2004, p.9). Ce qui fait dire à Maurice Mouthier*[88] *que les conciliateurs ne peuvent pas gratter sous le litige apparent pour trouver le motif profond du différend (...) le médiateur se centre plus sur la*

---

[85] CNRTL, *op.cit.*

[86] Stimec Arnaud, *op.cit.* p. 16.

[87] Garby Thierry, *La gestion des conflits* (Broché), Economica, paru le 04/10/2004, cité par Mrad Fathi Ben, « Définir la médiation parmi les modes alternatifs de régulation des conflits », *op.cit.*

[88] Mouthier Maurice. *Guide juridique et pratique de la conciliation et de la médiation:[modes de règlement amiable des litiges]*. Ed. De Vecchi, 2003. Cité par Mrad Fathi Ben, « Définir la médiation parmi les modes alternatifs de régulation des conflits ».

personne que sur les faits eux-mêmes, puisqu'il s'intéresse principalement à l'interaction et à l'intersubjectivité des médiés, tandis que le conciliateur se concentre au contraire sur ces faits et sur l'objectif de trouver un accord (...) la conciliation peut aussi être imposée, contrairement à la médiation qui dans ses principes n'est pas obligatoire et requiert le volontariat et l'adhésion du médié (...). Ainsi, si le conciliateur peut emprunter les méthodes de la médiation ou de la négociation (facilitation de la communication), le médiateur ne peut pas utiliser certaines modalités et principes de la conciliation (vérification des faits, appréciation des preuves, conseils d'ordre juridique...), même si les deux peuvent plus ou moins activement suggérer ou proposer des solutions »[89].

II.6. La négociation

Pour Lionel Bellenger[90] la négociation est comme *« une confrontation des protagonistes étroitement ou fortement interdépendants, liés par un certain rapport de force, présentant un minimum de volonté d'aboutir à un*

---

[89]Mrad Fathi Ben, « Définir la médiation parmi les modes alternatifs de régulation des conflits », *op.cit.*

[90] Lionel Bellenger, *La négociation.* « Que sais-je ? » n° 2187, Édition 10 du 31 mai 2017, Presses Universitaires de France, cité par Mrad Fathi Ben, « Définir la médiation parmi les modes alternatifs de régulation des conflits ».

arrangement en vue de réduire un écart, une divergence, afin de construire une solution acceptable au regard de leur objectif et de la marge de manœuvre qu'ils s'étaient donnée ». Contrairement à la médiation, la négociation peut ne pas impliquer la présence d'un intermédiaire puisque les parties en conflit peuvent entreprendre des négociations directement ou par le biais de leurs représentants. Alors que dans la médiation, le Médiateur doit se plier aux conditions d'indépendance et de neutralité et peut *« utiliser des techniques de négociation qui ne dérogent pas à sa position d'impartialité et de neutralité* »[91]. Les deux qualités peuvent ne pas concerner le négociateur. Ce dernier peut être impliqué dans le conflit et en même temps faciliter la recherche d'une solution en défendant des intérêts directs. Philip Milburn disait « *le médiateur est, entre autres, un acteur d'une négociation dans laquelle il n'a pas d'intérêt direct* »[92]. Il peut toutefois s'éclipser si la négociation n'est pas compromise et lorsque les parties sont en mesure de poursuivre la négociation sans lui. « *Aux États unis et au Canada, l'écart entre la médiation et la négociation est très étroit*

[91] Mrad Fathi Ben, « Définir la médiation parmi les modes alternatifs de régulation des conflits », *op.cit*

[92] Milburn Philip, « Négociation, médiation : quelles accointances ? », Négociations 2006/2 (n° 6), p. 11-19. DOI 10.3917/neg.006.19

puisque la première est considérée « comme une pratique d'assistance et de facilitation à un processus de négociation (...) Or, en France ou en Belgique, les communautés épistémiques qui se penchent sur ces objets sont largement disjointes et fréquentent des espaces scientifiques séparés : liés à la justice et à la sociologie politique pour l'une, à la gestion et à l'étude des organisations et du travail pour l'autre »[93].

II.7. L'arbitrage

Selon (Jarrasson[94], 1987, p. 372) cela peut se définir comme *« l'institution par laquelle un tiers règle le différend qui oppose deux ou plusieurs parties en exerçant la mission juridictionnelle qui lui a été confiée par celle-ci (...) l'arbitrage est en quelque sorte une justice privée »*[95], il est « *probablement le moins bien connu des modes alternatifs de résolution des conflits (MARC)* »[96], disait Grelley Pierre, mais il est très utilisé dans les pays Anglo-saxons. La transaction est une « convention dont le résultat est consigné par écrit (…) elle

---

[93] Milburn Philip, « Négociation, médiation : quelles accointances ? », *op.cit.*
[94] Jarrosson Charles, La notion d'arbitrage, LGDJ, 1987, p. 372, cité par Mrad Fathi Ben, « Définir la médiation parmi les modes alternatifs de régulation des conflits », *op.cit.*
[95] Mrad Fathi Ben, « Définir la médiation parmi les modes alternatifs de régulation des conflits », *op.cit.*
[96] Grelley Pierre, « Contrepoint, Juge ou arbitre ? », Informations sociales, 2012/2 n° 170, p. 37-37

est comme « *un contrat par lequel les parties terminent une contestation née, ou préviennent une contestation à naître. Elle s'effectue sans l'intervention d'une autorité judiciaire et ne nécessite pas, comme nous l'avons souligné, la présence d'un tiers* »[97].

« *Le recours à l'arbitrage comme à la transaction permet d'éviter la saisine des juridictions. Les décisions et accords produits dans le cadre de ces deux modes alternatifs acquièrent pour les parties l'autorité de la chose jugée (...) on distingue l'arbitrage, qui est un mode juridictionnel et accompli par un ou plusieurs tiers, de la transaction, qui est un mode conventionnel de règlement des litiges ne nécessitant pas forcément la présence d'un tiers* ». Contrairement au médiateur qui n'agit que sous l'acceptation des parties en conflits de l'accord, le rôle de l'arbitre « *est de trancher un litige et d'imposer sa décision appelée 'sentence arbitrale' revêt un caractère juridictionnel au même titre qu'un jugement* »[98].

---

[97] Mrad Fathi Ben, « Définir la médiation parmi les modes alternatifs de régulation des conflits », *op.cit.*
[98] *Ibid.*

II. 8. Les rapports entre le juge et le médiateur

Comme le Médiateur, le juge qui reste la pierre angulaire de l'État de droit jouit des mêmes qualités qui sont l'impartialité, la discrétion et l'indépendance. Cependant, on ne peut pas assimiler la médiation à la justice et vice versa. Et même si le juge est « *le gardien privilégié des droits fondamentaux* »[99], tout système démocratique doit disposer également d'autres mécanismes classiques de protection juridictionnelle comme le Parlement et non juridictionnelle comme l'institution de la Médiature, une des Autorités Administratives Indépendantes spécialisées. « *Pierre angulaire de l'État de droit, le juge a la capacité à prononcer l'annulation des actes portant atteinte aux droits fondamentaux, est classiquement appréhendé comme le mode de contrôle le plus abouti et le plus efficace (...) parce que sans sa présence, les droits et libertés sont menacés de rester platoniques, le juge est ainsi érigé au rang de pièce maîtresse du système institutionnel de garantie* »[100]. On peut en déduire qu'il existe entre les deux disciplines qui n'ont pas les mêmes cultures une sorte de complémentarité dans le fonctionnement dont l'objectif principale est de garantir la quiétude et la paix à travers la justice et rien que la justice pour le droit et à travers l'équité pour la médiation, sans toutefois enfreindre aux lois. Il est à noter que « *l'équité n'est donc pas l'égalité et*

---

[99] Löhrer Dimitri, La protection non juridictionnelle des droits fondamentaux en droit constitutionnel comparé, op.cit.

[100] *Ibid.*

s'apparente à une sorte de « médiété », terme moyen entre deux extrêmes : un excès et un défaut, un trop et un pas assez (cf. l'idée d'isotês) »[101].

Le droit vise à « *résoudre une situation considérée d'avance comme négative* (le conflit) *selon les préceptes de la loi* ». La médiation ne peut pas intervenir dans un conflit statué par le juge alors que ce dernier peut intervenir pour trancher lorsqu'il constate « *que le problème n'est pas réglé* »[102] par la médiation, même si les parties en conflit expriment leur satisfaction. (Voir courrier du médiateur du Tchad.)[103] « *Alors que le*

---

[101] Ferréol Gilles, *La dissertation sociologique*, Ed. Arman Colin, coll. Cursus Paris 2000192, p. 108. On entend par là, comme Gilles Ferréol que *« l'isotès désigne (...) à la fois la bonté qui incite l'aristocrate à secourir les plus démunis dans le cadre d'une cité qui n'accorde pas les mêmes droits à tous, et la politique, qui au sein d'un régime démocratique permet d'atteindre concrètement l'égalité des droits (...). On pourra dans un premier temps voir comment le droit français considère l'équité et pourquoi, quitte à rendre des jugements qui peuvent paraître injustes. Puis on constatera que si l'équité n'est pas un grand principe du droit français, il transparaît tout de même derrière de nombreuses dispositions de notre droit, et ceci de plus en plus fréquemment. Contrairement au droit anglais, le droit français ne permet pas au juge de juger en équité. Celui ci doit juger en droit. Cela est valable dans tous les domaines du droit ». Source :* http://www.jeulin.net/ScPo/equite.htm

[102] Gaddi Daniela, « Les effets indésirables du processus d'assimilation de la médiation au droit », *op.cit.*

[103]Archives MRT, courrier du Médiateur de la République au gouverneur du Salamat à Am-Timan, N'Djamena le 30 juillet 2010 n° 196/MR/CAB/2010 « *L'intervention du Médiateur n'est possible que lorsque les parties au conflit en avaient ainsi convenu au lieu de s'en remettre aux tribunaux judiciaires ; et le compromis obtenu sous l'égide du Médiateur n'est pas une décision du Médiateur, mais celle des parties les liant réciproquement puisqu'elle est, somme toute, un contrat*

droit n'est finalement que l'auto-légitimation formalisée du pouvoir exercé par certains groupes sur d'autres, la médiation est un processus d'autonomisation et de responsabilisation où les parties élaborent leur sortie du conflit par une solution construite ensemble – transformant au passage la relation entre personnes et les personnes elles-mêmes (...) le droit se définit à partir d'un ordre juridique qui recueille, organise et systématise toute une série de préceptes conventionnels, lesquels non seulement définissent les attitudes attendues par les individus, mais sont censés représenter les aspirations légitimes de ceux-ci. Globalement, le droit réglemente un type de société qui coïncide avec la vision et les intérêts de groupe de pouvoir et ses définitions (y compris celle de la prétention légitime) figurent parmi les expressions de ces intérêts »[104]

---

synallagmatique nécessitant de part et d'autre une exécution de bonne foi. Cependant, une remise en cause est toujours possible et les parties sont libres de recourir aux tribunaux judiciaires. Les raisons évoquées par la parties Massalat pour se rétracter, découle d'une mauvaise foi manifeste quand on sait que le médiateur n'a ni l'autorité ni les moyens pour contraindre. Le compromis obtenu, l'a été en présence des autorités administratives, militaires, religieuses et traditionnelles, dans une ambiance qui ne laissait présager d'une contestation ultérieure. En rejetant cette formule elle ouvre la voie aux tribunaux judiciaires qui doivent statuer... »

[104] Gaddi Daniela, « Les effets indésirables du processus d'assimilation de la médiation au droit », *op.cit.*

« *La médiation constitue une modalité de règlement des conflits totalement anormale du point de vue du droit* »[105]. La différence entre la justice et la médiation est aussi le choix du lieu. Le juge n'accepte pas de son propre gré de se déplacer en dehors du palais pour juger une affaire. Il prononce son verdict au lieu bien défini comme le palais de justice où il a l'habitude d'y exercer. Le médiateur, quant à lui, n'exclut pas le déplacement même pendant les jours fériés là où il juge nécessaire surtout lorsqu'il estime que « *les tensions sociales deviennent plus palpables et le climat politique, une véritable poudrière* »[106]. Le juge ne travaille généralement pas les jours non ouvrables quelque soit le conflit. L'exemple suivant illustre la différence entre le médiateur et le juge : Dans le conflit meurtrier opposant les Sara Kaba et les arabes du Salamat (cf. Infra), le médiateur a traversé plus de 400 kms pendant la période des fêtes de fin d'année pour se rendre aux lieux de conflit. Aussitôt arrivé à Kyabé, il s'est rendu immédiatement chez les uns et les autres pour compatir avec les familles des

---

[105] *Ibid.*

[106] Parsad Gunputh, Rajendra. « Droit électoral. Projet de réforme électorale prospective en droit constitutionnel ou la pratique du Best Loser System et du système proportionnel », Revue française de droit constitutionnel, vol. 78, no. 2, 2009, pp. 431-445.

victimes. Cette technique qui ne se trouve pas chez le juge, sert tout d'abord à apaiser la situation et préparer le terrain avant de réunir toutes les parties impliquées dans le conflit. Ce faisant, le renforcement du dispositif de garantie des droits et des libertés dont le juge demeure le principal acteur est nécessaire. Le juge « *voit son action relayée par l'existence de mécanismes non juridictionnels classiques de protection* »[107].

Le relais des mécanismes non juridictionnels de garantie

Même si le juge est sans doute le gardien privilégié des libertés et des droits, il convient de

[107] Löhrer Dimitri, La protection non juridictionnelle des droits fondamentaux en droit constitutionnel comparé, *op.cit.* « *le fait que l'effectivité des droits ne puisse être dans tous les cas assurés par le juge ne réduit en rien – contrairement à ce qui parfois soutenu -, ni la « juridicité » (ou « normativité ») des droits, ni la possibilité d'obtenir leur effectivité par d'autres moyens. La qualité de norme juridique ne dépend de la possibilité d'invoquer la norme devant le seul juge. Elle dépend bien plus de l'adoption de la norme par une autorité compétente dans un système juridique donné (V. Champeil-Desplats) (...) la consécration du droit à recours juridictionnel individualisé constitue un gage de protection maximale des droits et libertés. Expression parmi d'autres du phénomène de « subjectivisation du droit (J. Chevallier, l'État post-moderne) », un tel recours permet à toute personne qui se trouve lésée dans ses droits et intérêts légitimes d'intenter une action devant le juge afin de tenter d'en obtenir la protection (P. B, la protection constitutionnelle des droits fondamentaux) : aspects de droit comparé européen) » de surcroît, le juge, loin de se contenter d'une simple déclaration de principe, veille à ce que le libre accès à un tribunal ne soit pas entravé en pratique (...) l'absence d'un système d'aide juridictionnelle est de nature à entraver l'effectivité du droit d'agir en justice (C.E.D.H., 9 octobre 1979)*»

rappeler que tout système démocratique dispose également d'autres organes de protection classique comme le Parlement qui assure une protection politico-législative susceptible de renforcer la mission du juge, ce qui alimente les interrogations sur la nécessité d'un médiateur. C'est pourquoi, dans la péninsule ibérique et la France les AAI se sont développées ; Elles sont spécialisées dans la protection des droits fondamentaux et certaines assurent des missions proches ou similaires à celles d'un médiateur institutionnel. Malgré les pouvoirs incitatifs et efficaces et les moyens de pression dont dispose le Parlement (la procédure de question, le débat parlementaire, la publication de rapport, le relais médiatique, le droit d'interpellation, de pétition et de création des commissions d'enquête), la Péninsule ibérique et la France n'ont cependant pas jugé nécessaire de supprimer la Médiature. Mais elles ont procédé au renforcement des mécanismes de protection non juridictionnelle en fusionnant plusieurs AAI.

En conclusion, les médiateurs même s'ils bénéficient d'un statut d'indépendance, doivent agir « *en tant qu'agents des droits* ». Car, l'accord des parties en conflit ne doit pas échapper au contrôle du droit. « *L'accord ne peut pas prévoir, par exemple, si un délit a été commis, qu'il y aura absence de toute condamnation ou qu'il y aura un type de sanction donné. De même, les parties ne peuvent pas convenir d'un quelconque refus de droits à venir, comme dans le cas des héritages dans nombre d'ordonnances juridiques* ». Un contrôle judiciaire de l'accord conclut à travers la médiation n'est pas exclu, et ceci pour s'assurer « *du moins pour tout ce qui a trait à sa conformité à la législation, à l'ordre public ou à la morale* »[108].

Enfin, le droit et la médiation sont unis par un même objectif, celui de protéger les droits fondamentaux de la personne. Alors que le droit assure la protection juridictionnelle des droits fondamentaux, la mission de la médiation est une protection non juridictionnelle des droits fondamentaux. Les deux systèmes cohabitent dans le respect de leurs prérogatives limitées par la loi. C'est pourquoi, Anne Revillard dit : « *il y a un côté avocat lorsqu'on saisit une Administration, qu'on développe un argumentaire, et il y a un côté juge quand on explique au réclamant pourquoi il a tort* »[109].

---

[108] Löhrer Dimitri, *op. cit.*

[109] Revillard Anne, « une expérience de médiation institutionnelle : le Médiateur de la république », *Informations sociales*, 2012/2 n° 170, p. 91-98

II.9. L'évolution de l'Ombudsman

Le mot Ombudsman vient de la Scandinavie médiévale. Des documents de cette époque attribuent le nom au représentant du roi, mais parfois aussi au représentant des intérêts du peuple auprès du roi. On remonte la source à « *la loi danoise de Jylland de 1241* »[110] pour retrouver le mot « *umbosman* » qui signifie fonctionnaire du roi, dans une centaine de comités. Plus tard, naissent diverses appellations : *l'ombudsmand* danois, l'ancien umbuôsmann suédois, l'umboôsmaôur islandais, l'ombudsmann norvégien.

La Suède, qui s'est inspirée de l'Empire ottoman, est le premier pays à l'institutionnaliser. Charles XII, devenu Roi de Suède, en 1697, à l'âge de quinze ans, s'est exilé en Turquie entre 1709 et 1714, après l'invasion de son pays par les Russes. Là, il a alors découvert la fonction de *Mohtaseb,* une sorte de porte-parole du Sultan qui jouait le rôle d'arbitre, de médiateur, de conciliateur, de juge. C'est une sorte de courroie de transmission entre le Roi et le peuple. En 1713, Charles XII établit le « *Högste Ombudsman (Haut Ombudsman*

---

[110] Attestation de formation aux pratiques d'Ombudsman, le mot Ombudsman vient de la Scandinavie médiévale, p. 6, African Ombudsman Research Centre (CROA), *op.cit*.

du Roi) »[111]. Sa fonction était de veiller à ce que les fonctionnaires suédois respectent la loi et les règles qui leur étaient fixées. Après la révolution de 1809, le Roi Gustave IV a mis en place le *« Justitie Ombudsman (...) celui qui plaide pour autrui (...). En 1919, la Finlande se dota d'un Risksdagens Justitieombudsman, (et en 1953), le Danemark adopte le Folketingets Ombudsman. (En 1956, l'Allemagne instaure) des Wehrbeauftragte des bundestages, (puis en 1962, c'est autour de la Nouvelle Zelande de créer) Parliamentary Commissioner Ombudsman et la Norvège, sous le nom de Sivil Ombudsman for Forvaltningen »*[112]. Au Royaume Uni, il a été créé en 1967 *« Parliamentary Commissioner for Administration »*[113] et la saisine passe obligatoirement par le parlement. En 1978, après la chute du Franquisme, l'Espagne adopte la médiation *« sous le nom de Defensor del Pueblo (avec pour mission) la protection*

---

[111] *Ibid.*

[112] Bousta Rhita, « *Contribution à une définition de l'Ombudsman* », Revue française d'administration publique, *op.cit.*

[113] *Ibid.* (*La création du Parliamentary Commissioner for Administration allait venir combler ces défauts du système, dénoncés dès 1957 dans le rapport du Franks Committee on Aministrative Tribunals and Inquiries puis dans le rapport Whyatt, directement à son origine. Nommé par la reine sur proposition du Premier ministre et consultation du Président du Select Committee on he ParliamentaryCommissioner for Administration (commission parlementaire). Sa destitution revient au parlement, envers lequel il est responsable*).

des droits fondamentaux, compétence inspirée de celle du Provedor de Justiçia portugais créé deux années plus tôt », en (1976), *« et inspirant la création d'ombudsmans en Amérique latine (...) Outil de renversement du pouvoir monarchique puis des régimes dictatoriaux, l'Ombudsman devient alors l'instrument de séduction d'un pouvoir souffrant d'une légitimité controversée...il devient le représentant du peuple européen auprès d'institutions perçues comme trop complexes »*[114].

II.9.1. De Mohtaseb à l'Ombudsman

L'histoire de Mohtaseb date de « *la renaissance politique de l'Islam* »[115] ou même avant puisque dans la théologie chrétienne, Jésus-Christ est le médiateur entre Dieu et les hommes (Ac.). Au XVe siècle, à l'époque où les Ottomans fondent un empire, « *une dynastie turque qui assure pendant cinq siècles une très grande stabilité et une très grande unité politique à l'Islam* »[116]. C'est à cette époque que l'Empire ottoman a calqué ce modèle de *médiation* sur la pratique musulmane instaurée depuis le VIIe siècle. « *La médiation est apparue au VIIe siècle en terre d'Islam à l'époque du second Calife*

---

[114] *Ibid.*
[115] Remacle Xavier, *Comprendre la culture arabo-musulmane, op.cit.*, p. 97.
[116] *Ibid.*

des Musulmans, Omar Ibn Khattab (634-644), sous l'appellation de Diwan Al Madhalim, que l'on peut traduire par bureau de doléances »[117], une appellation reprise par les nébuleuses terroristes l'O.E.I/ DAECH dans les territoires qu'il occupe en Syrie et en Irak (2014-2017).

Le Calife des Musulmans, Omar Ibn Khattab qui a remplacé le prophète Mohammed, a voulu « *moderniser* les institutions islamiques. Il est le premier à « *abolir le châtiment corporel* »[118]. La protection des droits et le redressement des iniquités (selon l'Ombudsman du Maroc) ont toujours été au centre des préoccupations des dirigeants musulmans, depuis les Califes du prophète (Omar Ibn Al Khattab). Au Maroc, « *les Sultans ont disposé des Institutions chargées de redresser les torts et les préjudices occasionnés par des dysfonctionnements administratifs ou par une mauvaise application de la loi. Ces institutions portaient différentes appellations* »[119] :

Wilayat Al Madhalim : exercée par le Sultan lui-même. Le

---

[117] Association des Ombudsman/Médiateurs de la francophonie (AOMF), *op.cit.*
[118] Le grand Cheikh égyptien Ali Joum-a, émission « Almoutachadidoune » (les extrémistes), télévision égyptienne Almasrya, 30 juillet 2015.
[119] http://www.aomf-ombudsmans-francophonie.org/les-membres_fr_000023_membre33.html.

Sultan My Ismail réservait une journée par semaine (mardi) pour traiter les doléances des citoyens ;

- Wizir des chikayates : depuis My Hassan 1er ; bureau de recherche et d'orientation, relevant du Palais royal depuis 1956 (Mohammed V) ;
- Diwan Al Madhalim, depuis 2001, sous le règne de Mohammed VI ;
- Institution du Médiateur le 17 mars 2011 en remplacement du Diwan Al Madhalim sous le règne de Mohammed VI, puis actuellement Médiateur du Roi.

Certes, la Suède est à l'origine de la création de la médiation institutionnelle, constitutionnelle et parlementaire, l'Ombudsman qui signifie « *porte-parole des griefs ou homme des doléances, mais étymologiquement, il est possible que le mot ombudsman soit d'origine celtique et qu'il ait pour racine 'Ambactos' : serviteur, messager qui a également donné, en français, le mot ambassade* »[120]. Dans le chapitre de l'ouvrage « *Histoire de L'Ombudsman, développement, terminologie* », on peut lire le paragraphe suivant :

« *Le terme Ombudsman est originaire de*

---

[120] http://www.ombudsman-touristik.ch/fr/portraet/.

Scandinavie ; il signifie en quelque sorte ambassadeur ; une personne ou un bureau qui protège les droits de citoyens individuels, ou un groupe particulier de citoyens, par rapport aux pouvoirs et aux actions de gouvernement. Un médiateur pour la justice a été nommé en Suède en 1809. Plus de quarante pays ont mis en place le poste de médiateur avec pour mission la réception et l'examen des plaintes. Il agit comme un porte-parole et il recommande des modifications afin d'améliorer des choses pour des individus ou pour un groupe particulier »[121], *« passage que nous avons traduit de l'anglais »*[122].

Divers Ombudsmans sont établis par rapport à des services particuliers (la santé, l'administration locale), ou par rapport à des groupes particuliers de citoyens (des prisonniers, des consommateurs, des personnes handicapées, des groupes minoritaires). Quelques pays ont des médiateurs généraux, couvrant une

---

[121] http://www2.ombudsnet.org/history.htm.

[122] Nous avons traduit ce passage du texte original suivant : « *The term 'ombudsman' originated in Scandinavia ; it originally meant something akin to ambassador ; a person or office established to safeguard the rights of individual citizens, or a particular group of citizens, in relation to the powers and actions of government. An ombudsman for justice was appointed in Sweden in 1809. In the many countries (more than 40) which now have general ombudsman offices the most common functions are to receive and investigate complaints, to act as a spokesperson and to advocate changes to improve things for individuals or for a particular group* ».

variété de questions de droits de l'homme[123] .

Toutefois, les avis sont partagés sur l'origine exacte et « *les statuts auxquels il pourrait être, abusivement, assimilé* ». Certains estiment que l'idée de la défense des personnes ne date pas du XIXe siècle et n'est pas apparue en Suède, ni dans l'État Islamique du Califat au VIIe siècle.

Même si le concept de *defendores* n'est pas le même que celui de l'ombudsman, il pourrait y avoir un lien historique entre eux. Alors que l'intervention de l'Ombudsman portait sur le conflit entre administrateur et administré, celle des defendores qui est une sorte de modérateur portait généralement sur des conflits en rapport avec les taxes et les échanges commerciaux. À Rome, en 493, il existait *les tribuns de la plèbe* dont le rôle est de défendre le peuple jusqu'à l'exécution de sentence. Il est également probable que les Romains sont les premiers à avoir l'idée d'un *Mohtaseb*. Il y avait « *le gouverneur, délégué de l'empereur qui Juge en son nom et selon une procédure que l'on peut dire administrative.*

---

[123] *Traduit du texte original en anglais: « Many ombudsperson offices are established in relation to particular services (health, local government), or particular groups of citizens (prisoners, consumers, disabled people, minority groups). Some countries have 'general' ombudsmen, covering a variety of human rights issue ».*

Devenue service public »[124].

II.9.2. De la médiation en tant qu'acte à l'Ombudsman en tant qu'institution

Institutionnelle, constitutionnelle parlementaire et conventionnelle, l'appellation de la médiation moderne/Ombudsman diffère d'un pays à l'autre. Dans de nombreux États, Ombudsman désigne l'équivalent de la fonction de Médiateur comme en France et dans certains pays d'Afrique francophone (Tchad, Burkina Faso, Niger, Gabon…), de protecteur du citoyen (Haïti, Québec...), de défenseur du peuple dans des pays hispaniques, de défenseur du citoyen. En 2007, le nombre de pays l'ayant créé a atteint 122. D'un modèle classique à un modèle de défense des droits de l'homme ou hybride, avec des attributions plus ou moins musclées dans certains pays comme en Ouganda, en Afrique du Sud, au Canada… Toutes les médiations s'accordent toutefois sur un objectif commun, celui d'améliorer les relations entre administrés et administration en aidant les deux parties à résoudre leurs conflits à l'amiable et en encourageant l'administration à améliorer les failles,

---

[124] Kerneis Soazick, « Des justices 'populaires' dans l'Empire romain (IIe-IVe siècles) », Droit et cultures [En ligne], *op.cit.*

sources de litiges.

II.10. L'Ombudsmédiateur moderne (Vers un nouveau modèle institutionnel)

Après les modèles classiques (Tchad), droits de l'homme (Estonie), ou hybride (Afrique du Sud), l'Espagne en a introduit un autre, celui de défenseur du peuple « *Defensor del Pueblo* ». Joaquin Ruiz-Giménez Cortés est le premier Defensor del Pueblo nommé le 30 décembre 1982 pour un mandat de cinq ans. Soledad Becerril Bustamante est la première Defensora del Pueblo élue lors des sessions plénières de l'Assemblée et du Sénat les 17 et 18 juillet 2012[125]. Ce modèle, initié depuis le 7 mai 1981 (Journal officiel, loi organique 3/1981, du 6 avril), fut une source d'inspiration pour le comité de réflexion français, qui a recommandé la création d'un Défenseur des droits de rang constitutionnel, ayant vocation à exercer les compétences de Médiateur de la République et d'autres autorités indépendantes. On reviendra sur ce nouveau modèle hybride, modernisé par la France, sachant que la

---

[125] Pour plus d'informations voir : http://www.defensordelpueblo.es/fr/Quienes/Historia/index.html.

plupart des pays d'Afrique francophone calquent généralement leurs modèles de Médiation institutionnelle sur la France.

Tableau 4- Evolution de l'Ombudsman

Dates	Noms	Origines	Dénominations	Estimations
300	Ambactos	Celtique	Serviteur, messager, ambassadeur	L'ombudsmand danois
305	Defensorplebis	Valentinien 1er	Défenseur de la plèbe	L'ancien umbuôsmann suédois, l'umboôsmaôur islandc
368	Defensorcivitatis			L'ombudsmann norvèg
634-644	Diwan Al Madhalim,	Omar Ibn Khattab		
1241	Umbosman	Loi danoise de Jylland	Fonctionnaire du roi	
1500	Mohtasib	Empire ottoman	Porte-parole du Sultan	Arbitre, médiateur, conciliateur, juge
1713	Högste/Ombudsman	Le Roi Charles XII	Haut Ombudsman du Roi	
1809	Ombudsman	Suède/Parlement	Un médiateur pour la justice	
1956	Wizir des Chikayates	My Hassan 1er		
1973	Médiateur de la République	France		
2011	Défenseurs des Droits	France	Institution de l'État	Regroupe 4 institutions

En République d'Estonie, le Chancelier du droit (équivalent du médiateur ou ombudsman), « *peut demander que soit déclaré nul en tout ou partie, un acte normatif en vigueur adopté par le pouvoir législatif, le pouvoir exécutif ou un organe d'une collectivité locale. Il peut également saisir la Cour d'État afin de reconnaitre inconstitutionnel une loi promulguée ou un acte normatif qui n'est pas encore entré en vigueur ou un traité International signé par la République d'Estonie »*[126].

Il y a lieu de rappeler qu'*« Anton Palvadre 1er Chancelier de la Justice -Ombudsman* (photo ci-conte) *en Estonie (1938-1940) a été arrêté et condamné à mort, après l'invasion de l'Estonie par l'Union soviétique. En 1992, la nouvelle constitution a rétabli l'institution du Chancelier de la Justice »*[127].

Toutefois, les médiateurs administratifs, créés sur les modèles britannique et français, apparurent dans un contexte différent. Là où le Parlement exerce un réel contrôle politique sur le gouvernement, et les juridictions contrôlant l'action de l'administration, ces institutions créées par une loi et dont le titulaire est nommé par l'exécutif, ont pour but d'améliorer les relations

---

[126] http://legiglobe.rf2d.org/estonie/2014/04/14/.

[127] Attestation de formation aux pratiques d'Ombudsman, *op.cit.*, p. 6.

quotidiennes entre l'administration et l'usager. Le sociologue et juriste Jacques Faget estime que la médiation qui doit être naturelle a été trop institutionnalisée : « *alors que les pionniers de la médiation rêvaient de déprofessionnaliser et de désinstitutionnaliser la régulation des conflits, force est aujourd'hui de constater que toutes les pratiques de médiation sont institutionnalisées* »[128].

II.10.1. La médiation socioprofessionnelle

Ce type de médiation est fortement implanté dans le monde occidental. Il ne s'agit pas de la médiation institutionnelle mais plutôt d'une médiation développée et adaptée aux situations conflictuelles, qui s'exercent généralement dans différents secteurs, privé et social :

« *Médiation familiale ; Médiation en droit social ; Médiation judiciaire civile, commerciale ou pénale ; Médiation dans l'action éducative ; Médiation et communication dans l'entreprise et entre entreprises ; Médiation interculturelle ; Médiation culturelle ; Médiations sociales et psycho-sociales dans la société*

[128] Faguet Jacques, « les mondes pluriels de la médiation », Informations sociales, 2012/2 n° 170, p. 20-26.

et la cité ; Médiation bancaire et d'autres secteurs socio-économiques ».

Outre le secteur public qui développe l'activité de manière croissante, sous l'appellation de médiateur, le secteur privé n'était pas en reste. Mais, pour l'instant, le terme Ombudsman concerne principalement un médiateur intervenant de manières institutionnelle et administrative. Afin d'éviter la confusion entre les différents types de médiations, il nous arrive de choisir les néologismes suivants pour la médiation institutionnelle moderne : Ombudsmédiateur ou '*médiatologue'*. Si « *le concept d'ombudsmédiateur est un néologisme qui regroupe les caractéristiques fondamentales de l'ombudsman et du médiateur institutionnel de type parlementaire* »[129], nous estimons que le mot '*Médiatologie*' est hybride et peut être considéré comme la science de la médiation institutionnelle et professionnelle.

---

[129] Institut catholique de Paris, *op.cit.*

Chapitre III – L'Ombudsman, de sa création à son évolution

III.1. L'ombudsman, de sa création à son évolution

En Suède, un haut fonctionnaire avait pour mission de recevoir toutes les plaintes des citoyens adressées au Roi. Elles concernaient tout ce qui a trait à la mal administration dans l'abus de pouvoir. Mais, en 1809, dans une réforme constitutionnelle, le parlement suédois 'Ständerna' procède pour la première fois à l'élection de ce fonctionnaire à qui il donne désormais le nom d'ombudsman parlementaire. Il lui octroie le droit d'exercer ses fonctions en toute liberté et en toute indépendance par rapport à l'autorité royale et aux instances exécutives et parlementaires.

L'institution franchit les frontières de la Suède au XXe siècle et d'autres pays scandinaves l'adoptèrent comme la Finlande, le Danemark, la Norvège, respectivement en 1919, 1955, 1962. « *Le terme de médiation est employé par Sigmund Freud (1915)* »[130],

---

[130] Freud Sigmund, Métapsychologie : 1915, édition Flammarion 2012, traduction de l'allemand par Philippe Koeppel, cité par Barus-Michel Jacqueline, « La médiation, point de vue psychanalytique et clinique », *Le Journal des psychologues*, 2011/5 n° 288, p. 44-48. DOI : 10.3917/jdp.288.0044

ne portait pas le même sens de celui de l'Ombudsman scandinave. Pour encourager le développement de la justice sociale et faire face aux efforts de guerre, les Américains ont, en pleine Seconde Guerre mondiale, adopté et même encouragé la pratique de la médiation et de la réconciliation dans les litiges au sein des entreprises. A partir des années 1960, on constate que l'institution devient populaire et plusieurs pays l'adoptent en tant mécanisme gestionnaire des conflits. Parmi ces pays, « *on compte (...) la Nouvelle-Zélande en 1962, le Royaume-Uni en 1967, la plupart des provinces canadiennes en 1967, la Tanzanie en 1968, Israël en 1971, Porto Rico en 1977, l'Australie en 1977 au niveau fédéral et, de 1972 à 1979, dans ses divers États, la France en 1973, le Portugal en 1975, l'Autriche en 1977 et l'Espagne et les Pays-Bas en 1981* »[131].

Le premier pays africain ayant créé l'Ombudsman fut la Tanzanie, en 1968, suivi d'un grand nombre d'autres à partir des années 1990. Au Tchad, un Médiateur national a été nommé en 1997 avec des prérogatives limitées avant d'évoluer en 2009 avant d'être supprimée en mars 2018.

---

[131] *Ibid.*

Toutefois, les missions principales dévolues à ces institutions dans le paysage institutionnel sont, à quelques variantes près, le renforcement de la paix sociale à travers l'amélioration des rapports entre administrés et administration, en corrigeant les failles dans l'administration et les dysfonctionnements relevés dans l'activité des services publics et des organismes assurant une mission de service public. Parmi les missions, se trouve également la contribution au développement de la démocratie à travers le renforcement de l'état de droit, la bonne gouvernance, le respect des droits de l'homme et la lutte contre la corruption. A cela s'ajoute la protection de l'environnement dans certaines institutions.

En conclusion, en dehors de la voie de violence, on trouve la justice sociale au cœur des préoccupations de la '*Médiatologie*'. Le concept ne date pas d'aujourd'hui et « *peut s'observer dans des très nombreux domaines, qu'il s'agisse de revenus, du patrimoine, de l'emploi, de la consommation, du logement, de l'école, des usages sociaux du temps, de la maîtrise de l'espace public, de la santé, de l'espérance de vie, etc. Ces différents aspects ne sont évidemment pas indépendants les uns des autres, ils entretiennent entre eux des relations étroites et complexes* »[132]. Le but de la justice sociale est d'assurer à la société une égalité dans tous les domaines bien qu'il faille reconnaître qu'il est impossible de mettre fin à toutes les injustices.

Elle est fondée sur deux principes :

- Celui d'équité dite commutative « à chacun son dû ».
- Le principe moral dit distributif, celui basé sur l'égalité.

Bref, c'est à partir de la justice sociale qu'on peut renforcer la paix sociale qui est de nature à créer « *de conditions environnementales et sociales saines* »[133], des structures politiques stables et économiques durables, basées sur le respect des Droits de l'Homme et la bonne gouvernance. Inutile de rentrer dans des définitions détaillées de la justice sociale qui dans certains pays exprime des concepts très politiques comme l'instauration d'un système de répartition équitable des ressources dans

---

[132] Pfefferkorn Roland, *inégalités et rapports sociaux, Rapports de classes, rapport de sexes*, (2007, 412 pages), la montée des inégalités sociales en France p.77, éd. La dispute legenre du monde, Paris.

[133] Conseil de paix et de sécurité (CPS) de l'Union africaine (UA), 463e réunion, le 27 oct. 2014, sous le format d'une séance publique, conformément à l'article 8 (10) du Protocole relatif à la création du CPS, sur le thème : « Prévention structurelle des conflits – Revigorer les États en situation de fragilité en Afrique ».

les pays communistes, ou offrir l'égalité des chances à chaque personne dans des pays socialistes. Sur le plan religieux, l'Eglise utilise le concept de justice sociale en faveur des personnes vulnérables. Dans son ouvrage « *Théorie de la justice sociale* », John Rawls estime « *qu'une société est juste si elle respecte trois principes, dans l'ordre : 1) garantie des libertés de base égales pour tous ; 2) égalité des chances ; 3) maintien des seules inégalités qui profitent aux plus défavorisés* ».

III.2. Les Différents types de médiateurs

Avant d'aborder la typologie d'ombudsman constitutionnel, on peut citer une panoplie de médiateurs qui renforce l'inquiétude des experts sur la porosité et quelquefois sur l'utilisation arbitraire de la terminologie :

Le Médiateur social : Ce type de médiateur est très répandu en Occident, plus particulièrement en France où son domaine d'activité réside dans le travail de proximité, comme la police municipale (police de proximité) dans des quartiers quelquefois difficiles pour contribuer à la résolution de contentieux opposant des habitants ou ces derniers et les institutions administratives. Il agit généralement dans le(s) quartier(s) bien définis, « *dans les espaces publics et/ou ouverts au* *public; les agents d'ambiance dans les transports* »[134].

La médiation familiale[135] qui est généralement très proche de la médiation sociale. Elle s'occupe de la gestion de conflits opposant des familles en situation de rupture, de séparation ou de divorce. Elle « *constitue sans doute l'expression la plus connue et la plus développée de la pratique* »[136], selon la définition adoptée par le Conseil national consultatif de la Médiation familiale en 2002[137].

Les médiateurs comme les employeurs sont responsables de l'application des principes déontologiques qui ont pour objet d'énoncer les fondements éthiques du processus de médiation et de garantir, dans un souci de responsabilisation des personnes, les conditions nécessaires à l'exercice de la médiation familiale, quel que soit son champ

---

[134] Rawls John, Théorie de la justice sociale, (2009, 665 pages), éd. Points, Paris.

[135] Institut catholique de Paris, *op.cit.*

[136] Grelley Pierre, « introduction », informations sociales, *op.cit.*

[137] *Ibid.* « *La médiation familiale est un processus de construction ou de reconstruction du lien familial axé sur l'autonomie et la responsabilité des personnes concernées par des situations de rupture ou de séparation dans lequel un tiers impartial, indépendant, qualifié et sans pouvoir de décision – le médiateur familial – favorise, à travers l'organisation d'entretiens confidentiels, leur communication, la gestion de leur conflit dans le domaine familial entendu dans sa diversité et dans son évolution* »

d'intervention.

Tout comme les autres types de Médiateurs et Ombudsmans, le médiateur familial est tenu de respecter les principes déontologiques régissant la médiation familiale que nous appelons les devises de la profession, qui sont : la neutralité, l'indépendance, la confidentialité, l'impartialité, la patience, la capacité d'écoute.

L'indépendance : il ne doit dépendre d'aucune autorité et d'aucune institution et agir en toute indépendance sans aucune pression d'où qu'elle vienne. On constate que cette clause relative à l'indépendance du Médiateur figure dans tous les statuts juridiques sans aucune exception, que l'institution jouisse ou pas d'une indépendance. « *L'indépendance, définie comme la possibilité d'exercer la mission de juger sans entrave, doit être garantie tant vis-à- vis du pouvoir législatif que du pouvoir exécutif et des parties aux litiges* »[138]

La neutralité : certes, un médiateur doit non seulement avoir les mains libres mais il doit dans ses activités professionnelles être objectif et jouir d'une neutralité. Difficile pour un Ombudsman administratif

---

[138] Löhrer Dimitri, *la protection non juridictionnelle des droits fondamentaux en droit constitutionnel comparé, op.cit.*

nommé par l'exécutif (politique) de jouir à 100% d'une neutralité. Ce n'est pas le cas d'un médiateur familial.

La confidentialité : le secret professionnel exige de lui qu'il ne fasse pas du conflit un sujet de discussion en dehors du cadre du travail. En outre, il n'est pas habilité à témoigner en justice: « *Il ne peut témoigner en justice et ne transmet aucun rapport au juge, ni à qui que ce soit* »[139].

L'Impartialité : le médiateur doit gérer le conflit sans prendre parti, sans imposer de solution. A travers la discussion, il ramène les parties en conflit à se parler dans un climat de respect mutuel et à trouver une solution loin de toute contrainte ou pression. « *Il fonde son approche sur la systémique des relations humaines. Chaque personne est un système relationnel à part entière qui entre en interaction avec d'autres personnes. L'intervention du médiateur consiste à favoriser la régulation relationnelle, agissant sur la forme et non sur le fond* »[140].

Contrairement à la fonction d'Ombudsman qui n'exige pas de passer nécessairement par une formation

---

[139] Institut catholique de Paris, *op.cit.*
[140] *Ibid*

professionnelle pour occuper le poste, celle de la médiation familiale[141] nécessite une formation professionnelle. Toutefois, avec l'évolution de la discipline, la qualité et la garantie d'un ombudsman nécessitent une attention qui doit être « *portée à la formation* »[142].

Le Médiateur dans l'action éducative : Dans les écoles, la culture de la médiation contribue à apprendre aux élèves « *une qualité de vie marquée par les valeurs de justice, de solidarité et de respect des différences,*

---

[141] Ibid. (Selon l'APMF, à l'« *Article 3 du code de déontologie de la médiation familiale », la fonction de médiateur familial oblige à la fois : « à disposer d'une compétence technique préalable, soit en qualité de professionnel des sciences humaines et/ou juridiques du champ familial, soit en raison d'une expérience acquise dans le cadre d'une structure ayant pour objet l'accompagnement des familles ;à avoir suivi une formation spécifique : notamment le diplôme d'État de médiateur familial (proposé par IFOMENE), régi par les exigences rigoureuses du décret de 2004* ».

[142] Guillaume-Hofnung Michèle, « Point de vue – De la nécessité de former les médiateurs », *Informations sociales*, 2012/2 n° 170, p. 114- 120. « *si de nombreux médiateurs aujourd'hui en exercice n'ont bénéficié d'aucune formation à la médiation, les pouvoirs publics nationaux et européens commencent à prendre conscience de sa nécessité. (...) la résolution du Parlement européen du 13 septembre 2011 sur la mise en œuvre de la directive relative à la médiation dans les États membres, ses effets sur la médiation et son adoption par les tribunaux (2011/2026 [INI]) « reconnaît l'importance d'établir des normes communes pour l'accès à la profession de médiateur en vue de promouvoir une médiation de meilleure qualité et de garantir des normes élevées en matière de formation professionnelle et d'accréditation dans l'Union européenne* ».

faciliter le développement de la citoyenneté et des compétences de communication saine, prévenir toutes formes d'incivilités et de violences, promouvoir les pratiques de médiation: écoute, entraide, gestion des conflits par la communication et la coopération de chacun »[143]. Il convient de ne pas oublier ici que la médiation à l'école ne doit pas être une alternative à la sanction.

L'objectif de la médiation en milieu scolaire est d'éviter que ne s'installe et se développe dans la mentalité des élèves un phénomène de vengeance, de règlement de comptes et de représailles. Tout comme dans le cas de tout ombudsman, les qualités requises d'un médiateur en milieu scolaire ne diffèrent pas trop puisqu'il est essentiel d'avoir la capacité d'écoute, d'être discret et impartial. L'institut catholique de Paris ajoute à cela la « *responsabilité dans la gestion du processus de médiation et disponibilité* »[144].

Le Médiateur de l'Éducation nationale et de l'Enseignement supérieur : Contrairement au médiateur en milieu scolaire qui, lui, est chargé de la gestion des

---

[143] Institut catholique de Paris, *op.cit.*
[144] *Ibid.*

conflits d'un établissement scolaire, le Médiateur de l'Éducation nationale et de l'Enseignement supérieur s'occupe de la gestion des conflits « *tant au niveau national qu'académique, reçoit les réclamations concernant le fonctionnement du service public de l'Education nationale, de la maternelle à l'enseignement supérieur* ». Il procède à un examen de fond et cherche une solution au conflit après avoir jugé la recevabilité de la réclamation et observé qu'elle relève de sa compétence. Dans l'éventualité où il n'est pas satisfait de la réponse de l'administration scolaire, le Médiateur de l'Education nationale et de l'Enseignement supérieur a le pouvoir de « *formuler des recommandations et les rendre publiques, notamment dans le rapport annuel, remis au ministre de l'Education nationale, de l'Enseignement supérieur et de la Recherche.* A partir des réclamations qui lui sont adressées, le médiateur de l'Education nationale et de l'Enseignement supérieur peut déceler « *des dysfonctionnements au sein de l'institution ou l'insuffisance d'une réglementation, ou l'inadaptation d'une loi* » et, par conséquent, il utilise son pouvoir de faire des recommandations et des propositions de réforme qu'il adresse aux autorités compétentes pour corriger et prévenir les erreurs dans l'avenir.

Le Médiateur interculturel : Celui-ci a la fonction d'interprète et « *joue un rôle d'interface et de relais entre deux mondes culturels. Il doit rendre compréhensibles, de manière bilatérale, les représentations culturelles, les valeurs et les normes qui y sont associées* ».

Pour occuper un poste de médiateur interculturel en France, il est conseillé d'avoir l'art de communiquer et d'être cultivé puisque son champs d'action s'étend à plusieurs secteurs variés comme la « *psychiatrie, médecine (de soin et de prévention), psychologie scolaire, milieux socio-éducatifs et judiciaires, formations de divers acteurs sociaux et administratifs (puéricultrices, agents de l'ANPE, etc.)*[145]. »

Le Médiateur culturel : La mission d'un Médiateur culturel est de « *promouvoir une œuvre en organisant des événements et des rencontres avec le public, en mettant en place des projets culturels...* ». Il joue un rôle proche d'un médiateur interculturel. Il est l'intermédiaire entre « *les créateurs et artistes pour l'ensemble de leurs créations artistiques et culturelles* », avec pour objectif « *d'assurer la mise en relation avec*

---

[145] http://www.education.gouv.fr/cid3998/appel-au-mediateur.html#qui.

le public ». Outre la qualité requise d'un Médiateur interculturel qui est celle de la communication, « *le Médiateur culturel doit bénéficier d'une solide culture générale et avoir de grandes connaissances en arts, culture et patrimoine ; il doit aussi avoir le sens du contact et du relationnel et être capable d'animer et de gérer le projet (...) puisqu'il peut être rattaché à un musée, une galerie d'art, une salle de spectacles, un organisme ou une municipalité (avec des missions de coordination multiples comme l'élaboration de programmation, promotion auprès des médias, suivi du budget, collaboration avec les artistes...* »[146].

Le Médiateur scientifique : Le Médiateur scientifique a un rôle proche de médiateur culturel ou interculturel. Il établit et développe des contacts avec l'extérieur du musée. Il peut animer des débats et intervenir dans des établissements scolaires pour permettre aux élèves de s'adapter à la démarche de chercheur. Il propose des expositions et assure par exemple des conférences scientifiques sur l'astronomie, la médecine, le média, le développement durable.

[146] Institut catholique de Paris, *op.cit.*

Le Médiateur bancaire : Comme son nom l'indique le Médiateur bancaire s'occupe des conflits opposant la banque à sa clientèle par exemple dans la gestion de compte, d'épargne, l'obtention de prêts, un litige sur les instruments financiers, etc. Intervenir dans un conflit de prêt ne lui donne en aucun cas le droit de s'immiscer dans la politique de la banque d'accorder ou non un prêt ou de fixer le taux d'intérêt. Un accord ou un refus de prêt, ou la fixation de taux d'intérêt, tout cela « dépend de la politique des risques de chaque établissement ou du niveau des prix des services (qui dépend de sa politique commerciale) »[147]. Son rôle principal est de dissiper tout malentendu et d'améliorer les relations entre la banque et sa clientèle. Un Médiateur bancaire peut être interne ou externe.

Interne, c'est-à-dire salarié de la banque, qui le charge d'intervenir non seulement dans les conflits avec la clientèle mais aussi dans tout litige opposant l'administration bancaire dont il dépend aux agents de la banque, par exemple dans la promotion, dans un licenciement ou une décision jugé abusive ou arbitraire

---

147 http://www.lesclesdelabanque.com/Web/Cles/Content.nsf/DocumentsByIDWeb/6W9HFZ.

par le médié. Il peut ne pas être nécessairement de la profession mais il doit s'y connaître dans la profession bancaire pour pouvoir comprendre ou expliquer un dossier en rapport avec les finances. Il est souhaitable qu'il ait une formation en droit, en psychologie et en sociologie.

Externe, il est généralement de la profession et se spécialise dans la gestion des conflits opposant non seulement la banque et sa clientèle mais il peut en même temps intervenir dans des conflits opposant des banques lorsqu'il est sollicité. Il doit avoir des connaissances cognitives dans le domaine de la banque, du droit, de la psychologie, de la sociologie.

En France, « *la loi MURCEF du 12 décembre 2001 a généralisé la mise en place de médiateurs dans toutes les banques. Certains groupes bancaires ont choisi un médiateur national, d'autres, un médiateur par caisse, d'autres encore, ont choisi de faire appel au service de médiation proposé par la Fédération bancaire française* ».

Dans l'un et l'autre cas, un Médiateur bancaire doit être discret puisqu'il est censé prendre connaissance des documents d'ordre confidentiels – comptes, chéquiers, chèques, relevés de comptes bancaires des plaignants – surtout si les intéressés sont des hommes d'affaires ou des artisans, là où l'indiscrétion peut être exploitée par la concurrence.

Toutefois, l'ombudsman parlementaire ou administratif peut aussi intervenir dans le cas où il est saisi et lorsqu'il estime que la réclamation est recevable. Certains ombudsmans, à l'instar de celui d'Angola, jouissent des prorogatives leur autorisant d'intervenir dans les conflits des banques ou d'entreprises, non pas dans la recherche d'emploi, mais le plus souvent dans les cas de licenciement qualifiés d'injustes.

La question est également de savoir si la banque refuse de collaborer. En France, le médiateur bancaire « *passe alors le relais à un correspondant départemental ou au trésorier payeur général, qui prend à son tour contact avec la banque afin de traiter le dossier au niveau local et de proposer de nouvelles solutions, si besoin, avec un autre établissement bancaire* », et ceci dans le cas où la banque n'a pas répondu dans le délai consenti ou refuse de coopérer. « *Le dossier peut revenir, le cas échéant, en appel au médiateur national qui aura huit jours pour statuer* »[148].

Le Médiateur judiciaire : Le médiateur judiciaire doit avoir une grande capacité d'écoute et une formation en psychologie. Il est l'intercesseur désigné par le juge pour amener les parties en conflit à privilégier le dialogue afin de trouver elles-mêmes un terrain d'entente consensuel. Il est en mission diligentée et supervisée par le juge à qui il rend compte du résultat final. Le Médiateur judiciaire n'est chargé de la mission que si le juge saisi du litige parvient à convaincre les parties concernées de résoudre à l'amiable leur conflit.

Son rôle est de contribuer à la recherche « *des bases d'un accord durable et acceptable qui tient compte des besoins et des intérêts de chacun* », sans imposer une solution ou déterminer la responsabilité. Il informe alors le juge du résultat de sa mission. A la différence de l'Ombudsman dont les prestations sont totalement gratuites, la médiation judiciaire « *est subordonnée au versement d'une provision à valoir sur la rémunération du médiateur* ». Une autre différence est à noter avec

---

[148]http://www.lesclesdelabanque.com/Web/Cles/Content.nsf/DocumentsByIDWeb/6W9HFZ

l'Ombudsman : le médiateur judiciaire est, lui, désigné par le juge sans prendre l'avis des parties en conflit alors que l'Ombudsman est saisi par les parties en conflit. C'est-à-dire que lesdites parties peuvent, éventuellement, connaître le nom du médiateur judiciaire seulement après sa désignation.

Ainsi, en France :
« *La loi n°98-1163 du 18 décembre 1998 relative à l'accès au droit et à la résolution amiable des conflits, a notamment pour objectif de favoriser le développement de celle-ci en matière civile. Le décret n°96-652 du 22 juillet 1996 a généralisé le recours à la médiation. Ce texte pose la question des pouvoirs du juge qui ordonne cette médiation. La Cour d'appel de Versailles (A. Versailles (14e ch.), 24 novembre 2004 BICC n°654 du 1er févr. 2007) qui a eu à résoudre la question de savoir dans quelle mesure la médiation avait été ordonnée par le juge des référés rappelle que si la médiation peut porter sur tout ou partie du litige, elle ne dessaisit pas le juge qui a désigné un médiateur* ».

Le Médiateur pénal : Le médiateur pénal se distingue du médiateur judiciaire du fait que le dossier qu'il gère relève du pénal et non du civil. En outre, il est désigné par le procureur de la République avec « *l'accord de la victime et de l'auteur présumé d'un délit ou d'une contravention* ». C'est lui qui, par la suite, prend directement contact avec les parties en conflit afin de s'assurer de leur aval pour une médiation. Il les encourage à trouver un accord à l'amiable qui doit être rédigé et signé. Le médiateur pénal établit son rapport et l'adresse au procureur accompagné de l'accord pour être validé. Après validation, l'affaire est classée « *sous condition d'exécution des engagements. En cas d'échec, il poursuit – sauf s'il considère que la victime formule des demandes excessives* »[149].

La pratique de la médiation pénale exige une formation en droit et le pratiquant doit être membre « *d'une association habilitée et conventionnée par la justice ou une personne physique habilitée par le tribunal* », il doit également satisfaire aux conditions suivantes : « *ne pas exercer d'activité judiciaire à titre professionnel ; ne pas avoir fait l'objet d'une condamnation ; présenter des garanties de compétence,*

[149] http://www.vos-droits.justice.gouv.fr/index.php?rubrique=10062&ssrubrique=10063&article=10115

d'indépendance et d'impartialité »[150].

Il y a aussi la médiation pénale coutumière qui est un outil de régulation sociale. Là où les textes des lois restent muets sur la gestion d'un conflit intracommunautaire, les us et coutumes contribuent à trouver des solutions. C'est pourquoi, le rôle des chefs traditionnels dans la gestion des conflits intercommunautaires n'est pas à minimiser. La médiation coutumière diffère de la médiation constitutionnelle. La première est composée des chefs traditionnels qui mettent en œuvre leur expérience sociale, leurs relations et leur autorité morale à la gestion des conflits intracommunautaires afin de rétablir la paix sociale. Les solutions qu'ils proposent se font en application de principes coutumiers. Leur mission est généralement locale, dans les milieux où ils vivent alors que la médiation constitutionnelle se compose généralement des personnes ayant une formation dans le droit, la sociologie et une connaissance dans l'administration. La mission de cette dernière est nationale.

La Médiation coutumière : Le 'médiateur coutumier', est habilité à régler les conflits en respectant

---

[150] *Ibid.*

les principes de la coutume et tradition.

Nous prenons un exemple sur la gestion des conflits à travers les principes traditionnels dans une partie de la France où sévissent encore les us et coutumes. Chez les Kanaks par exemple, au cas où le petit chef n'arrive pas à régler un conflit, au sein de la tribu, il doit saisir la haute autorité qui est le grand chef afin qu'il intervienne et contribuer à la recherche d'une solution pour désamorcer la crise.

L'exemple d'un chef de village Kanak qui renvoie une famille : Le conflit s'est compliqué lorsque le chef du village M. a décidé d'expulser pour insubordination une famille toute entière accusé de ne pas reconnaître son autorité et d'avoir changé sa religion. A-t-il droit de renvoyer une famille toute entière puisque le chef ne reconnait pas son autorité ? Les deux instances judiciaires à savoir la justice conventionnelle et la justice douce s'affrontent sur ce sujet. La première doit appliquer le droit écrit en condamnant le chef du village puisque même si le chef de famille refuse de reconnaître son autorité, il ne doit pas expulser du village un terrien, lui qui a déjà prêté allégeance le « *qëmëk* ». Puis, les terres, il faut le préciser, n'appartiennent à personne, car elles constituent une réserve, et qu'il n'existe en l'état aucun cadastre sur les terres de réserve, pour lesquelles l'article 18 de la loi organique du 19 mars 1999 précise : « *sont régis par la coutume les terres coutumières et les biens qui y sont situés appartenant aux personnes ayant le statut civil coutumier. Les terres coutumières sont constituées des réserves... Les terres coutumières sont inaliénables, incessibles, incommutables et insaisissables* »[151]. Elles sont régies par la coutume et il appartient donc aux chefferies et leurs représentants de les exploiter sans se les approprier et par conséquent, les deux parties doivent respecter leurs obligations sans outrepasser leurs droits pour ne pas remettre en cause l'équilibre et la coexistence de la communauté. Toutefois, la loi qu'elle soit orale ou écrite « *est aussi la médiation instituant la communauté des semblables sans laquelle on ne saurait être* »[152]. Elle cohabite dans l'intérêt de la recherche d'une solution à l'amiable pour renforcer la paix sociale et « *Cela bien sûr n'empêcha pas le droit écrit d'exercer une influence sur les coutumiers (...) les bases du droit féodal étaient essentiellement coutumières, malgré la réception des Libri*

---

[151] Frezet Pierre, « *Chronique d'un jugement qui ne sera jamais rendu* », Droit et cultures [En ligne], 51 | 2006-1, *op.cit.*

[152] Barus-Michel Jacqueline, « *La médiation, point de vue psychanalytique et clinique* », *op.cit.*

feodorum »[153], mais elles ont évolué tout en mettant le droit coutumier au service de la justice sociale.

Le Médiateur en entreprise : A la différence du médiateur bancaire, il intervient « *dans de grosses entreprises, publiques ou privées lorsque la négociation classique entre syndicat/employeur est bloquée ou dans des entreprises sans représentation syndicale* »[154]. Les qualités requises ici sont : « capacité à faire une lecture sociale de la situation et à réaliser un audit social envisagé en tant que recherche de paliers d'accord entre les différents protagonistes »[155].

Le Médiation financière ou « Examinateur indépendant »[156] : La médiation financière est un dispositif qui s'adresse plutôt aux particuliers puisque l'enjeu dans ces genres de médiation est financier mais ne s'adresse pas aux entreprises dont la procédure nécessite la mise en place d'une procédure lourde se basant généralement sur des expertises. En France, la

---

[153] Jérôme Luther Viret, Le sol & le sang, la famille et la reproduction sociale en France du Moyen Age au XIXe siècle, op.cit., p.37
[154] http://www.vos-droits.justice.gouv.fr/index.php?rubrique=10062&ssrubrique=10063&article=10115
.
[155] *Ibid.*
[156] Service de médiation financière (Financial Ombudsman service), Fiche d'information, www.independent- assessor.org.uk

mission du médiateur financier est d'intervenir en vue de parvenir à un accord à l'amiable d'un litige opposant un particulier à un établissement à condition qu'il soit membre de l'Association française des sociétés Financières et « *ayant adhéré au dispositif de médiation* »[157].

Le Médiateur électoral ou Médiateur chargé des conflits électoraux : Sa mission est de chercher à éviter tout conflit issu des élections. C'est un nouveau concept adopté dans certains pays comme au Tchad. Bien que la mission d'un tel médiateur soit proche de celle d'un médiateur constitutionnel, il est souvent régi par un statut associatif et, par ailleurs, il est difficilement reconnu par l'État. Pour pouvoir intervenir dans un conflit post électoral, le Médiateur électoral déploie ses équipes de supervision des élections.

Le Médiateur militaire : Logiquement, un Médiateur de la République 'civil' ne peut pas être concerné par la gestion des conflits interarmées. Pourquoi ? puisque l'armée est une institution sensible et ce n'est pas pour rien qu'on la surnomme la Grande muette. L'action du Médiateur civil est

---

[157] www.asf-france.com

persuasive alors que l'armée dispose d'un « *terrible arsenal répressif* »[158] surtout dans le passé où les dirigeants ne comptaient que sur des tribunaux militaires pour condamner, « *par larges fournées* »[159], comme c'était le cas des « *insurgés de juin 1848* » en France, où on n'évite pas « *de recourir à la justice sommaire des cours martiales* ». Quel rôle peut jouer un Médiateur civil dans ce monde dont les lois sont très répressives et ne laissent que rarement la possibilité de dialogue surtout s'il s'agit d'une haute trahison, d'une désertion, d'un crime… Dans l'armée, « *c'est l'intimidation que l'on doit avoir toujours en vue, parce qu'elle va droit au but et qu'elle seule peut produire de salutaires effets* »[160]. Et même si, le monde a changé et que les lois militaires sont de temps à autres auscultées par les législateurs, la muette pense toujours que la souplesse dans la peine serait funeste à l'armée :

« *toute disposition qui tendrait à donner au soldat la croyance qu'il peut compter sur l'indulgence ou la faiblesse des juges, et qu'il ne sera puni que d'une peine amoindrie s'il commet tel ou tel crime, tel ou tel délit, serait funeste à l'armée et à la discipline absolue qui la*

---

[158] André Bach, Justice militaire 1915-1916, Collection Chroniques, éd. Vendémiaire 2013, page 41

[159] *Ibid.*

[160] *Ibid.*

maintient et fait sa force ». A la place d'un Médiateur civil, certains pays nomment ce qu'on appelle un Médiateur militaire avec des conditions très draconiennes et une mission précise d'un mandat très court. Au Canada, l'ancien Ombudsman d'Ontario (2005), M. André Marin « *le chien de garde* »[161], a été nommé pour une mission précise Médiateur militaire. En

République centrafricaine, le Médiateur était habilité à traiter aussi des conflits d'ordre militaire.

Le Médiateur de la République : Grelley Pierre qualifie le Médiateur de la République d'agent « *au statut très institutionnalisé* »[162] contrairement au médiateur culturel dans les musées qu'il qualifie de « *quasi clandestin* »[163].

On le désigne par plusieurs terminologies : Médiateur de la République, Ombudsman, Ombudsperson, Ombudsmédiateur, protecteur de citoyens, avocat ou défenseur du peuple…. En un mot, il doit jouer un rôle dans l'amélioration des rapports entre l'administration et le citoyen en intervenant dans la

---

[161] Ombudsman Ontario, « Aiguisez les Dents », formation avancée aux enquêtes pour les chiens de garde de l'administration, Institut international de l'Ombudsman, *op.cit.*

[162] Grelley Pierre, « introduction », informations sociales, *op.cit.*

[163] *Ibid.*

recherche de solutions à l'amiable dans un conflit opposant deux parties. Se basant sur une devise de dialogue, résolution et de recommandation, Il diligente une enquête dès qu'il estime que la réclamation est justifiée et engage une négociation avec l'administration concernée pour corriger la faute. Si l'administration refuse de coopérer ou bien si sa réponse lui paraît insatisfaisante ou non convaincante, Il n'est pas exclu qu'il utilise les pouvoirs dont il dispose pour persuader l'administration de bien vouloir coopérer. En France, la réponse de l'administration au Médiateur « *est une obligation légale (Loi n°73-6 du 3 janvier 1973, article 12)* »[164]. Il peut donc :

- Exiger une réponse de l'administration en fixant un délai ;
- Engager des poursuites disciplinaires contre tout agent mis en cause ;
- Effectuer des inspections sur place ;
- « *Utiliser son pouvoir d'injonction face à un organisme coupable d'inexécution d'une décision de justice* » ;
- « *Demander des études à la Cour des comptes et au Conseil d'État, ainsi qu'à tous les corps*

[164] http://www.icp.fr/fr/Organismes/IFOMENE/Actualites/Retour-sur-le-7eme-cafe-de-la-Mediation

d'inspection et de contrôle » ;

- Pour exercer des pressions, il peut aussi rendre publiques des recommandations qu'il a formulées.

Sont relevés trois types d'ombudsmans dans les secteurs privé, public ou institutionnel, selon le Forum canadien des ombudsmans (FCO)[165] :

- « Législatif » ou « classique » (par exemple, les ombudsmans provinciaux établis aux termes de lois et chargés de traiter les plaintes des citoyens) ;
- « Institutionnel », « administratif » ou « hybride » (comme les ombudsmans dans les collèges, universités, banques ou services publics, qui donnent suite aux préoccupations des membres de leur collectivité institutionnelle ou de leur clientèle) ;
- « Organisationnel » ou « en milieu du travail » (par exemple, les ombudsmans des employés au sein du secteur privé et de certains organismes fédéraux).

Nous estimons que la typologie présentée par le Forum canadien des Ombudsmans (FCO) -comme certaines définitions à l'instar de Jacqueline Michel qui

---

[165] *Ibid.*

disait : « le corps est en soi un médiateur entre la psyché et le monde extérieur, la subjectivité et la réalité »[166] semble compliquer la définition d'un Ombudsman/ institutionnel/ constitutionnel qui ne peut en aucun cas avoir le même sens que celui de médiateur scolaire, des entreprises ou familial. Il y a, en effet, plusieurs types de médiateurs dont les domaines d'activité sont différents. Les différents types de médiateurs présentés par le Forum canadien des ombudsman (FCO) corroborent la présence d'une porosité des frontières entre les différents types de médiation reconnus par plusieurs indications, d'où la proposition d'un néologisme comme '*médiatologue*, *Médiatologie*'.

Le Défenseur des droits est une nouvelle institution contemporaine inventée par la France en 2008 qui s'est légèrement inspirée de l'expérience Portugaise et Espagnole. C'est le résultat d'une fusion de quatre Autorités Administratives Indépendantes (AAI) avec une mission plus importante que celle du Médiateur de la République. Le Défenseur des droits, non seulement il joue la médiation entre administré et administration, mais il assure la protection non

---

[166] Barus-Michel Jacqueline, « *La médiation, point de vue psychanalytique et clinique* », *op.cit.*

juridictionnelle des droits fondamentaux.

III.3. Modèles de médiatologues

Le Médiatologue parlementaire (ombudsman), dont la nomination ou l'élection est faite par le parlement. Ce modèle d'Ombudsman qui ne dépend pas du pouvoir exécutif est apparu la première fois en 1809 en Suède et se trouve dans les pays comme le Canada et l'Afrique du Sud. « *Conçu dans un souci de limiter l'absolutisme royal et de garantir les droits des citoyens* » même si à l'époque, la Suède ne jouissait pas encore d'un « *véritable régime parlementaire* ». Il est répandu dans les pays Scandinave, et est soit classique calqué sur l'ancien modèle, soit hybride à l'image du nouveau modèle. En février 1992, l'Europe a créé la fonction de Médiateur européen, élu pour un mandat de cinq ans par le Parlement européen, il « *dispose des larges pouvoirs d'enquête* ». Il peut être saisi par les citoyens, et même parfois s'auto-saisir et enquêter sur un dossier. Il est chargé d'améliorer les rapports entre le pouvoir public et l'administré, et veille à la protection des droits et libertés fondamentales des citoyens. Il rédige des recommandations qu'il transmet à qui de droit dans le but de remédier aux failles pour améliorer l'administration et éviter les conflits. Il consigne toutes ses activités dans un rapport annuel qu'il transmet aux parlementaires.

Le Médiatologue administratif, dont la nomination est en général faite par l'exécutif, c'est-à-dire le Chef de l'État, « *développé plus récemment à partir des années soixante- dix* »[167]. La Grande Bretagne a créé en 1967, le commissaire parlementaire pour l'administration et la France a créé le Médiateur de la République en 1973. En général, les institutions anglo-saxonnes comme celles de Nouvelle-Zélande ou d'Irlande sont de la catégorie administrative. Dans ces pays, les ombudsmans sont nommés par le pouvoir exécutif mais ne peuvent être saisis « *qu'indirectement par l'intermédiaire d'un parlementaire* ». Il est administratif puisqu'il ne relevait ni du pouvoir judiciaire, ni du pouvoir législatif, mais du pouvoir exécutif qui l'a désigné. Pour que l'institution n'apparaisse pas comme « *le prolongement ou l'émanation de l'administration* »[168], certains estiment qu'il faut qu'elle soit « *une institution **sui generis*** »[169], c'est-à-dire une institution totalement

---

[167] Bouvier Vincent, *Le Médiateur de la République, Une autorité indépendante au service du citoyen*, *op.cit.*

[168] Delaunay Bénédicte, *Le Médiateur de la République*, Paris, PUF, coll. Que-sais-je ?, 1999, p. 8.

[169] Proposition de MM Legatte et Pelletier, in Bénédicte Delaunay, *op.cit.*, p. 46.

autonome, ne relevant ni du pouvoir juridique, ni du pouvoir législatif, ni du pouvoir exécutif, à l'instar du Conseil constitutionnel. Mais elle ne peut pas être une institution sui generis en raison des obstacles juridiques, car ce n'est pas de la compétence du législateur de créer « *des organes ne relevant d'aucun des pouvoirs et autorités constitutionnels, et qu'une telle réforme n'est possible qu'au niveau constitutionnel* »[170] et, par conséquent, l'institution dans le cas de la France et du Tchad était obligée de rester une institution administrative rattachée au pouvoir exécutif. En France, il est désigné par « *décret en Conseil des ministres* »[171], ses crédits sont inscrits « *au budget du Premier ministre* », et sa comptabilité est soumise « *à la Cour des comptes* ». La gestion autonome de ses crédits est un des éléments qui caractérisent « *l'autonomie de l'institution* »[172]. Toutefois, la meilleure façon de rendre l'institution indépendante, est de la rattacher au Parlement comme d'ailleurs dans la plupart des pays d'Europe, surtout ceux de Scandinavie et certains anglo-saxonnes, tels le Canada et l'Afrique du Sud, où l'ombudsman rédige des recommandations qu'il

---

[170] *Ibid.*

[171] Delaunay Bénédicte, Le Médiateur de la République, *op.cit.*, p. 37.

[172] Bouvier Vincent, Le Médiateur de la République, Une autorité indépendante au service du citoyen, *op.cit.*, p. 19.

transmet à qui de droit dans le but de remédier aux failles pour améliorer l'administration et éviter des conflits. Il consigne toutes ses activités dans un rapport annuel qu'il transmet aux autorités exécutives dans un premier temps.

Le Médiatologue hybride : en somme, l'Ombudsman peut être de type hybride, qu'il soit parlementaire ou administratif (cf. supra). Ce statut d'hybridité octroi à l'ombudsman plus de prérogatives dans ses actions et se base sur la défense des droits de l'Homme, la protection de l'enfance, du genre, de l'environnement, la contribution à l'amélioration de la bonne gouvernance.

Le statut hybride de l'ombudsman est apparu en Espagne puis en France. En France, le Défenseur des droits, né en 2008 et institué en 2011, il regroupe plusieurs institutions : Le Médiateur de la République, le Défenseur des enfants, la Haute autorité de lutte contre les discriminations et pour l'égalité (HALDE) et la Commission nationale de déontologie de la sécurité (CNDS). Sa mission est de défendre les personnes dont les droits ne sont pas respectés et permettre l'égalité de tous et toutes dans l'accès aux droits.

En conclusion, pour éviter d'être un 'stupide

utile', la « parlementarité » de l'institution est souhaitable. Aussi, « *pour que le pouvoir soit légitime, il faut que la population ait le sentiment qu'il est exercé par les bonnes personnes, selon les bonnes pratiques et dans l'intérêt commun* »[173]. En France, le législateur a tenu compte des critiques quant à la nomination du Médiateur par l'exécutif et pour lui assurer une indépendance du pouvoir exécutif qui le nomme, « *le Médiateur de la République est qualifié expressément d'autorité indépendante qui dans la limite de ses actions ne reçoit aucune instruction d'aucune autorité* »[174]. Dans tous les cas de figure, les statuts de toutes les institutions comportent la jouissance d'une immunité juridictionnelle analogue à celle reconnue aux parlementaires pour les opinions que le médiateur émet ou les actes qu'il accomplit dans l'exercice de ses fonctions.

III.4. Les enjeux de la médiation

Dans son essai d'une définition globale, J.-F. Six[175] propose que l'on prenne en compte quatre sortes

---

[173] *Mais qu'est-ce que la bonne gouvernance ? op.cit.*

[174] Bouvier Vincent, *Le Médiateur de la République, Une autorité indépendante au service du citoyen, op.cit.*

[175] Six Jean-François, Les médiateurs, Paris, éd. Le Cavalier Bleu, 2002, 122 pages.

de médiation :

- La médiation créatrice qui vise à susciter entre des personnes ou des groupes, des liens nouveaux ;
- La médiation rénovatrice pour réactiver des liens distendus ;
- La médiation préventive pour empêcher l'éclatement d'un conflit ;
- La médiation curative qui intervient lorsqu'il y a « le feu ».

A ces quatre concepts s'ajoute la médiation préemptive, un nouveau concept.

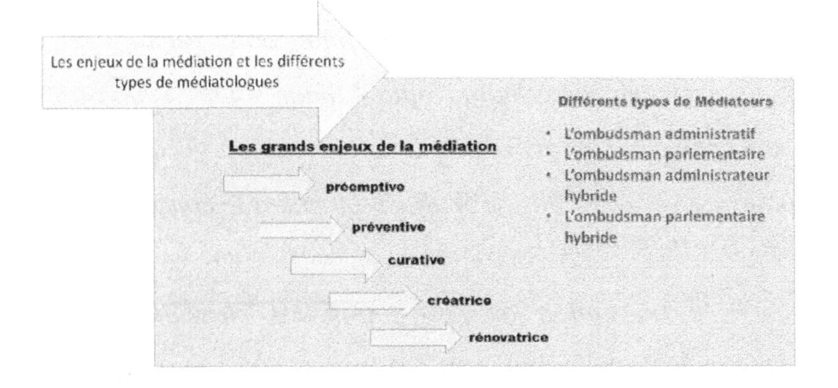

Graphique : 3- les différents types de Médiatologue (ombudsman)

III.5. La dimension préemptive, nouveau concept

La médiation préemptive est un nouveau concept qui intervient lorsque l'on est certain qu'un conflit risque de se déclencher contrairement à la médiation préventive qui consiste à empêcher que la guerre ne se produise.

« Le 1er juin 2002, le président américain G.W. Bush a prononcé un discours devant l'école militaire de West Point. A cette occasion, il a annoncé la mise en application d'une nouvelle stratégie américaine de sécurité. C'est la fin de la politique de la Guerre froide qui consistait à endiguer et dissuader les ennemis des États-Unis ; Washington décide que les attaques terroristes du 11 septembre 2001 ont définitivement fait tourner la page. Une nouvelle menace d'une nature différente est apparue et il faut donc selon le gouvernement américain opter pour une réponse appropriée. La guerre contre le terrorisme est déclarée et pour arriver à ses fins, G.W. Bush introduit le concept de guerre préemptive »[176].

« La notion de préemption est classiquement distinguée de celle de guerre préventive, par l'imminence et la certitude de l'attaque adverse. L'administration Bush l'utilise de manière beaucoup plus générale pour des menaces indirectes ou ambiguës qui relèveraient normalement de la guerre préventive »[177].

---

[176] http://www.irenees.net/bdf_fiche-notions-175_fr.html.

[177] Vaïsse, Hassner, Washington et le monde : dilemmes d'une

La médiation préventive vise à éviter l'embrasement. C'est comme la guerre préventive mais, ici, elle s'emploie pacifiquement à prévenir tout risque de dérapage, contrairement à la guerre préventive qui est : « *Une stratégie de sécurité agressive en vertu de laquelle un État s'arroge le droit d'attaquer le premier un autre État, qu'il considère comme une menace à brève, moyenne ou même longue échéance* ».

Cette terminologie de guerre préventive même si elle a été utilisée dans un passé lointain, a fait irruption dans la guerre d'Irak de 2003 où les Américains l'ont largement exploitée pour justifier le renversement de Saddam Hussein, accusé de se doter d'une arme nucléaire qui pourrait à l'avenir, « *à brève, moyenne ou même longue échéance* »[178], menacer la sécurité, voire l'existence des États-Unis d'Amérique et de ses alliés.

La prévention d'un conflit ne consiste pas seulement à lancer une guerre dite de prévention comme l'ont fait les Américains en Irak, elle vise aussi à éviter que

---

superpuissance, Editions Autrement, Paris, 2003, p. 112.

[178] Mouellé Kombi Narcisse, *La guerre préventive et le droit international*, éd. Dianoïa, Chennevières-sur-Marne, 2006,
p. 5.

la guerre ne se produise en mettant en place une sorte de garde-fou, une stratégie de formation socio-pédagogique dont le but est de sensibiliser les sociétés concernées par une éventuelle guerre à éviter à tout prix.

Chapitre IV – Les « Médiations » et le conflit des méthodes

La médiation institutionnelle vit depuis sa création, surtout depuis son développement, un conflit de méthodes, car sa mission diffère d'un pays à un autre, même si l'objectif reste le même, à savoir la protection de tous de l'abus de l'administration, afin d'éviter une procédure judiciaire longue et coûteuse qui, finalement, se prononce pour un gagnant contre un perdant.

La question qui doit préoccuper les *médiatologues* est l'absence d'uniformité de la *médiation* sur les aspects les plus importants. Sur l'aspect juridique de l'institution, l'Association des Ombudsman et Médiateurs francophones (AOMF) exige dans ses statuts, à l'article 7 (catégorie des membres), certaines conditions sans lesquelles il est impossible d'être un membre votant :

« *A la qualité de membre votant, l'institution publique dont le ou les mandataires exercent une fonction portant le titre de médiateur, d'ombudsman, de commissaire aux droits de la personne ou toute expression équivalente, dont la mission est de corriger et de prévenir les injustices causées aux citoyens par une autorité administrative publique* »[179].

Sur ce point, l'unanimité est plus évidente. Tous les OmbudsMédiateurs de par le monde répondent à cette exigence. Mais là où le bât blesse, c'est concernant les autres conditions de l'AOMF, que nombre d'institutions de médiation se trouvent en difficulté d'appliquer. Nous pouvons ainsi citer trois de celles-ci, constitutionnellement standard, mais difficilement applicables dans certains pays.

IV.1. La nature constitutionnelle de l'institution

En effet, toute Médiation de type parlementaire ou administratif doit être reconnue par la constitution du pays d'origine où « *est créée et organisée en vertu d'une constitution ou de tout autre acte émanant d'un organe législatif* »[180]. Ce n'est pas le cas de certains pays du Tiers Monde, là où des États veulent contrôler l'institution et ne pas lui laisser les mains libres. Et, même si l'institution en question relève de la constitution, son indépendance dans certains pays reste un sujet tabou. Au Tchad, un quart de siècle après sa création (1993), la

---

[179] Statut de l'AOMF, article 7.1, membres votants.

[180] *Ibid.*

constitutionnalité de l'institution de l'ombudsman n'a pas été à l'ordre du jour et sa suppression même a été soutenue par le projet des réformes institutionnelles.

IV.2. Le mandat du médiateur

Il reste sous-jacent, car certains chefs d'État refusent d'en prendre acte, puisque le médiateur doit dépendre de leur autorité. C'est à eux seuls que revient la décision de maintenir celui-ci ou de le démettre. Cela est complètement contraire aux principes de l'AOMF qui stipule dans son statut que : « *Le mandataire a un mandat d'une durée fixe et qui ne soit révocable qu'en cas d'empêchement dûment constaté ou d'un comportement non- conforme aux règles de l'institution* ».

Le fait de ne pas limiter le mandat obligerait le Médiateur à se conformer aux instructions dictées par l'autorité exécutive, dès l'instant où il sait que les conséquences de vouloir voler de ses propres ailes sont connues d'avance. Le Médiateur de la République centrafricaine qui a voulu appeler à sa manière les autorités politiques à privilégier le dialogue avec les rebelles a été révoqué de ses fonctions par l'autorité de nomination qui n'est autre que le chef d'État. Or, si la nomination a été

faite dans les normes institutionnelles, c'est-à- dire dans les conditions standards qu'exigent les associations des Ombudsmans, le médiateur est inamovible. Il ne sera révocable ou destituable que par l'autorité de nomination, en l'occurrence législative, pour des motifs graves et selon une procédure conforme au statut :
« *la révocation ou la destitution ne peut être prononcée que par l'autorité de nomination pour les motifs et suivant la procédure expressément prévus dans l'acte législatif organique* ».[181]

IV.3. La nomination

L'AOMF et l'AOMA recommandent qu'un médiateur soit élu par le Parlement et non désigné par l'autorité suprême du pays. « *Le processus de nomination doit être transparent à travers un processus compétitif dans le corps législatif de préférence* »[182].

En Afrique, en particulier dans les pays francophones tels le Gabon, le Tchad, le Congo Brazzaville, la RCA, le Mali…, la nomination d'un médiateur ne répond pas à ce critère. Il en résulte que

---

[181] Statut de l'AOMF, article 7.1, membres votants.
[182] AOMA, Conférence des Ombudsman et Médiateurs africains, Déclaration Or Tambo, 3. Nomination et sécurité du Médiateur, *op.cit.*

lorsqu'un Médiateur participe à une conférence internationale organisée par l'Association des Ombudsmans et Médiateurs francophones (AOMF) ou par l'Association des Ombudsmans et des Médiateurs africains (AOMA), l'accès à une partie des travaux lui est refusé. Il lui est interdit d'assister aux travaux du conseil d'administration et il est privé du droit de vote. Alors que l'AOMA semble être légèrement tolérante à l'égard des « hors-la-loi », pour l'AOMF il n'est pas question de les accepter et elle insiste pour que toute Médiation n'ayant pas respecté ces recommandations, ne soit pas reconnue par l'association en tant que membre votant. Par conséquent, il est privé de siège au Conseil d'administration et de droit de vote. En somme, son adhésion n'est pas reconnue et il a un statut de membre associé, en clair, d'observateur dans les réunions.

Mais, pour Raymonde Saint-Germain, ancienne Présidente de l'AOMF (2016), il faut revoir cette recommandation, car il « vaut mieux faire avec, en encourageant ces institutions à évoluer que de ne pas les reconnaître et les écarter » en prenant l'exemple sur le Médiateur au Mali[183].

---

[183] Saint-Germain Raymonde, *op.cit.*

Chapitre V – Statut, mission, pouvoir, rôle, saisine, confidentialité de l'OmbudsMédiateur

Du point de vue institutionnel, la médiation est facile d'accès, crédible, démocratique, efficace, non-coercitive, non-partisane et peu coûteuse. Bref, elle répond non seulement aux attentes des administrations, mais aussi à celles des administrés.

Elle fait des recommandations tendant à améliorer le fonctionnement de l'administration publique notamment en suggérant des réformes de textes législatifs et réglementaires. Elle aide au règlement des conflits sociaux et professionnels.

Sa mission est de contribuer à empêcher les différends de se transformer en guerre, à persuader les parties en conflit de privilégier le dialogue plutôt que la violence, à instaurer une solution pacifique aux conflits et à aménager une paix durable.

Telle est la mission originelle d'un OmbudsMédiateur ordinaire constitutionnel.

V.1. Statut de l'OmbudsMédiateur

Le Médiateur de la République est une autorité indépendante. Il est désigné ou élu par le parlement puis confirmé par décret du Président de la République pris en Conseil des ministres. Afin de garantir son indépendance, son mandat ne peut être ni écourté ni reconduit. Dans certains pays, le mandat est renouvelable. En France, le Défenseur des droits (Médiateur) est directement nommé par le Président de la République et non par l'Assemblée nationale qui doit avaliser la décision du Président. « *Le Médiateur est nommé par décret du Président de la République pris en conseil des ministres* »[184]. Interrogé sur ce sujet, le Défenseur des droits en France, M. Jacques Toubon, a estimé normal que le Président nomme le Défenseur des droits : « *C'est le Président de la République qui nomme puisqu'il est le seul garant de toutes les institutions* »[185], a-t-il indiqué. « *La nomination par le pouvoir exécutif se fonde notamment sur un souci d'efficacité : c'est à l'administration et à ses agents que le Médiateur adresse*

---

[184] Bouvier Vincent, *Le Médiateur de la République, Une autorité indépendante au service du citoyen, op.cit.*,

[185] Discussion avec Jacques Toubon, Défenseur des droits et de l'enfance, lors du Congrès de l'AOMF, Québec, Canada, du 13 au 15 oct. 2015.

ses interventions ; on peut estimer qu'elles seront mieux reçues venant d'une autorité mise en place par le gouvernement ». Mais d'aucuns ne sont pas convaincus de cette explication rappelant que la nomination du Médiateur par le pouvoir exécutif pourrait « *nuire à la crédibilité du Médiateur auprès de l'opinion publique* » et fait du Médiateur « *un agent supérieur de l'État, un super-fonctionnaire plutôt qu'une personne libre dans ses analyses et ses actions* »[186]. « *Vous êtes les appendices du pouvoir en place* »[187], a dit un syndicaliste tchadien avec insistance en accusant la médiature tchadienne. Ce faisant, pour éviter d'être taxé d'agent au service de l'Etat, il semble intéressant qu'un ombudsman ne doit pas exercer un mandat local.

V.2. L'ombudsman et l'exercice d'un mandat local

L'Ombudsman doit bénéficier d'un statut particulièrement protecteur garantissant son indépendance

---

[186] Bouvier Vincent, *op.cit.*

[187] C'était lors d'une réunion de médiation au siège de la Mediature de la République du Tchad, à N'Djamena, en janvier 2017, lorsque l'institution s'est autosaisie du conflit opposant le gouvernement aux syndicats lesquels ont lancé un préavis de grève. L'objet de la grève était la revendication de versement des primes des enseignants et des arriérés des salaires de fonctionnaires.

et son autonomie. A ce titre, il ne peut être investi d'aucun mandat électif. Toutefois, qu'elle soit professionnelle ou élective, l'exercice de toute autre activité n'est pas conseillé pour un médiateur car c'est incompatible avec sa mission. Même les mandats locaux comme celui de Conseiller général ou municipal doivent être évités. Certains statuts l'autorisent à condition qu'il les ait détenus avant sa nomination. Il ne s'agit pas non plus de douter de l'intégrité morale du médiateur, mais de lui éviter de se retrouver dans une position inconfortable, de nature à remettre en cause son impartialité ou à subir d'éventuelles pressions, « *dans l'hypothèse où il serait saisi d'une plainte intéressant la commune dont il est le maire* »[188].

V.3. Les missions de l'OmbudsMédiateur

Le Médiateur de la République est chargé d'améliorer les relations des citoyens avec l'administration. Il intervient dans les litiges qui opposent un administré à une administration de l'État, une collectivité territoriale, un établissement public ou tout autre organisme investi d'une mission de service public. Il peut intervenir, par exemple, en cas de mauvais

---

[188] Delaunay Bénédicte, Le Médiateur de la République, *op.cit.*, p. 31.

fonctionnement de l'administration (lenteur, erreur, absence de réponse, manque d'information) afin de proposer des solutions de règlement amiable, apporter des conseils dans la démarche à entreprendre. Au cas où il ne s'estime pas compétent pour traiter un dossier. Au cas où il estime incompétent de traiter le dossier, il l'oriente vers des interlocuteurs compétents. Quand il lui apparaît qu'une administration ou un service public n'a pas fonctionné correctement, il est également habilité à proposer une réforme afin de corriger un dysfonctionnement ou une iniquité. Ce qui veut dire que le Médiateur se saisi ou se fait saisir d'un conflit lorsqu'il estime qu'il y a un dysfonctionnement des services administratifs envers l'administré ou une atteinte à l'équité de nature à porter préjudice à l'administré. Dans le dernier cas, il existe par exemple en France, « *une possibilité tout à fait novatrice qui a été reconnue au Médiateur, celle de présenter une recommandation en équité* »[189] et non en droit.

Toutefois, en dehors de la mission universellement connue, les attributions d'un ombudsman varient d'un pays à un autre « *selon les besoins, la culture*

---

[189] Bouvier Vincent., *op.cit.*,

organisationnelle, les objectifs stratégiques et les valeurs »[190] et dans de nombreux cas, cela dépend aussi de la volonté des autorités politiques et quelquefois législatives du pays en question. En somme, nous estimons qu'un médiateur est celui qui contribue non seulement à la recherche de solution à l'amiable mais aussi à faire en sorte que les relations entre les parties en conflits soient rénovées ou recréées, ou du moins ne se détériorent pas davantage.

V.4. Les pouvoirs de l'OmbudsMédiateur

Dans ses différents domaines d'intervention, le Médiateur n'a pas à imposer ses solutions mais il doit persuader les parties concernées du bien-fondé de celles obtenues à l'amiable. Au Canada on dit que *l'Ombudsman est un chien qui aboie très fort mais qui ne mord pas* mais dans certains pays comme l'Ouganda ou l'Afrique du Sud, l'OmbudsMédiateur peut aller jusqu'à mordre et très fort. L'Ombudsman a le pouvoir d'enquête, de proposition et de recommandation. Il peut, dans certains cas et certains pays, procéder à des enquêtes. Tout dépend des statuts de son institution, ses

---

[190] Association des ombudsmans des universités et collèges canadiens, Boîte à outils de l'AOUCC, *op.cit.*

prérogatives et le degré de son indépendance. Certaines institutions comme celle de l'Ouganda ou d'Afrique du Sud ont le pouvoir d'enquêter sur des cas de corruption et de détournement. Au Tchad, les statuts de l'institution ne l'autorisent pas à mener d'enquêtes sur les cas de corruption ou de détournement. Mais selon le nouveau projet de loi, (Chapitre II. Attribution du Médiateur de la République, Article 7 : 7.3: Le Médiateur de la République est chargé de contribuer à la lutte contre la corruption).

En somme, l'Ombudsmédiateur a des pouvoirs constituant un moyen de pression :

- ***Le pouvoir d'enquête*** : il a le pouvoir d'effectuer une enquête après avoir été directement ou indirectement saisi pour un conflit qu'il juge recevable. Par la procédure d'enquête, il cherche à déceler les failles ou l'injustice subie par le réclamant.
- ***Le pouvoir de recommandation*** : Par rapport au pouvoir de recommandation, la totalité des institutions est autorisée de par ses statuts à faire des recommandations aux départements concernés sur les failles relevées, dont l'objectif est de faire en sorte qu'elles soient écartées. C'est une «

mesure purement incitative, que l'autorité compétente n'est pas obligée de suivre »[191].

- ***Le pouvoir de proposition*** : moins importante que le pouvoir de recommandation puisqu'il s'agit d'inciter l'autorité compétente à améliorer ses textes ou ses lois par des propositions que le médiateur présente. Là aussi, le médiateur n'a pas un droit d'exécution pour l'imposer à l'administration. Il n'a *« qu'un pouvoir de décision résiduel et non un pouvoir réglementaire* »[192].
- ***Le pouvoir d'injonction :*** Cette loi est utilisée en France et pas au Tchad, en cas d'inexécution des décisions de justice. Il faut toutefois que *« la décision soit passée en force de chose jugée, c'est-à-dire qu'elle ne soit plus susceptible de recours* »[193]. Lorsque l'affaire est frappée d'appel, le médiateur est dans ce cas interdit d'user de son pouvoir d'injonction. Son pouvoir d'injonction ne représente en aucun cas une décision exécutoire ou applicable mais c'est un pouvoir

---

[191] Meillassoux Claude, *l'esclavage en Afrique précoloniale*, bibliothèque d'anthropologie dirigée par Maurice Godelier, François Maspero éditeur, Paris, p.89

[192] Claude Meillassoux, *op.cit.*

[193] *Ibid.*

incitatif et en cas de non-respect de son intervention, il n'est pas assorti d'une sanction juridique mais plutôt d'une sanction morale qui lui donne le droit de publier dans son rapport annuel le fait.

« Rapport spécial, publié au journal officiel »[194]. C'est un pouvoir dissuasif et non répressif.

- ***Le pouvoir de poursuite disciplinaire ou pénal*** : En dehors de certains Ombudsman de la Scandinavie comme la Finlande, la Suède et le Danemark, aucun autre ombudsman ailleurs ne jouit d'un pareil pouvoir.
- ***Le pouvoir moral*** : l'ombudsmédiateur exerce une magistrature d'influence. Il utilise son autorité morale, sa personnalité et ses relations pour amener l'autorité compétente à revoir sa décision et accepter de procéder à des réparations.
- ***Le pouvoir de communication :*** l'ombudsmédiateur peut utiliser la communication à infléchir l'autorité compétente à remédier ses erreurs. Il y a deux manières de communiquer, soit à travers le média, soit à travers son rapport annuel ou en utilisant les deux moyens.

---

[194] Bouvier Vincent, *op.cit.*, p. 43

- ***Le pouvoir de contrainte*** comme en France, *s'«il s'agit de mettre un terme au comportement manifestement fautif d'un agent, ou à cette attitude inacceptable d'un organisme qui refuse d'exécuter une décision de justice (...) le pouvoir de substitution est reconnu au Médiateur par l'article 10 de la loi : il peut si l'autorité compétente se refuse à sanctionner le fautif, au lieu et place de celle-ci, engager contre tout agent responsable une procédure disciplinaire ou, le cas échéant, saisir d'une plainte la juridiction répressive* »[195].

V.5. Le rôle de l'Ombudsmédiateur

En tant intercesseur ou modérateur, son domaine de compétence est d'intervenir lorsqu'il y a litige entre une personne physique ou morale et une administration de l'État, une collectivité territoriale, un établissement public ou tout autre organisme investi d'une mission de service public. Il s'efforce de régler les situations individuelles nées du fonctionnement défectueux d'un service public (national) ou les difficultés résultant des conséquences inéquitables d'une

---

[195] Ibid.

décision administrative. Au Tchad, en plus d'intercesseur ou modérateur, le Médiateur a un rôle de Mandateur du Président de la République ou du Premier Ministre lorsqu'il est chargé d'exécuter « *des missions spécifiques (art.10)* »[196].

Il ne peut remettre en cause le bien-fondé d'une décision juridictionnelle, mais peut, parallèlement à la saisie de la justice, trouver une solution amiable au litige. Il est toutefois incompétent si l'affaire a fait l'objet d'un jugement, si le litige intéresse les relations des administrations avec leurs agents, si des démarches préalables n'ont pas été entreprises par le réclamant auprès de l'administration ou du service public mis en cause. Lorsqu'une juridiction est saisie ou s'est prononcée, le médiateur peut, néanmoins, faire des recommandations à l'organisme mis en cause. En cas d'inexécution d'une décision de justice, il peut adresser une injonction. Il agit par recommandation lorsqu'il s'agit de satisfaire un cas particulier et par proposition de réforme lorsqu'il s'agit d'améliorer le fonctionnement d'un organisme ou lorsque l'application de dispositions législatives ou règlementaires aboutit à des situations

[196] Statut de la Mediature de la République du Tchad, la loi 031 de novembre 2009.

inéquitables. Il peut interroger les agents des services en cause et se faire communiquer tout document ou dossier relatif à l'enquête, « *engager une procédure disciplinaire ou saisir la juridiction répressive contre le responsable* »[197].

V.6. La saisine et ses modes

Toute personne physique ou morale, qu'elle soit citoyenne ou étrangère, peut saisir le médiateur. Toutefois, il est souhaitable, et même vivement conseillé, avant de saisir le Médiateur, d'engager un recours auprès du service public concerné, pour demander des explications sur la décision prise ou pour en contester une jugée maladroite ou injuste. En France, « *des démarches préalables doivent avoir été entreprises par le réclamant auprès de l'administration ou du service public mis en cause* »[198]. C'est lorsqu'on a épuisé toutes les possibilités de recours et qu'on n'est pas satisfait de la réponse de la partie adverse, quand le désaccord persiste, que le plaignant peut saisir le médiateur.

En général, la saisine peut se faire directement

---

[197] Frémy Dominique et Michèle, *Quid 2007*, « Institutions françaises, Médiateur de la République », éd. Robert Lafont, p. 1162.

[198] *Ibid.*

soit par courrier officiel ou indirectement par l'intermédiaire d'un délégué du Médiateur ou un élu. Au Tchad, il n'y a pas de délégués et les activités de l'institution sont centralisées dans la capitale. En France, les délégués sont dans chaque département. Nonobstant, le courrier de réclamation adressé au Médiateur doit être clair dans son objet, son contenu, sa structure, son style et langage, sa précision, sa cohérence. Le langage doit être clair et facile pour permettre à l'ombudsman de comprendre le contenu sans perdre le temps, ce qui contribuera au traitement rapide du dossier. La présentation de la plainte dans l'ordre logique avec des phrases courtes est facile à exploiter « *les phrases courtes ont plus d'impact et sont plus faciles à lire que les phrases longues* »[199]. La saisine indirecte permet au réclamant de compter sur le parlementaire afin de

lui permettre de rédiger sa réclamation au cas où il rencontre des difficultés à s'exprimer par écrit. Il permet également au parlementaire qui a un pouvoir discrétionnaire de filtrer les réclamations afin de ne pas encombrer le Médiateur par des dossiers irrecevables. Le

---

[199] Lisibilité (clarté), Attestation de formation aux pratiques d'Ombudsman, Origine de l'Ombudsman moderne, African Ombudsman Research Centre (CROA), *op.cit.*

parlementaire est un médiateur naturel puisqu'il est représentant de sa circonscription et est doté d'une expérience suffisante en matière des conflits entre administrés et administrations. En tant que médiateur naturel du peuple, il est habilité à gérer à son niveau certaines réclamations.

Dans le cas où le médiateur dispose des délégués régionaux comme en France ou des représentants sectoriels à l'instar du système britannique, les parlementaires leurs transmettent les dossiers jugés recevables après le premier filtrage. Les délégués jouent eux aussi le rôle de deuxième filtrage, c'est-à-dire qu'ils étudient les dossiers, et ne transmettent au médiateur que les dossiers recevables ou les dossiers qu'ils n'arrivent pas à gérer. « *La France et la Grande Bretagne sont les seuls États de l'union européenne qui ont adopté ce système de filtrage parlementaire* »[200] pour éviter d'encombrer le médiateur. La France a même proposé d'élargir la saisine indirecte aux maires, aux parlementaires européens et aux présidents des conseils régionaux.

Mais la saisine indirecte dont l'objectif est d'éviter de surcharger le médiateur par des dossiers inutiles ou

---

[200] Claude Meillassoux, *l'esclavage en Afrique précoloniale*, *op.cit.*

irrecevables représente des inconvénients comme l'éloignement du médiateur des usagers et la possibilité pour un parlementaire de rejeter ou bloquer un dossier qui semble contraire aux intérêts politiques qu'il défend. Il y a dans ces cas un risque de décourager l'usager alors que quelquefois il y a une urgence si le réclamant est sans domicile fixe ou se trouve « *dans des situations de grande exclusion sociale* »[201]. Dans ce cas, il peut passer par des associations qui peuvent transmettre son dossier en urgence au médiateur. Cependant, la présence de délégués régionaux ou sectoriels facilite la tâche du médiateur dans la saisine indirecte puisque la procédure peut être assouplie. Bousta Rhita n'est pas de l'avis de ceux qui pensent de la nécessité du filtrage parlementaire: « *Le filtre parlementaire constituerait la déformation la plus flagrante de l'institution originale* »[202]. Même pour le contrôle parlementaire de l'institution de médiation, Bousta Rhita estime que « l'assimilation entre Ombudsman et contrôle parlementaire est si forte que, pour certains, l'institution serait devenue, depuis son adoption en Angleterre et en France, « *pâle, presque sans*

---

[201] *Ibid.*

[202] Bousta Rhita, *Contribution à une définition de l'Ombudsman* », *op.cit.*

visage et dont on ne sait pas au juste à quoi elle sert »[203]. En France, plus de la moitié des dossiers soumis aux différents systèmes de filtrage ont été rejetés : « *52% des dossiers soumis aux délégués et 42,3% des dossiers soumis au siège de l'institution en 2010 ont été jugés irrecevables* »[204]. Au Tchad, l'institution ne dispose pas de système de filtrage régional et rare sont ceux qui passent par des parlementaires.

Exemple d'une saisine directe

Médiature de la république du Tchad
M……………………

Conseiller chargé de missions auprès du Médiateur de la République
Tél : …………

Courriel :……………………
Date : 6 janvier 2015 à 19h

Dossier : Canton Toura / sous-préfecture Moulkou/Bongor

(Opposition à la nomination de XXXX comme chef de canton intérimaire)

Objet : saisine

[203] *Ibid.*

[204] Revillard Anne, « une expérience de médiation institutionnelle : le Médiateur de la république », *Informations sociales,* 2012/2 n° 170, p. 91-98

<u>Fiche de synthèse de prise de notes lors de la saisine</u>

Le chef de canton de Toura M. DM est décédé en août 2014 après huit années de maladie. Durant celle-ci, son fils assurant l'intérim, est accusé d'avoir commis des dégâts en vendant les champs d'autrui. Après le décès de son père, il aurait falsifié un document prétendant que son père lui aurait légué la chefferie. *« Nous avons opposé un refus et avons demandé de nommer par consensus un nouveau chef de canton ». Mais le préfet Mme VN a exigé des élections. Six personnes parmi lesquelles le fils du défunt ont présenté leur candidature. L'enquête de moralité a éliminé BD (le fils du défunt)*[205] et malgré cela le préfet et certains responsables l'ont imposé comme héritier. Ils veulent l'introniser demain matin vers 8h00 comme intérimaire jusqu'aux prochaines élections. *« Il y a là une odeur de corruption ».*

En voulant l'imposer à la tête du canton, ils risquent de déclencher un conflit meurtrier dont les conséquences sont imprévisibles. Nous demandons à la Mediature d'intervenir pour empêcher un conflit.

---

[205] Ci-joint fiche d'information du SST de Bongor.

Conclusion : Le plaignant a joint par téléphone un conseiller, lui demandant une entrevue en urgence. Il l'a reçu chez lui vers 19h00 et après l'avoir écouté, lui a conseillé de saisir la Médiature par un courrier officiel. Cela permettra à celle-ci d'étudier la recevabilité de la plainte. Toutefois, le lendemain le conseiller a fait remonter le dossier à qui de droit (le Médiateur et le Secrétaire Général).

Documents joints:

- *Fiche d'information SST du…………*
- *Carte d'identité professionnelle de la police.*
- *Procès-verbal de descente sur les lieux du tribunal de 1re instance de Bongor.*
- *Notes en cours de délibéré à l'attention du Président de la République et du juge.*
- *Requête en référé réclamation des champs contre le représentant du chef de canton Toura « la saisine n'interrompt pas les délais de recours notamment devant les juridictions compétentes »*[206].
- *Extrait d'un arrêté civil.*

Certaines institutions, comme le Protecteur du

[206] Frémy Dominique et Michèle, *Quid 2007*, « *Institutions françaises, Médiateur de la République* », *op.cit.*, p. 1162.

citoyen au Canada, ont adapté la saisine à la nouvelle technologie en offrant la possibilité au plaignant de saisir l'institution à partir d'un site Internet[207].

Un interlocuteur est en ligne pour répondre en temps réel, aide et oriente le plaignant qui peut porter plainte en remplissant un formulaire en quatre étapes :

- *Pour qui portez-vous plainte ?*
- *Votre plainte*
- *Coordonnées*
- *Confirmation*

En Ouganda, l'inspectorat du gouvernement (Ombudsman) peut procéder à une enquête sur « *toute affaire stipulée dans la clause (1) (a) de l'article 225 (2)* »[208] soit il s'est auto-saisi ou il est saisi, que le plaignant soit directement concerné par cette affaire ou non. En d'autres termes, sur une simple dénonciation, l'inspectorat du gouvernement peut engager une procédure d'enquête.

---

[207] https://protecteurducitoyen.qc.ca/fr

[208] Constitution de la République d'Ouganda de 1995, Attestation de formation aux pratiques d'Ombudsman, Origine de l'Ombudsman moderne, African Ombudsman Research Centre (CROA), 13-19 novembre 2013, Luzaka, Zambie, 189 pages.

V.7. La confidentialité

Il convient de noter que, partout dans le monde, la confidentialité est mentionnée dans tous les statuts quelle que soit l'administration, privée ou publique, mais dans les administrations militaires et commerciales, les conditions de confidentialité sont rigoureuses. Dans le cas de la médiation, l'aspect confidentiel est décrit dans le statut et concerne surtout les échanges, les communications qu'elles soient orales ou écrites.

Au Médiateur, il appartient de ne pas divulguer le nom des personnes (plaignants ou témoins) concernées par un dossier, de ne pas divulguer la teneur de discussion, sauf en cas de nécessité absolue l'obtention du consentement au préalable de la personne concernée est obligatoire, ou lorsqu'il «*juge qu'il y a risque de danger grave et imminent pour un individu ou s'il y est contraint par la loi* »[209].

Aux personnes concernées par un dossier, il appartient de s'abstenir de toute indiscrétion concernant l'affaire en cours de traitement.

Les dossiers de l'ombudsman sont confidentiels.

---

[209] Association des ombudsmans des universités et collèges canadiens, Boîte à outils de l'AOUCC, *op.cit.*

Seuls les membres de son équipe ont accès aux dossiers, fiches, fichiers, correspondances, qui sont « *destinés à l'usage exclusif du bureau* »[210].

L'ombudsman et ses collaborateurs ne sont pas autorisés de divulguer toute information recueillie relative aux enquêtes ni être contraints de témoigner devant les tribunaux, à cet égard. « *Les dossiers de l'ombudsman sont d'ailleurs exclus des lois d'accès à l'information* »[211] alors que certains OmbudsMédiateurs, comme celui de Montréal, sont tenus par la loi de divulguer des informations à des représentants municipaux : « *ces informations peuvent cependant être divulguées à des représentants municipaux dans la mesure requise pour le traitement des dossiers* »[212]. D'autres lois n'autorisent ni la divulgation ni le témoignage à la justice. L'OmbudsMédiateur « *ne peut témoigner en justice et ne transmet aucun rapport au juge, ni à qui que ce soit* »[213]. Ce n'est pas le cas d'un médiateur privé agissant dans un cadre non judiciaire qui lui « *peut tout à fait être cité à comparaître comme*

---

[210] *Ibid.*
[211] https://ombudsmandemontreal.com/services/independance-et-confidentialite
[212] *Ibid.*
[213] M'Bongo Otando, expert, *Rôle et place du médiateur de la république dans le paysage institutionnel des États de l'Afrique centrale*, 6 pages.

témoin par un juge d'instruction »[214]. Au Tchad, la divulgation du secret est punie par la loi : « *Tout agent, auteur ou complice de divulgation du secret professionnel doit désormais, outre les poursuites pénales, être sanctionné conformément aux dispositions du Titre VII du statut de la fonction publique relatif au régime disciplinaire* »[215].

En effet, la confidentialité concerne, en premier lieu, le dossier en cours de traitement. Préserver la confidentialité d'un dossier lourd. C'est là où l'indépendance totale de l'OmbudsMédiateur est justifiée. Entretenir la discrétion sur un dossier ne serait pas facile s'il faut le remonter en dehors des bureaux de l'institution de médiation comme à l'échange avec la justice ou demande d'information auprès d'une administration concernée par le conflit. D'autre part, comment faire pour dissuader les parties en conflit qui peuvent également avoir d'autres motivations dont celle, rare, mais essentielle d'« *exploiter le potentiel du conflit d'une manière optimale* »[216]. Toutefois, la discrétion est un

---

[214] Stimec Arnaud, *op.cit.* p. 28.

[215] Archives MRT, Note circulaire à l'attention de Madame & Messieurs les membres du Gouvernement, Premier ministre, Chef du Gouvernement Nagoum Yamassoum, objet : *violation du secret professionnel dans l'administration et obligation de discrétion*, n°0167/PM/CAB/2000, N'Djamena, 12 déc. 2000, 3 pages.

[216] Stimec Arnaud, *op.cit.*

élément essentiel de réussite de la médiation « *La discrétion, l'humilité et l'impartialité sont essentielles* »[217].

Pourtant, l'institution de l'Ombudsman n'est pas vraiment un service de police et encore moins un cadre de renseignement. Cependant, certaines situations en rapport avec quelques dossiers en cours de traitement laissent à penser qu'il faut adopter la discrétion afin d'empêcher toute fuite d'information de nature à perturber l'avancement de l'enquête, voire le traitement du dossier et la réussite de la médiation. Cela peut être le seul facteur susceptible d'affecter l'action de la médiation. La confidentialité dépend, en premier lieu, de l'instructeur et, en général, du personnel de l'Ombudsman dont la nomination/recrutement aux instances de l'institution doit être soumis(e) à des règles bien précises comme l'assermentation, l'enquête de moralité, ainsi que sur des qualités requises : écoute, confidentialité, impartialité, disponibilité, responsabilité dans la gestion du processus

---

[217] Ministre délégué auprès du ministre des Affaires étrangères et de la Coopération du Maroc, Nations unies, Département de l'information, Service des informations et des accréditations, New York, Assemblée générale, 66e session, Débat thématique informel : *Débat de haut niveau sur l'importance croissante de la médiation dans le règlement pacifique des différends,* 23/05/2012, 14 pages, www.un.org/press/fr, site officiel de l'ONU.

de médiation.

Enfin, la discrétion dans la gestion des conflits serait en grande partie possible dans le cas où l'institution jouit d'une indépendance totale et n'a de compte à rendre à aucune autorité politique ou judiciaire et ne reçoit aucune instruction d'autres autorités. Voilà pourquoi il est fortement recommandé que l'ombudsman jouisse d'une indépendance lui permettant de garantir la confidentialité de ses actions en faveur de l'intérêt de résolution de conflit « *de nombreux observateurs pourraient arriver à la conclusion qu'un ombudsman qui n'est pas indépendant n'est pas en mesure de protéger la confidentialité ou de faire preuve d'impartialité* »[218]

V.7.1. L'engagement par écrit pour assurer la confidentialité

L'Ombudsman n'exige pas d'imposer cette démarche contrairement à la médiation d'entreprise qui privilégie dans les conflits professionnels, « *où des enjeux de confidentialité peuvent être particulièrement délicats* », un engagement écrit avant même le début de processus de médiation. Dans ce cas, « *le médiateur peut alors*

[218]Association des ombudsmans des universités et collèges canadiens, Boîte à outils de l'AOUCC *op.cit.*

s'aider d'un document écrit, l''Engagement à la médiation' ou 'Consentement à la médiation ».

Ce document, une sorte de contrat moral, rédigé grâce au médiateur et avec le consentement des parties en conflit attire l'attention sur le respect des règles du jeu de la médiation qu'elles sont tenues de respecter. C'est une sorte de contrat de confiance dans l'intérêt de la procédure de gestion de conflit qui nécessite une certaine discrétion. C'est une sécurité réciproque. Dans ce contrat de confiance, les parties en conflit « *s'y engagent aussi à ne pas entamer ou à interrompre une éventuelle procédure judiciaire ; et à ne pas utiliser les choses exprimées en médiation dans une éventuelle procédure à venir, en cas d'échec de la médiation* »[219]. Le médiateur n'est pas obligé de signer ce contrat puisque non seulement il est exempt de tout soupçon mais il est aussi régi par l'article 24 de l'ordonnance 015/PR/86 portant statut général de la Fonction publique disposant clairement « *qu'indépendamment des règles instituées dans le Code pénal en matière de secret professionnel, tout fonctionnaire est lié par l'obligation de discrétion professionnelle pour tout ce qui concerne les faits et*

[219] Médiation : Florence Studer et Marc Rosset

informations dont il a connaissance dans l'exercice ou à l'occasion de l'exercice de ses fonctions »[220]. Cette disposition concerne tout fonctionnaire tchadien y compris l'Ombudsman et son personnel.

V.7.2. Quelques aspects contributifs à la médiation

Outre la confidentialité, d'autres règles importantes contribuent à la réussite de la médiation. Elles doivent être clarifiées, aux parties concernées, par le médiateur ou l'un de ses collaborateurs en début de séance.

Il s'agit :

- Des parties en conflits sont invitées à s'exprimer en (je), c'est-à-dire chacun parle de son propre ressenti, « *Parler de son propre ressenti (parler en je) : les parties sont invitées à parler de ce qu'elles ressentent ou ont éprouvé dans les situations évoquées* »
- Du fait de ne pas s'interrompre, de ne pas s'agiter, de ne pas adopter une attitude agressive ou d'intimidation serait de nature à faciliter le processus de médiation « *Les agressions*

---

[220] Archives MRT, Nagoum Yamassoum, Premier ministre, Chef du Gouvernement, courrier n°168/PM/MN/CAB/CAAJDH/2000, aux membres du Gouvernement, N'Djamena le 12 décembre 2000, objet : Note circulaire à tous les membres du Gouvernement.

physiques ou verbales : les parties sont informées que de telles agressions sont proscrites et pourraient mettre fin au processus »[221]. « *Le médiateur peut mettre fin à la médiation si le processus ou les accords évoluent vers l'inéquitable, s'il pense très peu probable de parvenir à un accord ou s'il s'estime insuffisamment compétent* »[222].

- Ne pas produire, en séance, de documents écrits « *le médiateur n'admet pas la production de documents écrits en séance, à moins qu'ils n'aient été transmis aux parties et à lui-même au moins 48 heures avant la séance* »[223].

V.7.3. La médiation et ses technicités

Si la Médiation n'est pas une science, elle est, au moins, un art et elle requiert de celui qui la pratique, « *créativité, diplomatie, discrétion, maîtrise de soi, patience, psychologie et rigueur, sans compter l'apprentissage indispensable de certaines techniques de médiation* »[224]. La devise de la médiation est

---

[221] Florence Studer et Marc Rosset, *op. cit.*

[222] Battistoni Éric, « Le développement des médiations en Europe », *Informations sociales*, 2012/2 n° 170, p. 38-49

[223] Florence Studer et Marc Rosset, *op.cit.*

[224] Monette Pierre-Yves, ancien avocat, médiateur fédéral de Belgique, conseiller honoraire au cabinet de S.M. le Roi, Collège de médiateurs

indépendance, neutralité, confidentialité, patience, capacité d'écoute. Ce sont les points les plus forts d'une médiation basée sur une « *neutralité axiologique* »[225]. C'est grâce à sa formation, son expérience et aux divers outils de gestion dont il dispose que le médiateur parvient à conduire les parties en conflit à privilégier le dialogue et parvenir à mettre fin à leur malentendu, « *en élargissant le cadre des solutions possibles par la créativité* »[226], « *en accordant une attention particulière à l'équité en matière de relations, de procédure et de fonds* »[227]. Puisque l'intérêt de la médiation est de faire sortir les parties en conflit de la « *logique de vengeance* »[228], Kag Sanoussi précise qu'«*il ne faut pas se lancer aveuglement dans la résolution d'un conflit sans en avoir identifié la nature et le type de conflit* »[229]. En recevant les parties en conflit, le médiateur doit, tout d'abord, instaurer un climat de confiance entre les parties

---

fédéraux : *De la médiation comme mode de résolution des conflits*, symposium international de Bamako, pp. 53-70.

[225] Weber Max, *Essais sur la théorie de la science*, Paris, Presses Pocket, coll. Agora, 1992.

[226] GENEVACCORD, Alternative/Dispute/Résolution, choix d'une solution gagnant-gagnant: http://www.genevaccord.com/fr/mediation

[227] Association des ombudsmans des universités et collèges canadiens, Boîte à outils de l'AOUCC *op.cit.*

[228] Babu Annie, Bounnoure-Aufiere Pierrette, *Guide la médiation familiale*, *op.cit.*, p. 7.

[229] Sanoussi Kag, *op.cit.*

concernées et l'institution, et ceci pour apaiser la tension, mettre à l'aise les protagonistes. Il doit diriger la médiation entre les parties en conflit sans « *ira et studium* »[230]. « *Car la prise de parti, la lutte, la passion – ira et studium – sont l'élément de l'homme politique* »[231].

Le premier contact avec les parties en conflit est le plus dur et le plus difficile car tout conflit comporte « *ses propres dynamiques et conditions* »[232] et le travail en « *caucus* »[233] permettra au médiateur de diriger « *avec flexibilité, en évitant toute uniformité et en respectant les différences* »[234] · L'entretien individuel donnera l'occasion au médiateur d'appréhender en détail le conflit, d'envisager sa gestion et de pouvoir découvrir la meilleure solution de rechange « *MESORE* »[235] de chaque partie. « *C'est là que les « récits » des parties ont pour effet d'élargir l'espace de connaissance à propos du conflit (subjectif et partagé)* »[236]. Cette démarche

---

[230] Weber Max, *Le savant et le politique*, Préface, Traduction et notes de Catherine Colliot-Thélène, Paris, éd. La Découverte, p. 150.
[231] *Ibid.*
[232] Ministère turc des Affaires étrangères, Résolution des conflits et médiation, www.mfa.gov
[233] Babu Annie, Bounnoure-Aufiere Pierrette, *Guide la médiation familiale, op.cit.*, p. 278
[234] Ministère turc des Affaires étrangères, Résolution des conflits et médiation, www.mfa.gov
[235] Babu Annie, Bounnoure-Aufiere Pierrette, *Guide la médiation familiale, op.cit.*, p. 278.
[236] Gaddi Daniela, « Les effets indésirables du processus d'assimilation de

stratégique permettrait aussi aux parties en conflit de découvrir en pratique, avec détail, l'institution et ses « *mécanismes accessibles et indépendants pour résoudre les différends ou plaintes de façon respectueuse et constructive* »[237]. Les parties en conflit doivent comprendre que « le médiateur ne défend jamais une position (Milburn, 2006) et ne cherche aucunement l'acceptabilité «*forcée* » des solutions ou le «*passage en force » d'un accord* »[238].

V.7.4 Cultiver l'esprit de médiation et agir en médiateur efficace

Les médiateurs interviennent dans des domaines très divers. Les uns sont davantage médiateurs administratifs, d'autres interviennent dans des situations délicates, voire des conflits provoquant mort d'hommes comme ceux opposant éleveurs et agriculteurs. Or, la médiation ne s'improvise pas, c'est une discipline qui repose sur des savoir-faire et des savoir-être très spécifiques.

Synonyme de guerre, violence, égoïsme, colère, entêtement (*Guide de la médiation familiale*), le

---

la médiation au droit », Information sociales, 2012/2 n° 170, p. 28-36.

[237] Association des ombudsmans des universités et collèges canadiens, Boîte à outils de l'AOUCC *op.cit.*

[238] Mrad Fathi Ben, « Définir la médiation parmi les modes alternatifs de régulation des conflits », Informations sociales, 2012/2 n° 170, p. 11-19.

Médiateur craint en général le conflit qui *est « la matière brute de toute médiation »*[239] mais il n'aura peut-être pas peur de l'affronter dès l'instant où il est formé et préparé pour le gérer.

Maintenir la motivation des protagonistes d'un conflit dans la médiation : Il existe des techniques à maîtriser pour conduire une médiation. Selon le professeur Claude Lienhard

« la médiation, en général, et la médiation familiale en particulier, c'est plus qu'un technique, même si cette technique est indispensable, en ce sens que nul ne pourra pratiquer sans avoir été dûment formé et évalué »[240]. Nonobstant, la position de la médiation dans un conflit est le milieu (voir le schéma suivant).

Graphique 4- la position de l'Ombudsman dans un conflit classique

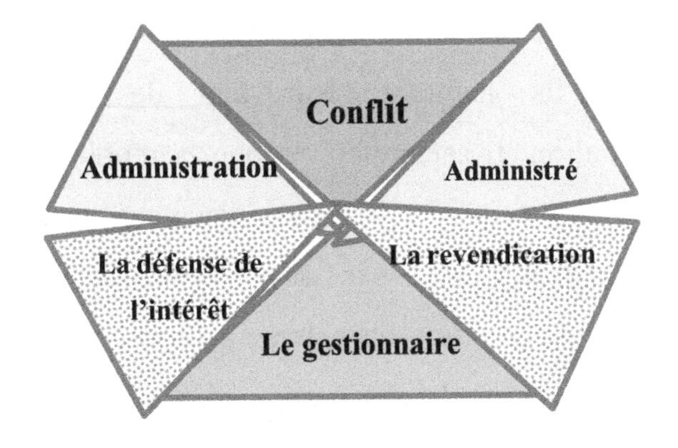

[239] Babu Annie et Bounnoure-Aufiere Pierrette, *Guide la médiation familiale*, *op.cit.*, p.289.

[240] *Ibid.*, p. 11

V.7.5. La finesse du Médiateur

Lors de la rencontre avec les parties en conflit, le médiateur peut aborder un sujet sans aucun rapport avec le conflit, tentant ainsi d'engager les deux parties à s'impliquer volontairement dans une discussion. L'exercice d'une influence ici doit être clairement précisé qu'elle est morale car un médiateur ne doit pas exercer une réelle influence sur des négociations sinon il serait dans une situation de prendre parti.

Il peut, à titre d'exemple, évoquer la météo, la situation sécuritaire, sociale, économique ou politique du pays, la cherté de la vie, etc. Il peut aussi aborder un fait, un événement quelconque qui peut intéresser les protagonistes en fonction des éléments qu'il détient sur la culture, le niveau d'étude, la ville et le quartier dans lesquels ils habitent, leur lieu de travail, leur fréquentation. Il est préférable que la réunion se tienne dans ses locaux et de préférence dans son bureau. Dans ce cas, il peut offrir – sans servir lui-même –un thé, un café, un jus de fruits ou autres sucreries. L'objectif est de *prendre le pouls* des parties en conflit, de s'assurer que la médiation aura un impact. C'est comme *« un bon médecin qui ne prescrit pas de médicaments tous azimuts*

»[241]. C'est pourquoi, il est important de comprendre tous les détails du conflit surtout les objectifs et les attentes de chaque partie. *« Prendre connaissance et comprendre le problème afin de créer les conditions d'une situation de gagne-gagne »*[242].

Le Médiateur peut, avant d'aborder le sujet, faire allusion d'une manière indirecte au conflit en question, en prenant l'exemple de cas similaires. C'est-à-dire qu'il doit rentrer dans le sujet en *« rampant et non en galopant »*, car *« la première fonction médiatrice est sans doute de savoir résister aux forces en présence pour maintenir un espace de jeu, d'invention, que l'on nomme « autonomie » et peut-être « liberté »*[243].

Le Médiateur doit, par ailleurs, s'assurer de ne pas être l'objet d'une humiliation par une partie qui arriverait avec des préjugés, des jugements de valeur, des idées trop arrêtées, voire même l'accuser quelquefois de prendre parti, d'être partial. C'est pourquoi, il appartient au Médiateur d'identifier le plus tôt possible et en début de

---

[241] Kag Sanoussi, *op.cit.*

[242] http://mediateurs.wordpress.com/2008/01/31/gestion-de-conflits-mediateurs-et-mediation/

[243] Barus-Michel Jacqueline, « La médiation, point de vue psychanalytique et clinique », *op.cit*

l'entretien, tout indice de violence ou de sabotage de nature à l'humilier ou à offenser l'autre partie ou perturber le climat de l'entretien. Il convient de rappeler que la réussite d'un Médiateur ne dépend pas que de l'application des technicités scientifiques ou des règles méthodologiques mais « *des valeurs, des qualités personnelles et des compétences* »[244]. Des valeurs des qualités personnelles basées sur quatre mémoires sensationnelles qui sont : 1/ la mémoire auditive, 2/ la mémoire iconique, 3/ scripturale, 4/ la mémoire olfactive.

Grâce à son expérience, sa formation et ses valeurs des qualités personnelles, il peut s'assurer que les parties en conflit ont adopté la logique M et non les logiques C ou F, selon les termes de Maryvonne David-Jougneau[245]. En adoptant la logique de communication M, les parties prouvent qu'elles attendent sérieusement un arrangement *via* la médiation pour résoudre le conflit.

---

[244] Babu Annie, Bounnoure-Aufiere Pierrette, *Guide la médiation familiale, op.cit.*, p. 26.

[245] David -Jougneau Maryvonne Josétte. *Divorces conflictuels : comment s'élaborent les décisions et selon quelles logiques de communication ? : étude de cas.* Genève : CETEL, 1993. (Travaux CETEL; 38) https://archive-ouverte.unige.ch/unige:4957, cité par Babu Annie, p. 37. (*La logique F est basée sur la logique de force, M est une logique de Médiation, C'est une logique consensuelle où le principe qui régit le comportement est l'établissement coûte que coûte, d'un accord à inscrire dans la procédure, en évitant tout conflit*)

Par cette introduction intentionnelle, *voulue hors sujet,* le médiateur engage les protagonistes dans un débat improvisé, un échange de paroles, de réactions. Ils s'engouffrent les enfants, leur scolarité, etc. *« Chaque conflit a une part émotionnelle, due à des interactions humaines complexes. Les relations sont interprétées à travers les émotions ressenties. Chacun a sa propre vision et définition du conflit »*[246]. Lorsqu'il sent qu'il a réussi dans sa technique stratégique de déblaiement de terrain, à décompresser les deux parties, à les assurer de son impartialité, le Médiateur rentre dans le vif du sujet en demandant à tous de s'en tenir au respect mutuel, de bien vouloir respecter la partie adverse lorsqu'elle prend la parole, de la laisser finir son intervention même si l'autre estime que ce qu'elle dit est faux ou qu'il s'agit d'un mensonge. A éviter surtout un débat de duel agressif ou un dialogue de sourds.

« Le rôle du Médiateur est précisément de veiller et d'empêcher qu'on ne passe d'un usage du logo à l'autre, en déjouant toute tentative de prise de pouvoir, ramenant sans cesse le dialogue à l'élaboration de solutions-compromis qui tiennent compte des besoins

---

[246] http://www.centremediationconseil.fr/definition-de-la-mediation-p180918.html

fondamentaux de chacun »[247] car chaque partie a le droit de s'exprimer librement par le *logo* en évitant d'*« avoir raison de l'autre* ».

Le Médiateur doit imposer le respect et les différentes parties doivent comprendre que c'est bien lui qui dirige la séance. C'est bien lui qui doit guider les séances de médiation *« en veillant au rééquilibrage des rapports de force ou des connaissances insuffisantes des protagonistes quant à la réglementation »*[248]. Il ouvre les discussions sans les animer, tout en laissant les parties s'exprimer. Car, chacune des parties en conflits a droit à se défendre, en donnant son point de vue, dans le plus grand respect, en avançant « *des arguments et des contre arguments en faveur de leur position et contre celle de leurs adversaires* »[249].

Le Médiateur peut proposer la parole à celle ou celui qui manifeste des signes de tension, qui est en mesure de donner plus d'information « *L'échange d'informations éclaircit progressivement les termes de la*

---

[247] Babu Annie, Bounnoure-Aufiere Pierrette, *Guide la médiation familiale*, *op.cit.*, p. 7.

[248] Battistoni Éric, « Le développement des médiations en Europe », *Informations sociales*, 2012/2 n° 170, p. 38- 49

[249] Gingras Yves, sociologie des sciences, Que-sais-je ? PUF, 2ème édition 2017, introduction p.118

controverse »[250]. Voilà pourquoi il est vivement conseillé au médiateur d'avoir certaines connaissances en matière de psychologie et de sociologie. Ces disciplines l'aideraient à comprendre le comportement et la culture sociale des parties en face.

Il ne s'agit pas de juger mais de s'y adapter en faisant baisser la tension lorsqu'il permet à celui qui manifeste des signes de tension interne de s'exprimer. Quand il « *manifeste ainsi (parfois inconsciemment) sa tension interne... Quand une personne ressent une tension interne, le premier signe apparent en est souvent un léger mouvement du pied ou de la main. Ces signes sont très précieux pour le médiateur* »[251]. Il n'est pas nécessaire au Médiateur de fixer des yeux la partie qui parle mais de se concentrer sur ce qu'il dit. « *Le médiateur concentre en conséquence son attention sur le langage non-verbal des autres personnes. La vision périphérique est alors essentielle*[252]. Il doit toutefois demeurer le maître, comme « *un chef d'orchestre, ses interventions sont variées, il les choisit de manière à en harmoniser les deux niveaux : la gestion du processus et de la tâche ; et les interventions*

---

[250] Gaddi Daniela, « Les effets indésirables du processus d'assimilation de la médiation au droit », Information sociales, 2012/2 n° 170, p. 28-36.
[251] Florence Studer et Marc Rosset.
[252] *Ibid*.

sur les plans de la relation et des émotions »[253].

Le médiateur peut toujours relancer la discussion entre les parties en conflit en posant par exemple des questions : *« En cas d'interruption ou de suspension des échanges, le médiateur intervient pour relancer ceux-ci au moyen de questions et/ ou en encourageant les explications »*[254]. Rechercher une solution et faire en sorte que les relations ne doivent pas être dégradées, ce sont deux dimensions prioritaires pour un Médiateur. Il peut donc intervenir à tout moment pour interrompre un individu en cas de débordement ou le rappeler à l'ordre. Les réactions des parties en conflit observées par le Médiateur l'aident à maîtriser la situation. Selon (Blake et Mouton, 1961), « *on observe cinq styles de réactions au conflit* »[255] : La domination, l'accommodement et la fuite sont des styles de réactions au conflit qui peuvent être utiles dans certaines situations mais qui empêchent ou évitent la communication. Le dominateur est prêt à écraser l'autre, pas à l'écouter ; celui qui accommode dit oui à tout plutôt que de perdre la relation ; le fuyard n'est pas là pour dire ou écouter.

---

[253] Babu Annie et Bounnoure-Aufiere Pierrette, *Guide la médiation familiale, op.cit.*, p. 48.

[254] Gaddi Daniela, « Les effets indésirables du processus d'assimilation de la médiation au droit », *op.cit.*

[255] Blake, R. R., & Mouton, J. S. (1961). Reactions to intergroup competition under win-lose conditions. *Management Science*, *7*(4), 420-435. Cité par Babu Annie et Bounnoure-Aufiere Pierrette, *Guide la médiation familiale, op.cit.*, p. 40.

Le Médiateur prend tout son temps contrairement à la justice qui agit en fonction du temps, d'un programme, d'un ordre du jour. La capacité d'écoute est une qualité importante plutôt prioritaire dans les caractéristiques d'un Médiateur. Selon Mgr Paulin Pomodimo, ancien Médiateur de la République de Centrafrique (dans une interview à RFI, 2013-01-02), *« la première chose, c'est qu'il faut avoir une capacité d'écoute extraordinaire. Je dis souvent que même dans le cœur du chef rebelle le plus endurci, il y a toujours quelque part un espace qui est à la recherche de la paix. Il faut savoir les écouter »*[256]. Savoir écouter est une qualité essentielle, reconnaît aussi l'IFM (Institut français de la Médiation) : *« l'aptitude la plus importante dont vous ayez besoin est la capacité à écouter. Plus vous écoutez et vous vous concentrez sur ce que l'autre partie dit, plus vous vous familiarisez avec ses inquiétudes, ses positions et ses buts »*[257]. L'écoute est, certes, essentielle pour un médiateur, mais aller jusqu'à se familiariser avec les inquiétudes, les positions et les buts d'une ou des parties en conflit pourrait pousser le médiateur à se solidariser

---

[256] http://www.rfi.fr/afrique/20130102-le-mediateur-centrafricain-paulin-pomodimo-bozize-seleka/

[257] http://www.unesco.org/csi/pub/info/seacam.pdf

avec une partie, voire prendre parti. En écoutant, on peut se familiariser avec le dossier et non avec les inquiétudes. L'Institut français de la Médiation conseille d'écouter ce qui se dit en évitant ce qu'on va dire quand l'autre aura fini : *« Il est très courant au milieu de négociations de passer la plupart de son temps à se concentrer sur ce qu'on va dire quand l'autre aura fini, plutôt qu'à écouter ce qui est en train d'être dit »*[258]

V.7.6. Les écueils une des sources des conséquences destructrices

L'objectif de la médiation est d'amener les parties à trouver un terrain d'entente pour mettre fin au conflit. Mais comme la médiation a des conséquences heureuses, des « *conséquences productives* »[259] au cas où les parties en conflit sont satisfaites du résultat

final ou ont le sentiment de n'avoir pas perdu, il arrive aussi qu'elle enregistre des conséquences destructrices lorsqu'une partie est mécontente des résultats ou qu'elle pense avoir perdu.

Un plaignant attend du Médiateur d'être reçu le

---

[258] *Ibid.*

[259] Les conflits, à quoi ça sert ? Attestation de formation aux pratiques d'Ombudsman, African Ombudsman Research Centre (CROA), *op.cit.*

plus rapidement possible pour être entendu avec respect comme il a le droit d'être compris. Mais, des facteurs de mécontentement existent qu'il faut éviter, tels le sentiment d'être traité de manière inégale (sans équité et respect), le délai allongé du traitement du dossier, l'absence de transparence, de communication ou d'explications, la divulgation de l'entretien, l'impression qu'on ne croit pas à sa version, qu'on se doute de ce qu'il dit, l'impression qu'on ne lui donne pas raison, l'impression que l'Ombudsman n'a pas compris l'explication, ne pas donner la possibilité de commenter et/ou de donner son avis. Eviter « *les conclusions qui ne sont pas présentées de façon claire et logique et les mauvaises recommandations* »[260], car « *l'obstacle majeure à la résolution des conflits n'est pas dans ce qui est dit, il est dans la manière dont cela est dit* »[261].

V.7.7. La relation entre médiation et thérapie

L'entretien, la patience et la technique pour aborder le sujet ne doivent pas être considérés comme

---

[260] Ecueils courants résultant d'une mauvaise définition de la plainte, Attestation de formation aux pratiques d'Ombudsman, Bureau de l'Ombudsman et plaignantes, African Ombudsman Research Centre (CROA), *op.cit.*

[261] Babu Annie et Bounnoure-Aufiere Pierrette, *Guide la médiation familiale*, *op.cit.*, p.289.

une thérapie, car la médiation n'en est pas une *« même si elle peut souvent avoir des effets thérapeutiques comme la franche discussion que l'on aurait après une longue brouille avec quelqu'un »*[262]. Le médiateur peut faire en sorte que les entretiens individuels soient limités puisque leur exagération ou leur multiplication risque de se transformer en une médiation thérapeutique. Par ailleurs, il est conseillé de ne pas exploiter les points faibles de l'interlocuteur : *« limiter la durée d'une médiation et du suivi, et cesser l'exploitation d'un aspect qui serait intimement lié à un complexe »*[263]. Selon le *Guide de la médiation familiale (p.26-27)*, la thérapie est un des quatre modèles de la médiation et ses « *différentes approches proviennent des sciences humaines »*[264]. Ce modèle trouve intrinsèque que dans la négociation des blocages liés *« à des facteurs intra-personnels ou à des facteurs interpersonnels, ou aux deux à la fois »*[265] surgissent et perturbent la poursuite de négociation. Il appartient dans ce cas au médiateur d'aider les différentes parties à surmonter ces blocages sans jouer le professionnel thérapeute. Tous les quatre modèles de médiation selon

---

[262] http://www.lechevalmediateur.com/home/pour-qui
[263] Stimec Arnaud, *op.cit*.
[264] Annie Babu, Pierrette Bounnoure-Aufiere, *Guide de la médiation familiale, op.cit.*, p. 27
[265] Annie Babu, *Ibidem.*

le Guide de médiation familiale : thérapeutique, légal, de la négociation en milieu du travail, de communication-information peuvent intervenir pendant la négociation.

La médiation thérapeutique existe par le biais des animaux comme *« le cheval médiateur »*[266], cela paraît un peu étrange mais il s'agit ici d'une médiation thérapeutique qui n'a rien à voir avec notre thème de recherche mais qui a été cité à titre d'information. Ce type de médiation animale est destiné aux *« personnes peinant à accéder à une individuation, dans le registre autistique ou de troubles envahissants du développement. Cette médiation permet de donner pleinement du sens à toutes les communications en amont de la verbalisation et offrir une expérience relationnelle peut-être moins effrayante grâce à un animal qui n'attend rien »*[267].

V.7.8. Avoir le flair de suspendre les discussions

Si le Médiateur estime qu'il n'a pas réussi, malgré ses introductions, à déblayer le terrain, en d'autres termes, s'il est sûr que l'ouverture des discussions poserait plus de questions qu'elle n'en résoudrait, dans ce cas, il doit envisager le report des

---

[266] http://www.mediation-animale.org/decouverte-du-cheval-mediateur-27-et-28-novembre-2014-sud-ouest-haras- nationaux/
[267] http://www.lechevalmediateur.com/home/pour-qui

discussions, ou la suspension de la séance ou alors faire une courte ou longue pause, en fixant aux parties en conflit un autre rendez-vous. Car, *« la logique de la médiation se situe dans une approche systémique d'interaction où chacun est amené à se reconnaître et à s'assumer comme co- acteur de son présent et de son avenir »*[268]. Il appartient au Médiateur de contribuer à la sortie de crise en évitant la polémique et des discussions inutiles, de réduire la tension afin de ne pas aggraver le conflit et faire perdre sa crédibilité. Il doit *« faire montre de toutes les qualités et aptitudes (...) De par son expérience, il doit savoir jusqu'où aller sans risquer d'aller trop loin lorsqu'il intervient dans une crise »*[269].

Interrompre ou suspendre une séance est possible dans toutes les négociations locales ou internationales car cela offre l'occasion aux différentes parties de réfléchir aux opportunités relatives aux sorties de crise. *« Si vous négociez en groupe, cela permet aussi de considérer les nouvelles suggestions/offres de l'autre partie. Au lieu de perdre du temps à essayer de connaître l'opinion du reste*

---

[268] Babu Annie, Bounnoure-Aufiere Pierrette, *Guide la médiation familiale*, *op.cit.*, p. 7.

[269] MR. 3e réunion de la coordination régionale de l'association des Ombudsman et médiateurs africains, N'Djamena 30-31 mars 2015.

du groupe, vous pouvez en fait raccourcir le temps de négociation par des suspensions de séance »[270].

En conclusion, les valeurs des qualités personnelles basées sur les quatre mémoires sensationnelles et surtout le sixième sens, permettent à un Médiateur de ressentir « *avec une sensibilité sismographique* »[271] le risque d'une escalade pendant les discussions. Un médiateur doit éviter le risque « *d'être entrainé dans une dispute menant à la rupture des négociations* »[272]. Il peut, après avoir évalué la situation, décider de suspendre la séance pour pause, plus ou moins longue, rien ne l'empêche également de reporter ou d'interrompre les discussions. « *Permettre une interruption, et se sentir à l'aise à cet égard, peut augmenter l'impression que vous dominez la situation* »[273]. Cela ne veut pas dire qu'il faille renvoyer les parties en conflit au *ring*. On peut reporter ou interrompre les discussions en évitant d'être responsable de l'accroissement

---

[270] http://www.unesco.org

[271] Max Nordau 1849-1923, *Critique de la dégénérescence, médiateur franco-allemand, père fondateur du sionisme*, textes édités par Delphine Bechtel, Dominique Bourel et Jacques Le Rider, bibliothèque franco- allemande, les déditions du Cerf 1996, p.150

[272] Alexis Kyprianou, la bible de la négociation, 75 fiches pour utiliser et contrer les techniques des meilleurs négociateurs, éd. Groupe Eyrolles, 2013, p. 231

[273] http://www.unesco.org

de la tension. En d'autres termes, le médiateur doit avoir une visibilité des intentions des parties en conflit. Vont-elles en profiter pour envenimer la situation et épouser la thèse du règlement de leur conflit par la violence ou bien cette suspension leur permettrait-elle de réfléchir à une solution à l'amiable. Si le Médiateur a le sentiment que les belligérants sont dans la première logique en rapport avec la violence, inutile de chercher à suspendre la séance ou à reporter la discussion car le rôle du médiateur est de viser toujours le rapprochement, ainsi que le disait le professeur Théodore Holo : « *la médiation vise le rapprochement et l'ajustement des positions des parties en litige (...) et comporte généralement (...) des propositions en vue de la solution du litige* »[274].

V.7.9. Les types de questions

Il existe, généralement, deux types de questions : ouvertes et fermées.

Savoir poser les bonnes questions fait aussi partie des qualités essentielles d'un Médiateur qui doit déployer des efforts pour découvrir tous les éléments qui ne sont pas encore en sa possession, car dans tout début de médiation *« seuls quelques éléments sont visibles,*

---

[274] Professeur Holo Théodore, « Le médiateur, un facilitateur relationnel », *op.cit.*

observables ou même connus »[275]. Il ne doit pas donner l'impression d'un interrogatoire policier, mais c'est juste un moyen d'obtenir davantage d'informations pour pouvoir résoudre le conflit. C'est de *« s'assurer que l'on comprend bien l'information qui nous est donnée. Poser des questions permet aussi d'étudier les arguments de l'autre partie. Parfois, vous découvrirez même que l'autre partie se contredit.* (…) *Les questions ouvertes commencent avec : qui, quoi, pourquoi, où et quand. Les questions ouvertes aident les gens à parler. Elles ouvrent un sujet. Elles sont aussi utiles pour explorer plus en détail une réponse jugée insuffisante la première fois.* (…) *Les questions fermées peuvent débuter par : Est-ce que..., Y a-t-il..., et des conditionnels. (...) Les questions fermées permettent d'obtenir une information exacte sur un sujet et d'éviter un malentendu. Elles peuvent aussi être employées lorsque vous voulez clôturer un sujet de discussion* »[276].

V.7.10. La Proposition de solutions

Le Médiateur est-il habilité à faire une proposition de réconciliation ? En réalité, le médiateur

---

[275] http://www.centremediationconseil.fr/definition-de-la-mediation-p180918.html

[276] L'institut français de la Médiation, http://www.unesco.org

institutionnel (ombudsman), parlementaire n'est pas obligé de faire de proposition aux différentes parties en conflit. En revanche, il contribue à l'avancement des discussions sans s'interdire de faire allusion à des propositions positives qui résultent d'un compromis entre les différentes parties en conflit. Les intéressés avancent sous ses auspices vers des solutions qu'eux-mêmes recherchent et trouvent. Pour les aider à aller vers la solution, l'Ombudsman *« résume ce qui a été dit, en analyse les conséquences »*[277], mais le médiateur politique ou d'entreprise, lui-même négociateur, peut s'impliquer dans des suggestions et des solutions à l'instar des médiateurs onusiens chargés de rechercher de solutions politiques en Syrie, en Libye ou au Yémen. Il arrive à ceux-là d'imposer des solutions si les parties en conflits bloquent à travers leurs divergences la médiation.

Le professeur Théodore Holo a un avis différent. Pour lui : *« en matière sociale, essentiellement dans le droit du travail, la médiation est une procédure de règlement des conflits collectifs du travail faisant intervenir un intermédiaire appelé 'médiateur' investi de larges pouvoirs qui recueille des informations complètes*

---

[277] L'institut français de la Médiation, http://www.unesco.org.

sur le conflit et propose une solution contenue dans une recommandation motivée, soumise à l'approbation des partenaires sociaux »[278].

V.7.11. La finalisation d'un accord

Cette phase ne doit pas se faire à la hâte. Selon l'Institut français de la Médiation, *« la phase de finalisation d'une négociation se déroule en trois étapes : la formulation d'un accord, la préparation de la mise en œuvre et l'examen de l'expérience de la négociation* »[279]. Avant de finaliser l'accord, le médiateur doit insister sur la reformulation de ce qui a été dit par les parties concernées pour être sûr que c'est bien ce qu'elles ont exprimé sans confusion. *« La reformulation est une technique privilégiée pour communiquer à l'autre qu'il a été compris* »[280]. Il arrive souvent qu'une personne ne se reconnaisse pas dans ce qu'elle a formulé, soit parce qu'elle était distraite, soit parce qu'elle s'est mal exprimée, soit encore parce qu'elle estime, après reformulation, que cela ne correspondrait pas à son attente ou à ses intérêts. Le médiateur, en sa qualité de garant de

---

[278] Professeur Holo Théodore, « *Le médiateur, un facilitateur relationnel* », *op.cit*.
[279] L'institut Français de la Médiation, *op.cit.*
[280] Babu Annie, Bounnoure-Aufiere Pierrette, *Guide la médiation familiale*, *op.cit.*, p. 519.

l'accord, est appelé à non seulement reformuler ce qui a été dit par les parties en conflit mais de faire le point de temps à autre « *c'est un rappel positif et utile des acquis* »[281] de parties et en même temps une autre façon pour le médiateur « *de rester maître de l'ordre du jour* ». La reformulation est utilisée non seulement pour la conclusion de l'accord mais aussi « *pour faire avancer la discussion* »[282].

V.7.12. La formulation d'un accord, son application et le compte rendu

Il est fortement conseillé que le projet d'un accord soit écrit, car l'oral serait porteur de confusions et d'incompréhension de nature à compliquer la résolution du conflit. En outre, il faut s'assurer que les parties concernées par le conflit aient bien compris le contenu de l'accord et tous les détails relatifs à la date de la mise en pratique. Chacune des parties doit être satisfaite et convaincue que le projet de l'accord exprime ses vœux. Aucune pression ne doit être exercée pour l'acceptation du projet d'accord.

En effet, la formulation d'un accord n'intervient que si *« tous les aspects ont été acceptés, en particulier*

---

281 Kyprianou Alexis, la bible de la négociation, *op.cit.*
282 *Ibid.*, p. 519.

les dates pour la mise en œuvre, l'examen, la finalisation, et la définition des termes »[283]. C'est pourquoi, il n'est pas interdit que les parties concernées puissent consulter, si elles le désirent, d'autres professionnels de médiation, de droit, ou prendre l'avis d'avocat(s) pour s'assurer de la teneur de l'accord avant de le signer. Chaque partie a le droit de consulter qui elle veut, au cours ou à la fin de la médiation, chaque fois que le besoin se fait sentir.

Il est souhaitable que le service de la médiation assure le secrétariat (prise de notes, rédaction...) du début à la fin du conflit, pour pouvoir établir un compte rendu. *« Un compte- rendu du résultat des négociations, aussi informel soit-il, est souhaitable »*. Dans celui-ci, il est préférable de notifier avec précision *« les points acceptés, les désaccords, les interprétations et les clarifications »*.

La mise en œuvre de l'accord peut être rendu plus facile s'il est assujetti à un plan d'exécution clair, qui évite de traîner. Car, *« un accord n'est réussi qu'une fois mis en pratique »*. Il est donc conseillé de joindre à l'accord, un programme d'exécution *« Il est donc souvent utile d'inclure un programme de mise en œuvre intégré à*

[283] Institut Français de la Médiation, http://www.unesco.org

l'accord de négociation. Un tel programme définira ce qui doit être fait, quand, et par qui »[284]. Dans certaines médiations politiques ou intercommunautaires, il est utile de mettre en place une commission conjointe ou mixte chargée de la mise en œuvre de l'accord, mais pas dans un conflit opposant administré et administration.

V.7.13. La communication, son avantage et ce qu'il faut donner aux journalistes

Même si dans certains cas, la procédure de médiation doit demeurer discrète, il est fortement conseillé de cadrer l'accord avec la communication. L'objectif est d'éviter toute mauvaise interprétation, qu'elle soit fausse ou erronée, des clauses de l'accord ou toute confusion. Ne pas laisser le champ libre aux détracteurs dont les intérêts résident dans la poursuite du conflit. Ils sont capables d'user, tout d'abord, de la communication pour nuire à l'accord. Dans ce cas, la médiation sera placée en situation de défense, laissant les parties en conflit réagir chacune à sa façon. Nonobstant, il est important pour l'Ombudsman de prendre des mesures en faveur de l'accusé en lui notifiant au préalable la décision finale, l'informant de tout le détail de la

---

[284] *Ibid.*

procédure ayant conduit à la conclusion et lui offrant l'occasion de donner son avis avant d'annoncer ou médiatiser la fin du conflit. La communication est un des quatre modèles de la médiation décrit par Schwebel, Gately, Renner, et Milburn[285] partant du principe que « *la communication et la circulation de l'information facilitent la négociation d'une entente (Black et Joffee, 1978)* »[286]. Il est toutefois dans l'intérêt du processus de réconciliation que le médiateur mette à la disposition des différentes parties en conflit l'information nécessaire de l'évolution du processus, ce qui favoriserait l'échange, la confiance, l'assurance, la compréhension et la maîtrise du processus.

Au Canada, l'Ombudsman d'Ontario utilise la communication dès le début de l'enquête comme moyen de pression. « *En Ontario, on publie 1 000 articles par an et on touche entre 50 à 90 millions de personnes alors que le Canada a 33 millions d'habitants* ». Il estime qu'il

---

[285] Schwebel, A. I., Gately, D. W., Renner, M. A., & Milburn, T. W. (1994). Divorce mediation: Four models and their assumptions about change in parties' positions. *Conflict Resolution Quarterly*, *11*(3), 211-227., cité par Annie Babu, Pierrette Bounnoure-Aufiere, *Guide de la médiation familiale, Etape par étape*.

[286] Black Melvin et Joffree Wendy. A lawyer/therapist team approach to divorce. *Family Court Review*, 1978, vol. 16, no 1, p. 1-5., cité par Annie Babu, Pierrette Bounnoure-Aufiere, *Guide de la médiation familiale, Etape par étape*, *op.cit.*

est intéressant d'annoncer au public l'affaire en question, la date de commencement de l'enquête, le calendrier, la date d'achèvement et de demander au public de l'aider pour obtenir des informations concernant le dossier en question. Il privilégie la tenue d'une conférence de presse pour annoncer l'enquête et « *aider les journalistes à raconter l'histoire* ». Ainsi, une enquête en prison annoncée et médiatisée donnerait l'occasion aux prisonniers et associations d'enrichir le dossier pour faciliter l'enquête.

Outre le rôle dissuasif, le média sert à renforcer la crédibilité de l'institution et à rendre sa mission plus visible au public. Il le sensibilise, par ailleurs, celui-ci pouvant servir de force morale de soutien à la démarche de l'Ombudsman. Enfin, le public aime les révélations, les scandales et autres « *histoires passionnantes* »[287]. L'avantage de la communication est aussi « *d'appeler l'attention sur le comportement contestable d'un service, sur l'inadaptation d'une règle, et de dépasser ainsi les réticences d'une administration qui refuserait d'accepter une recommandation ou de retenir une proposition*

---

[287] Ombudsman Ontario, « Aiguisez les Dents », les chiens de garde aboient, formation avancée aux enquêtes pour les chiens de garde de l'administration, Institut international de l'Ombudsman, *op.cit.*

pourtant justifiée »[288].

Les journalistes sont très occupés par les nouvelles mais ils manquent de temps. Il serait donc préférable de choisir les passages intéressants. Il convient de mettre à leur disposition ce dont ils ont besoin comme *« les grandes lignes facilement digestibles comme les faits saillants, les chiffres abrégés et les citations mémorables* », il ne sert à rien de parler aux journalistes d'un détail qui ne les intéresse pas comme le retard du plaignant ou du témoin à l'entrevue… le rapport doit être mis sous embargo une heure avant la conférence de presse.
« *Ne pas parler en confidence ou pas de commentaires* »[289].

V.7.14. Expérience, Rapport, Recommandations

Chaque conflit est une nouvelle expérience. Les derniers faits que l'on découvre servent de leçon, d'apprentissage, de formation. C'est pourquoi, il est utile de faire l'état des lieux de la démarche de cette résolution, une fois l'accord conclu. On en tire, sans doute, des enseignements sur le cours du processus. On découvre ce qui s'est bien passé, les difficultés rencontrées, ce qui

---

[288] Vincent BOUVIER, Le Médiateur de la République, Une autorité indépendante au service du citoyen, *op.cit.*
[289] Ombudsman Ontario, « Aiguisez les Dents », *op.cit.*

s'est mal passé et les leçons à en tirer. Puis, on achève le processus par la rédaction d'un rapport.

Après le traitement de chaque conflit, le service de médiation doit établir un rapport, que ce conflit soit traité ou non. Trois sortes de rapports existent :

Le rapport ordinaire *(classique)* destiné aux archives de l'institution. Il sert d'un sous mains aux différents responsables de service de médiation habilités à traiter ce genre de conflits en se basant sur le passé, déjà résolu ou non. Un tel rapport facilitera la tâche de l'instructeur et précipitera la prochaine procédure.

Le rapport immédiat (express) qui intervient le plus rapidement possible lorsque le dossier ne peut pas attendre la rédaction du rapport annuel. Il est, généralement, destiné aux autorités compétentes censées intervenir le plus rapidement possible pour remédier à une situation afin d'éviter de la compliquer. Ce type de rapport est également appelé *Fiche,* un terme utilisé dans l'ensemble de l'administration tchadienne.

Enfin, l'Ombudsman d'Ontario estime qu'il faut médiatiser le rapport comme c'est le cas de toute enquête. « *Prenez votre rapport et dynamitez-le* »[290].

---

[290] Ombudsman Ontario, « Aiguisez les Dents », les chiens de garde

Dans le rapport annuel que rédige l'institution, l'Ombudsman doit faire des recommandations dans le but de remédier aux failles constatées. En même temps, il peut recommander « *au-delà des mesures réparatrices dans le cadre d'une plainte individuelle (...) afin de faire les choses correctement plutôt que d'avoir à les corriger* »[291]. Ainsi, les recommandations visent-elles à remédier aux failles et à empêcher qu'elles ne se reproduisent.

Le rapport annuel dans lequel on relate tous les conflits traités au cours de l'année et les recommandations destinées aux instances compétentes pour l'amélioration de l'administration, afin de remédier aux erreurs du passé. Dans celui-ci, même les dossiers non- traités ou en cours de traitement sont mentionnés. Les statistiques tirées du rapport annuel aideront les autorités compétentes à procéder à l'amélioration des failles, à répondre le plus rapidement possible aux recommandations de l'institution.

En conclusion, aujourd'hui, les domaines d'interventions des OmbudsMédiateurs se sont largement

---

aboient, formation avancée aux enquêtes pour les chiens de garde de l'administration, Institut international de l'Ombudsman, *op.cit.*

[291] Recommandations élargies, 2012, Attestation de formation aux pratiques d'Ombudsman, Origine de l'Ombudsman moderne, African Ombudsman Research Centre (CROA), *op.cit.*

diversifiés, allant de la bonne gouvernance, de la promotion des droits de l'Homme, de la consolidation de la démocratie, de la lutte contre la corruption à la défense des droits des enfants.

Dans leur pratique quotidienne, toutes ces institutions, quelles que soient leurs compétences initiales, jouent un rôle de protection des libertés fondamentales.

L'OmbudsMédiateur défend la bonne gouvernance et notons que l'une de ses caractéristiques essentielles est l'équidistance. En effet, il n'est *« ni le procureur de l'administration, ni l'avocat du citoyen »*[292].

Le droit du médiateur de fixer unilatéralement un rendez-vous

Il serait audacieux pour un médiateur d'associer les parties concernées à discuter de la date et de l'heure de la rencontre à venir. Pour fixer un rendez-vous, il doit laisser le soin aux parties présentes de choisir la date et l'heure. Le fait de leur laisser le soin de choisir, lui donnera déjà une idée du résultat de la rencontre achevée qui pourrait engager les parties à discuter: *« Non ce jour… ou… cette heure ne m'arrange pas… je serai pris ce*

[292] L'institut Français de la Médiation, http://www.unesco.org

jour... le mieux est de se revoir dans l'après-midi.... Non, dans l'après-midi je suis pris...». Une *« mini-discussion »* s'engage entre elles pour la fixation du prochain rendez- vous. Certes, cette mini-discussion directe entre les parties en conflit est sans rapport avec ce dernier, mais c'est une stratégie visant au rapprochement des parties opposées.

L'objectif essentiel de rencontre(s) de pré-médiation

Avant toute rencontre réunissant les parties concernées par le conflit, il est important de procéder à des entrevues séparées pour écouter les uns et les autres et cerner l'étendue des causes essentielles du conflit. C'est une démarche de pré-médiation. Elle sert à accroître la motivation, car une médiation est productive lorsqu'elle est préparée avec soin. A travers des rencontres séparées, on exige une attitude constructive de toutes les parties concernées par le conflit. Le premier contact pourrait être, généralement, décisif pour identifier avec précision la nature et le type du conflit qui constitue, en quelque sorte, *« la clé de voute de la résolution »*[293].

C'est pourquoi, on conseille à un médiateur

[293] Kag Sanoussi, *op.cit.*

d'avoir, avant toute médiation, une connaissance approfondie du dossier et une bonne compréhension des parties en conflits *« Un autre élément essentiel à la conduite d'une bonne médiation est la connaissance approfondie et une bonne compréhension des parties en présence et de la situation à laquelle on fait face »*[294]. La démarche est essentielle puisqu'elle est exploratoire et sert à coordonner la conduite de médiation. *« La conduite d'une médiation doit bénéficier (...) d'une bonne coordination entre les différents intervenants, selon M. Nassir Abdulaziz Al-Nasser »*[295].

Outre son impartialité, le médiateur doit avoir une connaissance approfondie du contexte et des parties prenantes d'un conflit ou d'un différend. Pour mener à bien le processus de médiation, le Président de l'Assemblée générale des Nations unies a indiqué :

« La nécessité de disposer d'un fort leadership et de mesures coordonnées, afin de gérer au mieux les efforts des différents intervenants du processus de

---

[294] M. Nassir Abdulaziz Al-Nasser du Qatar, Président de l'Assemblée générale, Nations unies, Département de l'information, Service des informations et des accréditations, New York, Assemblée générale, 66e session, Débat thématique informel : Débat de haut niveau sur l'importance croissante de la médiation dans le règlement pacifique des différends, *op.cit.*

[295] *Ibid.*

médiation (...) Enfin, il a insisté sur les caractères durables et inclusifs de la médiation qu'il faut respecter »[296].

L'étape de pré-médiation consiste aussi à vérifier les hypothèses, les preuves et leurs valeurs et rassembler les faits. C'est l'occasion pour l'Ombudsman de voir si les preuves sont suffisantes, pertinentes ou fiables. Ce sont les trois facteurs pour « *évaluer les preuves et de sous-peser leur influence sur le(s) problème(s) faisant l'objet de l'enquête* »[297].

Le droit de ne pas être satisfait du résultat

Le plaignant a le droit d'être informé dès le début de sa plainte ou réclamation, de la démarche à suivre s'il n'est pas satisfait du résultat. Dans le cas où il estime qu'il n'a pas obtenu satisfaction, il doit toujours faire un recours pour attirer l'attention de l'Ombudsman sur ses griefs. Même si ce dernier est sûr que la solution trouvée

---

[296] M. Nassir Abdulaziz Al-Nasser du Qatar, Président de l'Assemblée générale, Nations unies, Département de l'information, Service des informations et des accréditations, New York, Assemblée générale, 66e session, Débat thématique informel : Débat de haut niveau sur l'importance croissante de la médiation dans le règlement pacifique des différends, *op.cit*.

[297] Vérifier les preuves, L'Ombudsman des services publics écossais, Attestation de formation aux pratiques d'Ombudsman, Bureau de l'Ombudsman et plaignantes, African Ombudsman Research Centre (CROA), *op.cit*.

est la meilleure, cependant, il est conseillé de ne pas fermer la porte, d'être ouvert aux critiques et d'accepter de réexaminer le dossier. Selon le Président de l'Assemblée générale des Nations unies, il est important de *« trouver un équilibre entre les principes et la vision de ce que l'on veut atteindre, en gardant à l'esprit les exigences d'impartialité et de neutralité »*[298].

Avant de réexaminer le dossier, il doit commencer par accorder un entretien au plaignant pour l'écouter dans un climat de courtoisie et de respect. Il ne ressort pas de sa compétence de camper sur sa position ou d'imposer une solution. Il doit, en revanche, accorder de l'importance à cette opposition en demandant au plaignant comment il envisage les choses et quelle est sa « *MESORE* »[299]. Un entretien pourrait suffire pour persuader le plaignant que l'accord conclu avec la partie tierce est équitable.

Le plaignant insatisfait d'un examinateur

Comme nous l'avons déjà souligné, la médiation

---

[298] Nations unies, Département de l'information, Service des informations et des accréditations, New York, Assemblée générale, 66e session, Débat thématique informel, *op.cit.*

[299] Mesore : la meilleure solution de rechange, Annie Babu, Pierrette Bounnoure-Aufiere, *Guide de la médiation familiale, Etape par étape*, *op.cit.*, p. 278.

est un couteau à double tranchant. Elle peut avoir des conséquences positives, productives ou même productrices et rénovatrices des relations comme elle peut aussi avoir des conséquences négatives et quelquefois destructrices dans le cas où une partie exprime son insatisfaction ou se sent lésée. C'est comme le médecin qui fait tout pour soulager la souffrance du patient en lui prescrivant des soins qui, au contraire, « *peuvent avoir pour effet d'abréger la vie* »[300].

Il arrive que le plaignant accuse un enquêteur d'avoir mal géré la procédure ou d'être partial. Dans ce cas, l'Ombudsman n'a pas le droit à l'erreur, il doit éviter de couvrir le personnel mis en cause en accordant de l'importance à cette observation par une démarche simple. Il s'agit, tout d'abord, d'informer le plaignant que l'Ombudsman accorde du crédit à cette accusation et qu'il a décidé de mettre en place une commission chargée d'enquêter. Par ailleurs, c'est là une façon d'accorder à la personne accusée le droit naturel de s'expliquer. Si cette plainte s'avère justifiée, il appartient à l'Ombudsman de présenter des excuses et d'informer le plaignant de la façon dont l'institution estime régler cette affaire et

---

[300] Philippe Conte, Droit pénal spécial, l'incrimination du meurtre, édition Lexis Nexis 2016, 5ème édition, p.37

comment elle compte éviter de telles erreurs à l'avenir.

Le cas échéant, l'Ombudsman informe le plaignant que la mise en cause de son personnel n'est pas avérée. Toutefois, le règlement de la faute d'un personnel sera traitée en fonction des règlements internes relatifs à la gestion du personnel de l'institution. Au Tchad, le Médiateur de la République a eu à gérer un tel cas. Accusé de partialité et de propos jugés injurieux lors d'une gestion de conflit opposant le Gouvernement à un mouvement rebelle, le Médiateur de la République a mis en place une commission composée de trois conseillers afin d'enquêter sur cette plainte. En Afrique du Sud, l'ombudsman distribue des formulaires pour permettre à chaque citoyen de consigner par écrit ses doléances à l'encontre de l'administration et même des autorités.

En Ecosse, par exemple, l'Ombudsman met en ligne « *un formulaire de plainte* » pour permettre à tout insatisfait de le remplir et de l'envoyer. L'Ombudsman des services publics écossais s'engage à répondre « *dans un délai de trois jours ouvrables après réception* » de la plainte. Et « *dans un délai de 20 jours ouvrables* » le plaignant recevra une réponse complète. L'Ombudsman des services publics écossais accorde une deuxième chance de recours au plaignant s'il n'est pas encore satisfait. Mais cette fois-ci son grief aura une réponse « *dans un délai de 40 jours ouvrables* ».

Il arrive parfois d'être face à un plaignant menaçant, agressif, ayant un comportement déraisonnable, quelquefois même injurieux. Un plaignant chicaneur et de mauvaise foi qui refuse toute solution et exige un recours. Dans de telles situations, l'Ombudsman doit mettre l'accent sur le comportement et non sur la personne car il ne lui appartient pas de jouer le rôle de psychologue et d'établir un diagnostic. Il ne sert à rien de le fuir. L'Ombudsman doit s'affirmer et maîtriser la situation sans manifester le moindre comportement agressif. Il doit appliquer les « *techniques DEMC* »[301] :

Décrivez ce que vous ressentez/voyez ;

Expliquez l'effet que cela produit sur vous

Montrez que vous comprenez le comportement ;

Communiquez le comportement alternatif que vous préfèreriez.

Dans une étude statistique[302], il a été établi

---

[301] Techniques DEMC, Attestation de formation aux pratiques d'Ombudsman, Bureau de l'Ombudsman et plaignantes, African Ombudsman Research Centre (CROA), *op.cit.*

[302] Profils des plaignants déraisonnables, Attestation de formation aux pratiques d'Ombudsman, Bureau de l'Ombudsman et plaignantes, African Ombudsman Research Centre (CROA), *op.cit.*

qu'environ 5% des plaignants ont un profil déraisonnable, parmi lesquels 65% sont des hommes, 67% sont âgés de plus de quarante-cinq ans, 35% ont déjà formulé des plaintes, 37% ont impliqué d'autres organismes, 51% ont dit qu'ils allaient obtenir une aide juridique, 64% ont utilisé la loi sur la liberté de l'information en vue d'obtenir des renseignements sur leur cas. Le Dr. Grant Lester[303] repartit la « *gamme des plaignants* »[304] en quatre catégories :

Plaignant normal

Mécontent et demandant réparation

Conserve le sens des proportions et

une perspective équilibrée

Reste concentré et spécifique

Capable de négocier et d'accepter un règlement raisonnable

Plaignant atteint d'une maladie pouvant aller de secondaire à psychiatrique

- Mécontent d'une perte subie/complexe de persécution
- Ses réclamations sont souvent
  bizarres et résultent de la

[303] Grant, Lester. The sticking and emigration of white blood cells in inflammation. In : *The Inflammatory Process (Second Edition), Volume 2*. 1973. p. 205-249.

[304] La gamme des plaignants de Dr. Grant Lester, Attestation de formation aux pratiques d'Ombudsman, Bureau de l'Ombudsman et plaignantes, African Ombudsman Research Centre (CROA), *op.cit.*

maladie

- La nature de la réclamation

  évolue constamment

- Il est souvent impossible de définir et, encore moins, de régler la situation

Plaignant difficile

Posture structurelle de victimisation/délire de persécution Conviction d'avoir été lésé, accompagnée d'une forte charge émotionnelle Perte du sens des proportions et d'une perspective équilibrée Poursuite acharnée et prolongée de la justice Apparemment cherche à obtenir réparation, cherche secrètement la justification Ce qu'on peut attendre de la partie mise en cause En dehors de la gestion du conflit, la réparation, le rapport et les recommandations, il est souhaitable que la partie mise en cause reconnaisse le mal subi par le plaignant et accepte Persiste et exige mais acceptera, en fin de compte, le règlement du différend tout en se plaignant d'être injustement traité (garde le sens des proportions)

Plaignant quérulent

- Posture structurelle de victimisation/délire de persécution
- Conviction d'avoir été lésé, accompagnée

  d'une forte charge émotionnelle Perte du

  sens des proportions et d'une perspective

équilibrée

- Poursuite acharnée et prolongée de la justice
- Apparemment cherche à obtenir réparation, cherche secrètement la justification

Ce qu'on peut attendre de la partie mise en cause

En dehors de la gestion du conflit, la réparation, le rapport et les recommandations, il est souhaitable que la partie mise en cause reconnaisse le mal subi par le plaignant et accepte sa responsabilité. Le fait de reconnaître son tort en exprimant des regrets permet au plaignant de comprendre, non seulement comment et pourquoi cela s'est produit, mais aussi de s'assurer que cela ne se reproduira pas.

Conclusion de la partie I :

Après avoir abordé dans la première partie l'histoire sociopolitique du Tchad, le concept de la médiation au sens plus large et son évolution sur le plan universel, nous étudierons dans la 2ème partie la nature de l'institution tchadienne et le rôle qu'elle joue dans la gestion des différents types des conflits. On peut constater que l'aspect sociologique reste présent dans tous les conflits surtout ceux en rapport avec le terroir ou ceux opposant des éléveurs aux cultivateurs. Dans les conflits des sociétés rurales, on trouve le plus souvent que la procédure de médiation se plie au respect des cultures sociétales pour trouver une solution ce qui n'est pas le cas de la justice qui applique strictement la loi même si cela attise des tensions communautaires.

PARTIE II

La stratégie de gestion de conflit

Chapitre VI – Méthodologie d'une démarche de médiation

La recherche d'un consensus à l'amiable nécessite un processus sage dont la réussite dépendra de la qualité et de l'expérience de l'Ombudsman. Il convient de rappeler que l'ombusman doit être vigilant aux écueils à éviter et conduites à tenir. Nous proposons la démarche suivante.

VI.1. Les différentes étapes d'une médiation

On peut répartir le déroulement du processus d'une médiation – du début à la fin d'un accord – en cinq importantes étapes :

1ère étape

- La recevabilité (vérifier que la prise en charge du dossier en question relève de la compétence de la Médiation. Dans le cas contraire, il sera irrecevable).

2ème étape

- Consacrer un ou plusieurs entretien(s) aux intéressés pour :
- Cerner la viabilité du conflit ;
- Éclaircir certaines zones de confusion ;

Interroger des témoins, demander des preuves pour

établir que les allégations sont avérées. Les preuves peuvent être orales ou matérielles. « *La valeur des preuves orales dépend de la crédibilité*

- *et de la capacité du témoin à observer, se souvenir, communiquer* »[305] ; les preuves matérielles sont les écrits, photos, enregistrements audio ou vidéo, relevés bancaires et téléphoniques.

Toutefois, le début d'une démarche de pré-médiation nécessite d'écouter chaque partie impliquée dans le conflit en aparté « *dans une première phase, chacune des parties présente son point de vue sur le conflit* »[306].

---

[305] Ombudsman Ontario, « Aiguisez les Dents », preuves orales, formation avancée aux enquêtes pour les chiens de garde de l'administration, Institut international de l'Ombudsman, *op.cit.*

[306] Gaddi Daniela, « Les effets indésirables du processus d'assimilation de la médiation au droit », Information sociales, 2012/2 n° 170, p. 28-36. « *dans une première phase, chacune des parties présente son point de vue sur le conflit. C'est là que les récits des parties ont pour effet d'élargir l'espace de connaissance à propos du conflit (subjectif et partagé). L'échange d'information éclaircit progressivement les termes de controverse. En cas d'interruption ou de suspension des échanges, le médiateur intervient pour relancer ceux-ci au moyen de questions et/ ou en encourageant les explications. Dans une deuxième phase, l'échange entre les parties s'enrichit par l'explication des aspects émotionnels et des valeurs qui mettent au jour la teneur latente de la dynamique du conflit. De plus, les récits initiaux s'hybrident mutuellement et disparaissent pour céder la place à un récit différent, commun et que chacun s'approprie. Durant une troisième phase, les parties travaillent à la solution du conflit, à la lumière de ce récit émergent. Il s'agit de mettre en place un système de critères de façon consensuelle aux fins de configurer la future interaction réciproque. Ce système est contingent, d'un côté parce qu'il sert à réguler l'«ordre » relationnel entre les parties et, de l'autre, parce qu'il peut être, ou non, cohérent avec le système normatif dans lequel vivent les acteurs. Cet ordre relationnel est en général plutôt original, voire, à l'occasion, « extra ordinem » (hors*

a) Les témoins

Pour bien enquêter, il faut rassembler un maximum d'informations, de preuves et autres indices. Outre les personnes impliquées dans le conflit, l'Ombudsman doit identifier les témoins pour les interroger le plus rapidement possible. Il est conseillé d'enregistrer l'interrogatoire avec l'accord, au préalable, de l'interlocuteur lequel a le droit d'exiger une copie à l'issue de l'enquête mais il n'a pas le droit d'enregistrer. Au Tchad, il n'est pas facile de convaincre quelqu'un pour l'enregistrer.

---

norme) ».

b) Où effectuer l'entretien

L'entrevue doit avoir lieu de préférence dans les locaux de l'Ombudsman ou dans un endroit neutre, comme un hôtel ou au palais de justice. Il est préférable d'éviter que la rencontre n'intervienne sur le lieu de travail ou à la résidence de l'une des parties impliquées dans le conflit ou des témoins. Il convient donc de choisir l'endroit le plus adapté pour chaque personne.

c) Les préparatifs de l'entrevue

Il est conseillé d'être bien préparé pour effectuer l'entrevue en élaborant les questions après avoir bien étudié le dossier, avoir un dictaphone, ne pas être fatigué, éviter le surmenage et être pertinent. Il n'est pas mauvais de prévoir la tenue vestimentaire adéquate et de savoir à qui vous avez affaire, une femme ou un homme, avoir une idée la/le concernant.

L'Ombudsman se présente pour commencer puis expose sa mission et son rôle avant le début de l'entretien. Il doit expliquer le but de cette entrevue et son utilité. Il doit établir un climat de confiance avec l'interlocuteur et lui montrer que la démarche est discrète et impartiale. L'Ombudsman doit traiter son interlocuteur avec respect et courtoisie. Il doit être rigoureux et éviter d'être distrait.

Il doit être précis dans ses questions en s'appuyant sur les documents en sa possession. En outre, il convient d'éviter les préjugés, de ne pas être hors- sujet et de ne pas porter atteinte à l'intégrité morale de gens même s'ils sont absents. L'Ombudsman est appelé à garder son sang-froid en évitant de hausser le ton ou de s'énerver quel que soit le comportement de l'interlocuteur, agressif ou non. L'Ombudsman doit maîtriser le temps conformément à son plan d'enquête. Il doit refuser de polémiquer, d'être influencé, intimidé, humilié et provoqué. Il doit avoir la patience de laisser son interlocuteur parler sans l'interrompre. Il est conseillé de poser des questions courtes, simples, claires et ouvertes. Enfin, il est recommandé à l'enquêteur de ne pas révéler son opinion. Pour conclure, l'Ombudsman ou l'enquêteur remercie son interlocuteur d'avoir accepté l'entrevue et l'assure qu'il sera informé du résultat de la procédure.

Si le témoin n'est pas coopératif, il est important de lui faire comprendre que le témoignage est privé et discret et qu'il est dans l'intérêt de l'enquête de ne pas parler aux autres du dossier ou des preuves.

d) Les types d'entrevue

Il n'est pas interdit de procéder à des entrevues par

l'intermédiaire des réseaux sociaux (Skype, Facebook, Messenger, WhatsApp, Viber, Imo…), par téléphone, fax… mais les contacts physiques sont privilégiés et le témoignage par écrit, même par courriel, n'est pas souhaitable pour un témoin car cela lui permet de réfléchir aux questions.

Contrairement à un plaignant, un témoin n'a pas besoin de parler en présence de son avocat, ni d'exiger la présence de son employeur ou de son collègue.

Dans la pré-médiation, on peut recourir à l'entretien cognitif pour aiguiser les souvenirs de la personne interrogée. Cette technique est, généralement, utilisée par la police pour recueillir des informations et des témoignages de manière rapide après les faits. C'est une procédure qui pourrait « *protéger la mémoire de témoins ou victimes contre les faux souvenirs produits à la suite d'entretiens ultérieurs suggestifs ou tendancieux* »[307].

[307] http://psychotemoins.inist.fr/?Entretien-cognitif-avec-le-temoin

Tableau 6- Structure de l'entretien cognitif rehaussé[308]

Phase 1	Saluer et se mettre en rapport
Phase 2	Expliquer les objectifs de l'entretien : • Extraction ciblée • Compte rendu de tous les détails • Transfert de contrôle • Pas d'invention ni d'estimation • Concentration intense
Phase 3	Démarrer un compte-rendu libre
Phase 4	Interrogatoire
Phase 5	Extraction variée et approfondie: • Changer l'ordre temporel • Changer les perspectives • Se concentrer sur les cinq sens
Phase 6	Résumer
Phase 7	Conclure

Toutefois, Eric Shepherd, psychologue de la police britannique, estime que la gestion de l'entretien se répartit en trois phases :

- La phase du comportement avant l'entretien qui consiste à « évaluer, rassembler, reconstituer, examiner, sonder, résumer »[309].
- Le comportement en entretien qui concerne «

[308] Structure de l'entretien cognitif rehaussé, 2012, Attestation de formation aux pratiques d'Ombudsman, Origine de l'Ombudsman moderne, African Ombudsman Research Centre (CROA), *op.cit.*

[309] Gestion d'entretien, 2012, Attestation de formation aux pratiques d'Ombudsman, Origine de l'Ombudsman moderne, African Ombudsman Research Centre (CROA), *op.cit.*

la salutation, l'explication, l'activité mutuelle et la conclusion ».

- Le comportement après entretien qui s'appuie sur : « le résumé d'entretien, l'analyse d'entretien».

En résumé, ces techniques relatives à l'entretien cognitif, la gestion de celui-ci et le « *Cadre Peace* »[310] sont généralement utilisées par le service de police et rarement par l'Ombudsman. Mais le *Cadre Peace* est une technique simple à utiliser qui peut contribuer à faciliter la tâche de l'Ombudsman pour évoluer vers un résultat concret.

Tableau 7- On peut mener un entretien avec la méthode Peace[311]

Planification et préparation de la plainte		
Entamer la prise de contact et explication		
Récit		
Conclusion		
Evaluation		

[310] *Ibid.*
[311] *Ibid.*

3ème étape

- Prendre contact avec la partie adverse ;
- Vérifier la véracité de l'affaire ;
- Demander des renseignements;
- Mener une enquête auprès d'autres parties en relation avec le dossier
- Faire une synthèse;
- Etudier le dossier;
- Elaborer une conclusion.

Les deux dernières étapes ci-dessus rentrent dans le cadre de la prémédiation qui consiste à réunir des preuves et à les vérifier. C'est la phase d'enquête après la recevabilité du dossier. Pour un Ombudsman, trois facteurs d'évaluation des preuves lui permettent d'évoluer rapidement : suffisance, pertinence et fiabilité. Les preuves peuvent être directes, indirectes ou par ouï-dire :

- Des preuves directes comme : J'ai vu Eric gifler John ;
- Des preuves indirectes comme : j'ai vu Eric non loin de John ;
- Des preuves par ouï-dire : Mon frère m'a raconté que son ami lui avait dit avoir vu Eric gifler John.

4ème étape

- Convocation des parties en conflit, c'est la phase qui réunit tous les intéressés et affronte leurs doléances ;
- Faire une présentation de toutes les parties présentes à commencer par soi-même (Laisser chacun faire sa présentation) ;
- Présentation des règles de la médiation ;
- Donner la parole à la partie plaignante ;
- Donner la parole à la partie mise en cause ;
- L'Ombudsman fait la synthèse de l'intervention des deux parties pour qu'elles soient sûres que leurs propos n'aient pas souffert de déformation ;
- Déceler les points de désaccords opposant les parties en conflit ;
- Aborder les points de désaccords pour trouver des solutions ;
- Le médiateur recadre l'accord trouvé pour s'assurer qu'il n'existe aucune opposition.

5ème étape

- Coucher l'accord sur le papier et faire signer toutes les parties concernées ;
- La signature du médiateur, même si elle n'est pas nécessaire, renforcera la crédibilité de l'accord ;
- L'accord trouvé, les protagonistes se quittent, en

se serrant la main, et s'ouvre une
nouvelle page dans leurs relations rénovées ;

- Sans vouloir diaboliser les procédures judiciaires très longues et trop coûteuses, la médiation qu'on appelle *la justice douce*, reste l'un des mécanismes de résolution des conflits acceptable par les parties. En justice, rarement les parties sortent en se serrant les mains ;

- En l'absence d'accord, le médiateur propose une nouvelle rencontre ;
- Toutefois, il est conseillé de mettre au point un plan, une sorte de feuille de route, pour maîtriser de bout en bout la procédure d'enquête, l'évolution et le délai. Chaque institution a sa façon de mettre au point un plan de traitement de dossier et la finalité

  est la même c'est-à-dire chercher à s'assurer que le conflit soit résolu de manière impartiale et proportionnée. Sir Winston Churchill disait : « *On ne planifie pas un échec, mais on échoue par manque de planification* »[312] Au Canada, le «

[312] Importance de la planification, 2012, Attestation de formation aux pratiques d'Ombudsman, Origine de l'Ombudsman moderne, African Ombudsman Research Centre (CROA), *op.cit.*

modèle de planification d'enquête »[313] est de onze points :

- Les allégations/questions sur lesquelles enquêter ;
- La stratégie d'enquête;
- Les considérations spéciales comme les craintes de représailles ou de sanctions, la réticence du témoin, l'utilisation des pouvoirs, la réaction du public, les présentations de groupes/d'organisations, le besoin de visite surprise, les problèmes visibles de coopération, l'ordre des entrevues ;
- La source des preuves comme les lois, les règlements, politiques ou procédures applicables, preuves documentaires, preuves des témoins, preuves physiques ;
- Ressources requises: personnel;
- Ressources requises: fonds;
- Autres renseignements;
- Communications;

313 Ombudsman Ontario, « Aiguisez les Dents », modèle de planification d'enquête, formation avancée aux enquêtes pour les chiens de garde de l'administration, Institut international de l'Ombudsman, *op.cit.*

- Date de commencement;
- Calendrier;
- Date d'achèvement;

Une feuille de route servira pour avancer en économisant le temps, en focalisant l'enquête jusqu'à sa fin. Elle permettra aux conseillers du Médiateur de suivre l'évolution du dossier, de conseiller et de s'en servir. Elle contribuera à l'accélération du dossier et servira à la rédaction du rapport. Procéder au traitement du dossier d'une manière organisée, évitera de patauger et trébucher « *de problème en problème, de source de preuve en source de preuve, sans rime ni raison* »[314].

---

[314] Importance de la planification (Jones 2009, p. 95), 2012, Attestation de formation aux pratiques d'Ombudsman, Origine de l'Ombudsman moderne, African Ombudsman Research Centre (CROA), *op.cit.*

Tableau 8- Feuille de route d'une enquête après recevabilité

Référence du dossier : ……………………

Type de conflit : ……………………………………………………………………

Nom et Prénom du plaignant : ……………………………………………………………

Partie(s) indexée(s) par le(s) plaignant(s) : ……………………………………

Adresse : ……………………………………………………………………………

Tél : …………………………

Courriel : ……………………………………………………

Date de dépôt de plainte : ……… … ……………… Date de recevabilité : ……… ……… …

Examinateur : ……………………………………………

Date probable de la fin d'enquête : ……………… Date de conclusion : ……………

Satisfaction des deux parties : …………………… …… …… …… …… …… ……

Si insatisfaction d'une partie, pourquoi ? : ……………………………………………

Dossier à reprendre ? : Non ☐ Oui ☐ si oui, nom de l'examinateur : ………

Rapport : ………………………………………………………………………… … … … …

Date	L'intitulé du conflit	Preuves du plaignant	Personnes interrogées	Preuves requises par tél/entretien/témoignage	Avis des collègues si possible	Commentaire

Cette feuille de route est un outil classique dont l'utilisation ne pose aucun problème.

Mais il existe d'autres outils de planification plus professionnels qui sont :

- Le **Brainstorming** (ou remue-méninges ou méthode d'imagination collective) est généralement la première étape créative cruciale du processus de planification. Il repose sur une technique de pensée.
- **Le Diagramme d'Ishikawa**, appelé aussi « *diagramme de causes à effets* » En forme d'arrêtes

de poissons, cette technique est inventée dans les années 1960 par le professeur japonais Kaoru Ishikawa (1915-1989) « *spécialisé dans la gestion industrielle de la qualité et de l'ingénierie* ». Les diagrammes d'Ishikawa servent à : « *la planification précoce, notamment pour rassembler et organiser les facteurs, par exemple au cours d'une séance de brainstorming* »[315]. Ce genre de planification, bien qu'utile pour *« la planification d'enquête et la gestion des tâches, (est généralement utilisé) pour la détection des erreurs dans le domaine de la gestion de la qualité, et dans l'amélioration des processus de l'entreprise. (En revanche, ces diagrammes) ne peuvent pas être pour la planification ni pour indiquer des facteurs interdépendants critiques* »[316]. L'utilisation du modèle des diagrammes d'Ishikawa est très complexe dans la planification d'une enquête de médiation qui nécessite un modèle simplifié pour pouvoir associer les parties en conflit dans l'évolution de la procédure.

---

[315] Ishikawa Kaoru, Kondo Yoshio, What he thought and achieved, a basis for further research. *Quality Management Journal*, 1994, vol. 1, no 4, p. 86-90, cité par Attestation de formation aux pratiques d'Ombudsman, Origine de l'Ombudsman moderne, African Ombudsman Research Centre (CROA).

[316] *Ibid.*

Graphique 8- Modèle Ishikawa[317]

Cause à Effet

....

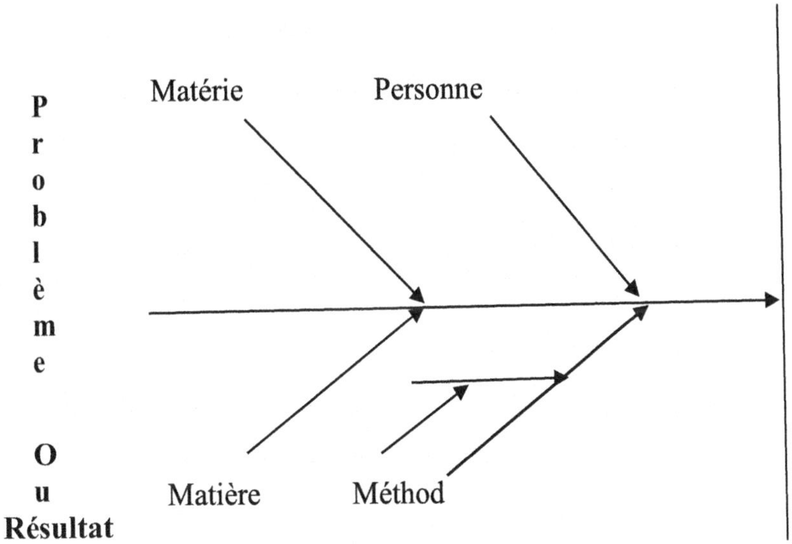

Matérie Personne

P r o b l è m e

O u Résultat

Matière Méthod

P

S

- L'**Organigramme d'analyse du chemin critique d'un projet** (organigramme ou diagramme de circulation) : « L'expression « analyse du chemin critique » paraît compliquée, mais c'est une méthode

317 *Ibid.*

logique et très efficace de planification et de gestion des projets complexes. Elle est généralement représentée sous forme d'organigramme linéaire, et plus particulièrement, comme une chronologie »[318]. « *L'un des outils utilisés couramment dans l'analyse du chemin critique est la méthode PERT (Programme/Project programme/projet), spécialisée pour identifier les activités et événements associés et indépendants* mais qui n'est pas adaptée aux projets simples »[319] puisqu'il ne sert à rien pour mettre en place une planification d'enquête de perdre un temps fou « *à démêler la complexité de la modélisation informatique* ».

1. « ***Les diagrammes de Gantt*** *sont des outils de gestion de projet extrêmement utiles. Ils tirent leur nom de l'ingénieur et consultant américain Henry Gantt (1861-1919) qui a conçu cette technique dans les années 1910* »[320], « *ce sont d'excellents modèles de planification et d'élaboration du budget, de compte*

[318] Analyse du chemin critique, 2012, Attestation de formation aux pratiques d'Ombudsman, Origine de l'Ombudsman moderne, African Ombudsman Research Centre (CROA), *op.cit*.
[319] *Ibid*.
[320] GANTT, Henry Laurence, RATHE, Alex W., *et al.* Gantt on management. 1961, cité dans Attestation de formation aux pratiques d'Ombudsman, Origine de l'Ombudsman moderne, African Ombudsman Research Centre (CROA), *op.cit*.

rendu, de présentation et de communication des plans du projet et de ses progrès, de manière rapide et facile »[321].

La mise au point d'un plan de traitement de dossier reste important car il permet au Médiateur ou à ses enquêteurs de ne pas passer à côté du sujet. Cependant, la réussite de l'Ombudsman dépend aussi de sa patience, de son utilisation non-excessive de questions ou d'informations, il doit éviter les préjugés et de ne pas dicter *« l'enchaînement des événements* »[322]. Il est évident, par ailleurs, que la bonne coopération de la partie plaignante et celle mise en cause renforce la mission de l'Ombudsman qui consiste à rechercher une solution équitable, acceptable par tous. Les parties en conflits, ainsi que les témoins, ne doivent pas être stressés et doivent être coopératifs.

Les enquêtes mal conduites peuvent être dommageables pour l'institution et *« peuvent nuire à la crédibilité de l'enquête et la réputation de l'enquêteur* »[323]. Au cours de celles-ci, on doit éviter les écueils

---

[321] *Ibid.*
[322] Le problème, 2012, Attestation de formation aux pratiques d'Ombudsman, Origine de l'Ombudsman moderne, African Ombudsman Research Centre (CROA), *op.cit.*
[323] Dommages causées, 2012, Attestation de formation aux pratiques d'Ombudsman, Origine de l'Ombudsman

comme chercher à savoir pourquoi se sont déroulés ces événements au lieu de chercher quels phénomènes se sont produits.

VI.2. Les écueils à éviter et conduites à tenir

- Plainte imprécise lorsque le motif du plaignant n'a pas été clairement indiqué. Dans ce cas, le mieux est de travailler sur les points clairs et de chercher au fur et à mesure de l'évolution du traitement du dossier à éclaircir les zones d'ombre. L'enquêteur doit informer le plaignant des difficultés qu'il rencontre pour avancer en raison de l'existence des zones d'ombre dans la plainte ;
- Complaisance dans la recevabilité. Il est déconseillé de se saisir d'un dossier irrecevable
- Parti pris, conflit d'intérêt ;
- Manque d'objectivité surtout lorsque l'objectif du plaignant est de se servir de la plainte pour se venger par exemple d'un « *membre du personnel de l'autorité* »[324] ;
- Absence de planification ou mauvaise planification ;

moderne, African Ombudsman Research Centre (CROA), *op.cit*.

[324] Quiz : éviter les écueils, 2012, Attestation de formation aux pratiques d'Ombudsman, Origine de l'Ombudsman moderne, African Ombudsman Research Centre (CROA), *op.cit*.

- Violation du secret professionnel (l'instructeur doit éviter de mettre sur la place publique ce qu'il a écouté lors de l'instruction d'un dossier);
- Délai de traitement inconnu surtout si « *les demandes du plaignant sont très chronophages* » lorsqu'il ne cesse de faire inutilement des va-et-vient ou d'appeler. Dans ce cas, il faudrait informer le plaignant que ses demandes perturbent l'avancement de son dossier et qu'il vaut mieux « *imposer une restriction sur le moyen de communication* » et accélérer le traitement du dossier qui devient un casse-tête pour le personnel de l'institution ;
- Non-respect des horaires d'entretien ;
- Ne pas prendre en compte ou ignorer toutes les preuves disponibles ;
- Perte de documents ;
- Faiblesse de la documentation de l'enquête et de la gestion des données[325] ;
- Absence, mauvaise ou insuffisante communication ;
- *Incapacité à présenter des conclusions dans un style clair et logique* ;
- *Indécision lors de la prise de décision* ;

[325] D'autres écueils courants des enquêtes, 2012, Attestation de formation aux pratiques d'Ombudsman, Origine de l'Ombudsman moderne, African Ombudsman Research Centre (CROA), *op.cit*.

- *Formulation de recommandations peu réalistes* ;
- *Faiblesse de la documentation de l'enquête et de la gestion des données*[326];
- Refus du plaignant du résultat ou tentative d'imposer sa solution. Dans ce cas, le mieux est de connaître sa *MESORE*, (meilleure solution de rechange), puis l'informer qu'il n'a pas à imposer celle-ci et lui expliquer la procédure du traitement du dossier qui ne doit dépendre ni de lui ni, encore moins, de la partie mise en cause ;

- Si une autorité refuse de coopérer. Par exemple, refus de mettre à la disposition de l'Ombudsman les documents demandés. Dans ce cas, le mieux est d'informer l'autorité en question que l'Institution n'exclut pas d'entamer un procès contre elle ;

- Si le plaignant *« formule de nouvelles allégations alors que l'enquête sur la plainte est en cours »*[327], alors dans ce cas, l'Ombudsman peut accepter la recevabilité tout en informant le plaignant qu'il doit s'attendre à un délai de traitement plus long, ou bien lui demander de déposer une nouvelle plainte après le

---

[326] *Ibid*.

[327] D'autres écueils courants des enquêtes, 2012, Attestation de formation aux pratiques d'Ombudsman, Origine de l'Ombudsman moderne, African Ombudsman Research Centre (CROA), *op.cit*.

traitement de celle en cours ;

- Si le même dossier revient au Médiateur ou si des dossiers similaires ont été étudiés en vain. Dans ce cas, il faudrait tenir le plaignant informé de l'irrecevabilité d'un tel dossier ;
- Si les preuves sont contradictoires, l'Ombudsman peut fonder ses conclusions sur les preuves correctes après avoir consulté ses conseillers. Toutefois, il est recommandé d'informer le plaignant des difficultés auxquelles l'institution fait face ;
- Si l'Ombudsman est partagé entre deux opinions professionnelles concernant une plainte, lesquelles sont en totale opposition. Tout en informant le plaignant qu'il lui est impossible de trancher, soit il demande un troisième avis, soit il tire à pile ou face « *face, la plainte est confirmée, pile, elle ne l'est pas* »[328] ;
- Si le plaignant décède avant la fin de la procédure, l'Ombudsman peut décider la poursuite s'il s'est beaucoup investi ou s'il est de l'intérêt général. Sinon il peut décider de mettre fin à la procédure ;
- Si le plaignant ne donne aucun signe de vie ou ne

---

[328] Quiz : éviter les écueils, 2012, Attestation de formation aux pratiques d'Ombudsman, Origine de l'Ombudsman moderne, African Ombudsman Research Centre (CROA), *op.cit*.

répond pas aux courriers ou si son adresse n'est plus valide. Dans ce cas, l'Ombudsman peut clore le dossier ou poursuivre son traitement sans le plaignant. Car, toute plainte ou réclamation instruit l'institution de médiation sur le traitement des dossiers.

En l'absence de feuille de route, on peut se retrouver dans une sorte de gestion incontrôlée. Selon Kharbanda et Stailworthy (1996, p.8)[329], il y aura : « *Manque d'objectivité (parti pris, conflit d'intérêt, idée préconçues), violation de la confidentialité (mauvaise gestion des données), preuves ignorées, négligées, incomprises, ne pas suivre les processus adéquats, mauvaise documentation de l'enquête, échouer à présenter des conclusions claires et logiques, échelles de temps étendues, décisions mauvaises et/ou annulées »*[330].

---

[329] KHARBANDA, O. P. et STALLWORTHY, E. A. Managerial decision making part 2: The newer techniques. *Management Decision*, 1990, vol. 28, no 4., cité par Attestation de formation aux pratiques d'Ombudsman, Origine de l'Ombudsman moderne, African Ombudsman Research Centre (CROA)

[330] *Ibid.*

Chapitre VII – Aperçu sur la gestion médiationnelle des conflits dans certains pays

A partir d'un questionnaire exploratoire, onze institutions sur cinquante ont répondu parmi lesquelles neuf questionnaires jugés recevables. Il s'agit du Niger, de la Côte d'Ivoire, de la Mauritanie, d'Haïti, de Madagascar, de l'Ombudsman de l'université de Montréal, du Tchad, du Maroc, de Burkina Faso…

VII.1. Type des conflits - délai de gestion- taux de réussite : A la question de savoir quel type de conflit gère leur administration, le conflit administration/ administré occupe, d'une manière unanime, la première place des institutions, alors que le Niger gère aussi le conflit d'ordre politique à la demande du Président de la République, du Président de l'Assemblée nationale ou du Premier Ministre. La Côte d'ivoire est aussi concernée par les conflits de type foncier alors que Madagascar et le Burkina Faso s'occupent en même temps des conflits sociaux. L'institution tchadienne se retrouve concernée par la médiation dans des conflits de type communautaire (éleveurs/cultivateurs), religieux et militaire. Combien de temps prendra le traitement d'un conflit ? Quatre mois pour un conflit simple, à plus de deux années si le conflit est complexe, selon le Burkina. A-t-on déjà échoué dans le traitement d'un conflit ? mise à part le Tchad et le Maroc qui jugent avoir 100% de réussite, les autres ont reconnu avoir échoué à gérer certains dossiers : politique pour le Niger ; foncier pour le Madagascar ; social (règlement des droits des travailleurs) pour la Mauritanie ; entre administration et administré[331] pour Haïti ; dans un conflit entre usager et entreprise publique pour le Madagascar ; des conflits relatifs aux finances et au foncier pour le Burkina Faso. Sur l'échec dans des conflits fonciers, la Côte d'Ivoire rejoint le Burkina Faso.

En conséquence, deux de neuf institutions en l'occurrence le Burkina Faso et la Côte d'ivoire reconnaissent la difficulté de gérer des conflits fonciers. Cette difficulté, on l'a constaté dans le conflit de terroir de Chigueg qui oppose les Bulala aux arabes Missérié au Tchad. Cinq institutions ont répondu compter sur la justice pour la gestion de certains conflits alors que trois préfèrent compter sur les us et coutumes. Le Burkina Faso coopère avec les deux instances pour la gestion des conflits. A la question de savoir si les Médiateurs ont été - au moins une fois- victime d'une agression verbale ou

[331] Parce que l'administration a préféré la procédure du contentieux administratif qui requiert un avocat.

physique dans le cadre de ses activités ? Tous ont répondu par non. L'absence d'agression verbale ou physique sera de nature à renforcer l'idée de ceux qui estiment que la médiation à la différence de la justice est une pratique de proximité et d'équité.

VII.2. La saisine : La majorité déclare que la saisine se passe directement et quelquefois par le parlement selon trois institutions ou par un tiers ou un élu national. Elle peut se faire aussi par le Président de la République, le Premier Ministre ou le Conseil régional selon l'institution du Niger qui accepte la saisine directe. Concernant l'hybridité de l'institution notamment si elle est habilitée à lutter contre la corruption, 2 des 9 institutions sont concernées par la lutte contre la corruption. Il s'agit de Madagascar et d'Haïti. Sept des 9 institutions transmettent leurs rapports annuels aux plus hautes autorités de l'État mais la Côte d'Ivoire le dépose auprès du Premier Ministre et à l'institution de la justice alors que le Burkina Faso et l'Haïti l'envoient aux plus hautes autorités en associant également la presse. Le Maroc aussi dépose une copie à la justice. Six des neuf institutions disposent d'un site web et ont la possibilité de mettre en ligne leurs activités ainsi que leurs rapports. La Mauritanie, le Tchad et le Madagascar ne disposent pas d'une visibilité sur le Net.

Une question sur l'indépendance financière a été posée. Il s'est avéré que le fonctionnement de la plupart des institutions compte sur l'État. Tous ont souligné que les salaires et le budget annuel de fonctionnement proviennent de la caisse de l'État. Le Médiateur du Niger perçoit son budget de l'État et il dépend aussi des subventions, sans toutefois expliciter de quels types de subvention il s'agit. Même chose pour Haïti qui a mentionné qu'il compte aussi sur des cotisations. S'agissant du montant du budget annuel, des écarts ont été constatés (voir le tableau ci-après).

Tableau 13 - Budget annuel, provenance, nombre du personnel et dossiers/ an

Pays	**Budget annuel/ €**	Provenance	Dossiers/an	Personnel
Niger	454298	État+subventions	180	40
Côte	10 000 000	État	150	80
Mauritanie	190 000	État	100	17
Maroc	2 600 000	État	10000	180
Burkina	730 000	État	400	80
Madagascar	200 000	État	500	20
Haïti	900 000	État+ cotisations	5000	60
Montréal scolaire	190 000	Institution universitaire	850	3
Tchad	680 000	État	48	30

La Côte d'Ivoire dispose d'un budget important pour son fonctionnement annuel soit dix millions d'Euro et le personnel est de 150 personnes alors que le Maroc arrive en deuxième position en termes de budget soit 2 600 000 € et il est le premier en termes de personnel soit 180. L'Haïti avec un budget de 900 000 €uro annuel emploie 20 personnes un peu moins du Burkina Faso qui dispose d'un budget de 730000 €. On constate que le conflit foncier occupe la première place dans les réclamations traitées par les institutions de Médiation et arrive en second classement des conflits d'ordre financier. Haïti consacre ses activités beaucoup plus sur les dossiers en rapport avec les détentions préventives, le Niger reçoit un nombre important de dossiers relatifs aux marchéx publics alors que les pensions de retraite occupent plus l'institution de Madagascar. La Médiature du Tchad est une des rares institutions au monde qui consacre une grande partie de ses activités aux règlements des conflits militaires impliquant l'État et des groupes armés soit 65% de ses activités (voir graphique ci-après)

Graphique 13- répartition des conflits par nature

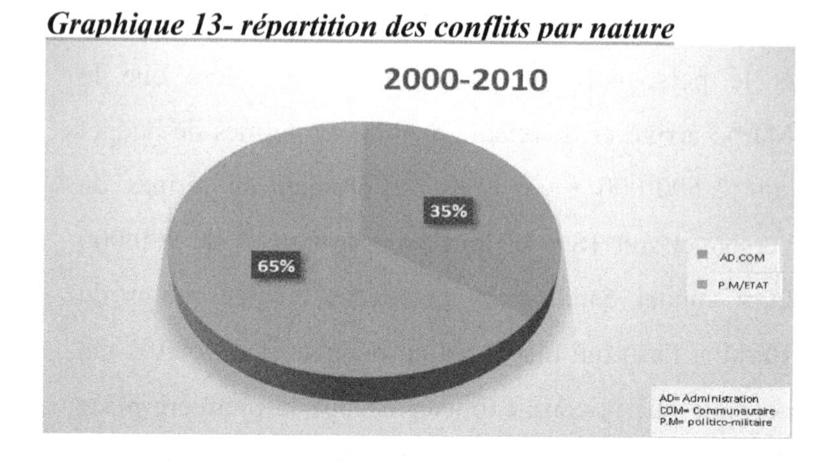

VII.3. Activités transfrontalières – Indépendance – Gestion des conflits : On a voulu savoir que pensent les institutions sur la possibilité de l'élargissement de leurs prestations en dehors du territoire national. Seul l'office de protection de citoyen d'Haïti n'a pas voté cette idée. Les huit institutions l'approuvent à 72%. La Côte d'Ivoire à 30% et le Tchad à 50%. Sur l'indépendance de l'institution, le Tchad, l'Haïti et le Maroc disent qu'elles sont indépendantes à 100% et les six autres ont estimé leur indépendance à 76%. Concernant la gestion des conflits, le Tchad estime que la satisfaction monte à 100% alors que l'office de protection de citoyen haïtien dit que « *95% des réclamations administratives sont résolues* », le Burkina Faso est à 80%, le Maroc à 70%.

A partir de ce questionnaire, il a été constaté que les institutions de médiations évoluent vers l'hybridité. Trois sur neuf dont le Madagascar et Haïti sont de type hybride, le

Maroc et le Burkina Faso se rapprochent de terme droit de l'homme. Les quatre autres sont de type classique. Nous avons pris aussi leurs avis sur la dénomination de l'institution. Cinq sur neuf ont préféré **Protecteur de citoyen** comme appellation alors que trois optent pour le **Médiateur de la République** et Montréal chosit le nom « **Ombudsman** ». Le choix de Burkina Faso a attiré l'attention. En tant pays d'Afrique francophone, il préfère le nom de Protecteur de citoyen au Médiateur de la République. Nous avons interrogé les institutions pour savoir si elles fonctionnent sur la base de plans stratégiques établis à l'avance ? Toutes à part le Tchad et l'Ombudsman universitaire de Montréal ont affirmé établir des plans stratégiques allant de plan annuel pour le Maroc et Madagascar à quinquennal pour le Burkina Faso. Madagascar établit en même temps un plan annuel. Haïti établi un plan stratégique « *triennal mis à jour chaque année* ».

En conclusion, cette étude esquisse un tableau de l'ombudsman d'une manière générale, tout en illustrant la spécifité de chacune des institutions surtout la différenciation statuaire qui définit les missions en fonction de l'évolution politico-démocratique et sociétale du pays. On constate également que malgré leurs difficultés dans certains domaines comme par exemple celui des finances, ce problème n'affecte pas l'évolution de leur indépendance estimée à 76%, ce qui reste encourageant. Concernant le Tchad, les études statistiques montrent que ses activités enregistrent une progression annuelle de 10 à 13%.

PARTIE III

L'institution de médiation : Évolution et perspectives

Chapitre VIII - Résolution, prévention des conflits, culture et consolidation de la paix

Il s'agit de se pencher, dans le cadre préventif, sur l'évolution de l'institution ainsi que les perspectives d'avenir et ce, surtout d'envisager une institution avec un statut juridique hybride. Ainsi, c'est pour cette raison que le tronc commun des actions d'une médiation doit être basé non seulement sur les résolutions des conflits mais également sur la préemption et la prévention.

VIII.1. Renforcement, visibilité et implications des couches sociales

L''évolution vers une structure plus conforme à la vision d'un véritable Ombudsman tel que le définissent les organisations internationales et africaines, est tributaire d'une volonté politique accordant davantage d'autonomie et d'indépendance à l'institution. Mais, celle-ci, dans les limites d'action qui lui sont définies, envisage de renforcer ses compétences et ses moyens d'action à travers un programme en quatre volets :

- Procéder et Rendre visible la Médiature à travers le lancement d'un site internet et d'un journal trimestriel.

- Effectuer des missions d'informations et d'explications dans les régions, en mettant à la disposition des différents acteurs des dépliants, des documents et le rapport annuel. Des débats seront, en outre, organisés, des interviews accordées aux médias, sans compter des forums et des réunions.

- Poursuivre le processus de mise en place des structures locales de médiation en améliorant et créant des comités locaux, en impliquant toutes les couches sociales.

- Privilégier la femme pour qu'elle puisse jouer un rôle dans les résolutions des conflits. A cet égard, le Président de l'Assemblée générale des Nations unies, a souligné *« le rôle important que peuvent jouer les organisations de femmes ainsi que la nécessité d'inclure les mécanismes traditionnels ou autochtones de médiation dans les efforts déployés »*[332]. L'inclusion de la femme dans la gestion des conflits étant devenue un principe démocratique incontournable, son rôle sera

---

[332] Nations unies, Département de l'information, Service des informations et des accréditations, New York, Assemblée générale, 66e session, Débat thématique informel, *op.cit.*

désormais affirmé au cœur de la politique et du programme de la Médiature.

Certes, pour pouvoir jouer un rôle dans la prévention et la résolution des conflits, il est conseillé – dans certains espaces - d'impliquer la société dans sa diversité en comptant sur toutes les couches socioprofessionnelles et les acteurs de l'administration locale comme :

- Les chefs traditionnels
- Les associations
- Les administrations locales
- Les forces de l'ordre

La participation de chacune des couches citées dans la consolidation de la coexistence pacifique a une importance mais le pilier essentiel demeure la « *chefferie traditionnelle* ». Les chefs traditionnels sont des notables dont l'autorité reste encore prégnante sur les populations. Le Président de l'Assemblée générale des Nations unies, a souligné « *la nécessité d'inclure les mécanismes traditionnels ou autochtones de médiation dans les efforts déployés* »[333].

---

[333] Nations unies, Département de l'information, Service des informations et des accréditations, New York, Assemblée générale, 66e session, Débat thématique informel, *op.cit.*

Ils jouent un rôle central dans la médiation traditionnelle. Ils sont importants dans la configuration de la société depuis la nuit des temps. Là où il y a des sociétés, il y a des systèmes « *notabiliaires* » sur lesquels elles s'appuient pour effectuer les règlements de conflits.

« Le pouvoir 'notabiliaire' bourgeonne, croît et s'alimente à la jointure des organisations administratives et des communautés locales (...) Réciproquement, les notables, à travers leur activité incessante de courtiers entre les bureaucraties publiques et de coordonnateurs de la vie administrative, acquièrent une compétence de bureaucrates chevronnés (...) Le système 'notabiliaire' définit à la fois un système d'administration et un système de représentation caractérisé par un jeu de rôles qui engendre à son tour un univers de valeurs commun »[334].

Au Tchad, « *les chefferies traditionnelles sont constituées à partir des autorités traditionnelles et coutumières* »[335].

---

[334] Etienne Jean et Mendras Henri, *Les grands thèmes de la sociologie par les grands sociologues*, *op.cit.*, p. 128.
[335] Recueil de textes relatifs aux communes du Tchad, coll. « Le droit par les textes », éd. CEFOD, déc. 2010, p. 162.

VIII.2. Le rôle de la femme dans la prévention des conflits et la consolidation de la paix

La femme constitue le pilier central, voire même la colonne vertébrale de la stabilité sociale. Elle est aussi une victime principale des guerres et des conflits. Nombreuses sont de jeunes à servir de bombes humaines pour le compte des extrémismes : « l'exemple de la jeune fille Halima Adama (moins de 18 ans), une kamikaze du groupe de Boko Haram qui a perdu ses deux jambes en 2016 dans l'explosion des charges qu'elle portait. Elle a eu la chance de survivre. Prisonnière, elle a bénéficié des prothèses grâce à l'intervention d'une Ong. Elle reconnait amèrement qu'elle a été induite en erreur par son propre mari «*je regrette cet acte et j'ai été induite en erreur par mon mari* »[336]. Dans le même ordre d'idées, la femme n'est pas assez impliquée, ni écoutée dans la recherche de solution et son rôle est sous-évalué dans la prévention de l'extrémisme violent. 80% des réfugiés dans le monde sont des femmes. Mais, dans la résolution de conflits, la participation de la femme n'est pas à la

---

[336] Centre d'études pour le développement et la prévention de l'extrémisme (CEDPE), N'Djamena, Tchad, récit d'une mission de chercheurs du 29 mars au 5 avril 2018, au Lac-Tchad, ile de Gomiromdomou, Bol, Lac-Tchad.

hauteur de son statut de victime principale. « *Quel que soit le conflit, l'implication de la femme dans la recherche de solution facilite la tâche* »[337]. Pour impliquer davantage la femme, il appartient aux États, aux institutions et à la société civile, d'appliquer la résolution 1 325 du Conseil de sécurité des Nations unies qui lance un appel à l'inclusion de la femme dans la gestion des conflits. Celle-ci a été soulignée par le Programme d'action de la 4e Conférence mondiale des Nations unies sur les femmes. Dans les structures de médiation, la présence de la femme et le renforcement de son rôle peuvent apporter plus d'assurance à la plaignante.

Par contraste, on reconnaît par la présence de la femme dans les structures de médiation une vertu singulière à faire baisser la tension et faciliter la conciliation. Cela pourrait expliquer en quelque sorte la tendance à la féminisation de la fonction de Médiateur constatée dès le début du 20e siècle. Cette tendance évolutive intervient en raison de sa présence dans les activités publiques, ce qui l'aide à s'imposer dans certains secteurs clés. En France par exemple,

« *depuis maintenant une vingtaine d'années, de plus en*

---

[337] Suraya Moustapha Mahamat, députée tchadienne, entretien à la télévision tchadienne (ONRTV), lundi 3 avril 2017

plus de femmes tentent à intégrer le marché de l'emploi : 38,6% en 1968, 42,3% en 1975 et 46% en 1986. Il s'agit là d'une tendance de fond que certains jugent « irréversible ». Dans le cas de l'institution de médiation, les femmes sont Médiatrices en Afrique du Sud, au Lesotho, au Burkina Faso, en Zambie, au Canada, au Gabon et certainement qu'il y en a d'autres. Elles témoignent par là de leur aptitude spéciale pour la médiation et cela atteste aussi que le rôle de la femme dans les secteurs de prise de décision évolue. En France, « *le taux de femme dans les secteurs de prise de décision a tendance à augmenter surtout avec « d'un côté, la transformation des structures familiales et la modification des mentalités ; de l'autre, la dynamique du système productif »*[338].

[338] Ferréol Gilles, Cauche Philippe, Duprez Jean-Marie, Gadrey Nicole, Simon Michel (dir), *Dictionnaire de sociologie* coll. Cursus, éd. Arman Colin, Paris 1991, p. 101.

VIII.3. La femme plaignante et ses difficultés

Malgré l'évolution de la place de la femme, il reste toutefois beaucoup à faire pour mettre à l'aise la plaignante au niveau de la Médiature car certaines rencontrent encore de grandes difficultés dans l'accès au bureau de la médiation, soit parce qu'il est loin, soit parce qu'elle a des problèmes de locution ou alors soit pour parler à un homme et ce surtout si l'affaire est relative au « *harcèlement sexuel* »[339] ou à la « *discrimination fondée sur l'identité sexuelle* »[340].

Communément, c'est par culture ou tradition que la plaignante n'est pas habituée à entrer en contact avec des hommes ou avec des autorités, ou alors lorsqu'elle doit avoir une autorisation de son mari pour aller à l'encontre de la Médiature, ou agir en justice comme par le passé en France « *Plusieurs arrêts du parlement de Toulouse disent que la femme doit être autorisée de son mari pour agir en justice*[341]. Il est important d'avoir des instructrices pour la mettre à l'aise et faciliter la communication.

---

[339] Equité procédurale, Attestation de formation aux pratiques d'Ombudsman, Bureau de l'Ombudsman et plaignantes, African Ombudsman Research Centre (CROA), *op.cit.*

[340] *Ibid.*

[341] Jérôme Luther Viret, Le sol & le sang, la famille et la reproduction sociale en France du Moyen Age au XIXe siècle, *op.cit.*, p.53

Dans tous les cas, il convient de créer un climat de confiance et non un climat d'anxiogène pour que la femme plaignante comprenne que le rôle de l'Ombudsman est de l'écouter, de la comprendre et de compatir afin de trouver une solution à ses problèmes, et surtout pour l'assurer que son récit sera gardé par le secret professionnel. C'est pourquoi, pour faire face à ce genre de situation, il est important d'apporter une formation aux enquêteurs pour tenir compte des genres afin d'être : « *Très sensibles à la façon dont ils s'occupent des femmes qui portent plainte, et à la façon dont ils posent les questions* »[342].

Il est également conseillé d'entreprendre une démarche de sensibilisation auprès des femmes à travers des ateliers, des forums, des conférences…

---

[342] *Ibid.*

Chapitre IX. « Médiatologie sociologique » : Vers une mutualisation de renforcement des actions préventives contre l'extrémisme chez les jeunes

Dans le texte ci-après, nous allons relater ce que nous appelons la 'Médiatologie' sociologique. Il s'agit d'une réflexion sur le rôle que les deux disciplines associées (médiation + sociologie) peuvent jouer dans le renforcement des actions préventives contre la radicalisation et l'extrémisme violent. L'accent est mis sur les jeunes. Cette idée a été l'objet d'une communication au XXème Congrés international des sociologues francophones (Montréal, Canada, juillet 2016). Depuis cet événement, notre réflexion sur le rôle que peuvent jouer ces deux disciplines n'a cesse d'évoluer. Nous estimons qu'unies, elles contribuent, non seulement, à décortiquer les causes de bifurcation de jeunes dans l'extrémisme, mais aussi, elles peuvent apporter une contribution décisive dans l'éducation encadrée de jeunes dès leurs bas âges. Cette réflexion nous a amené à créer avec des amis un centre d'études pour le développement et la prévention de l'extrémisme (CEDPE)[343], dont l'objet principal est la

[343] http://afrique.lepoint.fr/actualites/deradicalisation-le-tchad-ouvre-son-premier-centre-12-02-2018- 2194325_2365.php

gestion des conflits, la deradicalisation et la prévention de l'extrémisme à travers des études et des recherches.

IX.1. L'idéologie extrémiste et son influence dans l'espace de la jeunesse

L'extrémisme est devenu un phénomène mondial. Au cours de l'année 2014, 69 pays ont été touchés par le terrorisme et le nombre de personnes tuées s'élève à 32 685, les civils représentant 80% des victimes, selon l'Institut pour l'économie et la paix. La moitié des morts est imputée à l'organisation État islamique (DAECH). En effet, l'extrémisme n'est pas l'apanage d'une religion, d'une société, d'un pays, d'une communauté ou d'une ethnie. 80% des actes recensés en Occident sont le fait d'extrémistes de droite, de nationalistes ou d'activistes antisystème. Nous aborderons l'extrémisme islamiste, ses causes et les mécanismes qui peuvent contribuer à son éradication. Depuis plusieurs années, la recherche s'emploie à comprendre les causes et les mécanismes de ce type d'extrémisme. Nous estimons que la mutualisation des deux systèmes de pensée, en l'occurrence la médiation et la sociologie, que nous appelons la '*Médiatologie sociologique*' servira à mener des actions concertées et pratiques pour approfondir une étude de compréhension et de prévention sur l'extrémisme islamiste.

Immédiatement, on se demande comment l'idéologie extrémiste parvient à s'introduire dans l'espace de la jeunesse, à se répandre jusqu'à l'affecter voire en hypnotiser une partie, *« Là résidaient de nombreuses énigmes* » à déchiffrer. Qu'est-ce qui pousse la jeunesse à opérer un « *processus de bifurcation* », et au-delà de rupture brusques pour rejoindre les camps du fondamentalisme et à se métamorphoser en terroriste. Les raisons sont- elles politiques, économiques, idéologiques, sociales, culturelles ? *« S'agit-il (...) d'un ensemble complexe d'événements marquants, mal traités ou non résolus pendant l'enfance » ?* Sont-ils en rapport avec l'éducation, la scolarité ou la pauvreté...? Que cachent ces identités complexes à facettes mystérieuses ? Autant de questions auxquelles peut répondre la sociologie qui doit s'intéresser « *aux contraintes que les individus subissent et aux événements qu'ils traversent pendant leur enfance et leur adolescence »*[344] en particulier, et dont les résultats peuvent servir à une

---

[344] Bertau Daniel, Sept proprieties des récits de vie, in Ertul Servet, Jean-Philippe Melchior et Lalive d'Epinay Christian (dir.), *Subjectivation et redéfinition identitaire*, *op.cit*., pp. 29-49., p. 33.

stratégie de prévention précoce qui doit concerner tout d'abord la jeunesse.

Notre étude se compose de quatre étapes :

- La Médiation institutionnelle administrative/parlementaire (La 'Médiatologie')
- Une réflexion sur la radicalisation et les rôles de la 'Médiatologie' sociologique
- La 'Médiatologie' sociologique au service des établissements scolaires
- De l'éducation post-conflit à la culture de la paix

IX.2. La Médiation institutionnelle administrative/parlementaire[345] (Médiatologie)

La Médiation institutionnelle administrative/parlementaire que, par une sorte de néologisme, nous appelons *la 'Médiatologie'* n'est pas ce qu'elle était à l'époque de sa création en 1809. Son rôle initial, qui se limitait à la gestion des conflits opposant administrés et administration, a connu très vite une expansion, à tel point qu'elle s'est légalement attribuée, au XXIe siècle, une mission hybride, celle de défendre les droits de l'homme, de la femme et de l'enfance. Par

---

[345] Yacoub Ahmat, *La 'Médiatologie' sociologique*, intervention au XXème congrés de l'association nternationale des sociologues francophones, Montréal le 7 juillet 2016.

ailleurs, elle lutte contre la corruption, le détournement des biens publics, la détérioration de l'environnement et, pourquoi pas, peut-elle évoluer vers une politique préventive de lutte contre l'extrémisme... Bref, tout ce qui est en rapport avec la bonne gouvernance et la paix sociale. Au Burundi par exemple, la Médiation doit : « *Contribuer à promouvoir les droits de la personne humaine, à mettre à l'honneur les valeurs démocratiques, à assurer une cohésion sociale au niveau communautaire, à sensibiliser la population sur la responsabilité citoyenne et à renforcer la coopération avec les agences des Nations unies et les autres partenaires* »[346].

Cette hybridité d'attributions de l'institution illustre bien le modernisme vers lequel elle s'oriente désormais. Mais, force est de constater que la médiation institutionnelle aurait négligé ou omis d'intégrer dans son éventail attributif un élément essentiel : l'action préventive contre l'extrémisme. Au lieu d'abandonner cette mission aux pouvoirs politiques, il était judicieux que la médiation s'en occupe afin d'envisager des

[346] Ndayirorere Jean-Polydor, Bureau de l'Ombudsman du Burundi, Chargé de l'Education Civique, *Expérience du Burundi*, 3e Réunion des Médiateurs de l'Afrique Centrale, *op.cit.*, pp. 1-13.

programmes de prévention visant en premier lieu la jeunesse... Car les politiques, en général, n'ont cherché jusqu'à présent que la violence en réponse à l'extrémisme sans prévoir d'autre solution que la force dont les conséquences ont été, et sont encore, désastreuses pour l'humanité. Car l'option de la force, à elle seule, ne suffit pas à éradiquer définitivement la violence extrémiste. L'accompagner par d'autres options de dialogue et de paix – plus inventives – pourrait apporter des résultats fructueux.

Depuis un siècle, les politiques poursuivent dans cette voie d'ordre stratégique *bellico- obscurantiste* qui ne répond à la violence que par la même option. Ainsi, durant ces quinze dernières années, des solutions obsolètes ont été proposées par des hommes politiques en Irak (logique *du pire, logique d'empire ou la guerre sans fin des États-Unis*[347] *de Jean-Philippe Melchior et Gérard Gourmel*), en Libye, au Yémen, en Syrie, en Somalie... Mais cette logique guerrière de gestion, quelquefois humiliante, des conflits s'est avérée désastreuse pour la stabilité du monde. Selon l'historien et

---

[347] Melchior Jean-Philippe et Gourmel Gérard, *logique du pire, logique d'empire ou la guerre sans fin des États- Unis*, (2003), le Mans, éd. Cénomane, Bush au pays de l'or noir p.47, 223 pages

chercheur au CNRS, Nabil Mouline : « *La voie militaire est une voie parmi d'autres. Elle a été utilisée par de nombreux régimes arabo- musulmans contre les islamistes à partir des années 1950, ensuite par les Occidentaux. Cela ne fonctionne pas (...) pour cela, il faut apporter une réponse globale, c'est-à-dire politique, économique et sociale* »[348].

IX.3. Réflexion sur la radicalisation et rôles de la 'Médiatologie' sociologique

La doctrine de l'extrémisme, un fléau endémique qui touche un grand nombre de pays. Peut-on se poser la question de savoir si les politiques peuvent laisser les mains libres à la médiation sociologique dont une stratégie de prévention précoce serait en mesure de jouer un rôle décisif dans la dissuasion de la jeunesse, de plus en plus isolée, voire privée des bienfaits du développement socioéconomique, et affectée par le fondamentalisme ? Comment l'extrémisme a-t-il réussi à endoctriner une partie importante de la jeunesse partout dans le monde ? Qu'est-ce qui pousse les jeunes à se fanatiser, à devenir cruels ? A rejoindre les camps fondamentalistes et terroriser leur propre patrie, leur

---

[348] Mouline Nabil, historien et chercheur au CNRS, *Le Califat histoire politique de l'Islam*, interview, France 24, le 20/01/2016.

propre société ? A massacrer leurs propres concitoyens ? A se retourner contre ceux qui prétendent les avoir soutenus, aidés et encadrés ? A aller jusqu'à mettre en ligne des vidéos pour revendiquer leurs crimes ? Quelles peuvent être les raisons exactes de cet extrémisme violent contre des individus vivant paisiblement et que des terroristes se réjouissent du plaisir de tuer ? Le chercheur Mathieu Deprez, en prenant un exemple sur les pays arabes, pense qu'il « *y a un lien historique avec l'héritage mal digéré des colonisations françaises (Tunisie, Algérie, Maroc...), le conflit israélo-palestinien, le djihad plus ancien (ex : Soudan), la confrérie musulmane (en Egypte)* »[349].

Est-ce que cette haine d'écraser l'autre ne serait pas le résultat d'une injustice que le bourreau aurait lui-même subie au cours de son parcours socioéducatif ? Car, « *on ne devient pas un bourreau génocidaire un beau matin au réveil* »[350], d'après l'historien Didier Epelbaum qui est opposé à l'idée selon laquelle nous aurions tous une propension à nous soumettre à une autorité, y compris lorsqu'elle nous commande de torturer ou

---

[349] Deprez Mathieu, entretien de vive voix, café Bahomet, le Mans, le 10 mai 2016.

[350] Epelbaum Didier, entretien in « Ça m'intéresse », rubrique « Culture », mars 2016 n°421, édition PM Prima Media, p. 24.

massacrer.

L'argument des bourreaux, souvent, est de justifier les crimes qu'ils ont commis en se donnant bonne conscience, en ciblant un ennemi invisible contre lequel ils pensent mener une guerre qu'ils qualifient de sacrée. Le romancier Amin Maalouf estime que les jeunes d'origine étrangère en Occident vivent deux appartenances : « *une appartenance au pays d'origine et une autre au pays d'accueil* »[351] et il regrette que l'on n'œuvre pas suffisamment pour réduire l'écart entre les deux appartenances. Ainsi, non seulement ils vivent ces deux relations, comme le pense Amine Maalouf, mais ils sont par ailleurs dans un état de confrontation, affectés par leurs parcours socioculturels et leur « *cortège d'événements* »[352] opposant différentes civilisations. Une telle situation désoriente sans doute les plus fragiles. Selon Maalouf, un effort doit être fait des deux côtés mais, hélas, ce n'est pas le cas. Certes, il peut résulter de l'échec d'intégration dans un pays d'accueil, un sentiment de frustration qui se traduit quelquefois par des prises de position extrémiste. Au Tchad, les retournés tchadiens de

---

[351] Maalouf Amin, romancier. Auteur de *Un fauteuil sur la scène* invité de l'émission Grand Angle, 4 siècles de l'Histoire de France dans un fauteuil, TV5 Monde, Afrique, mardi 26/04/2016, 18h30.

[352] Servet ERTUL, Melchior Jean-Philippe et Lalive D'Epinay Christian, *op.cit.*, p. 87.

l'Arabie Saoudite *« ex-marginaux des pays arabes, qui n'avaient fait preuve d'aucune moralité »* ont profité des années de trouble entre 1979 et 1982 pour appliquer la Charia :

« l'amputation des mains aux larcins était monnaie courante dans un certain nombre de villes telles que Massakori, exemple type où plus de vingt personnes avaient été transformées en manchots pendant la seule année 1979 ! »[353.]

Notons ici qu'il est possible de s'appuyer sur deux exemples historiques : l'Allemagne et la France qui, après des guerres ayant coûté la vie à des millions d'hommes, sont parvenues à rétablir la confiance entre elles et à instaurer une paix, renforcée grâce aux expressions mutuelles de regrets et d'excuses par les instances officielles, l'organisation de manifestations liées au devoir de mémoire, le combat commun contre le révisionnisme…

Concernant l'Afrique du Sud, pays émergent, qui était par le passé tellement déchiré au point que personne ne pensait à son rétablissement, le pays a retrouvé ses lettres de noblesse : « *Grâce à la philosophie bantoue 'Ubuntu' qui est à l'origine de la mise en place par*

---

[353] Boudoumi Ahmat Saleh, *La victoire des révoltés, témoignage d'un enfant soldat, op.cit.*, p. 219.

Nelson Mandela et Mgr Desmond Tutu des commissions 'Vérité et réconciliation' au sortir de l'apartheid en Afrique du Sud »[354].

Les deux exemples prouvent qu'avec volonté et intelligence, il est possible de réunir des gens qui, hier encore, s'opposaient et, par conséquent, permettre, notamment aux jeunes, de se réunir, de trouver une identité, une personnalité dans laquelle se sentir mieux.

Amin Maalouf soutient que « *La société est beaucoup plus éclatée et on ne peut pas dire qu'une catégorie de classe la dirige* »[355].

En somme, pour prévenir la radicalisation, de nouvelles approches de réflexion sont nécessaires pour étudier les origines qui se basent beaucoup plus sur une idéologie extrémiste en liaison avec le social. Des analyses et des études sont recommandées par différents services de sécurité pour établir le profil d'un terroriste mais on peut se demander s'il existe un profil terroriste ? Oui, estime le neurologue Gerhard Roth qui prétend avoir trouvé la partie du cerveau où germent les idées sombres chez les tueurs et autres violeurs. Il dit avoir trouvé « *à l'intérieur du lobe central* » quelque chose qui

---

[354] Deprez Mathieu, *op.cit.*
[355] Maalouf Amin, *op.cit.*

« *s'apparente à une masse sombre quand le cerveau est passé au Rayon* X »[356]. Le médecin légiste et psychiatre Lombrosso (1836 – 1909) « *croyait décrire des régularités qui, dans un certain agencement, constituaient le criminel-né, lequel n'accomplit pas psycho génétiquement le processus évolutif ontogénétique de la race humaine, et en reste à un stade atavique* »[357].

L'extrémisme est une crise de confiance qui se répand dans la société, un ensemble de bombes à retardement dont les racines se trouvent dans le sous-développement, l'ignorance, l'inconscience, les répressions, la dictature, l'autoritarisme, la privation de liberté, l'humiliation, le chômage, la pauvreté, la discrimination intelligente et, peut-être, « *des problèmes psycho-pathologiques* » … Des racines qui, avec le temps, affectent la pensée puis le comportement de la jeunesse se sentant alors étrangère dans ses institutions qu'elle considère comme dominatrices, lesquelles feignent de minimiser la prise en charge sérieuse de ce que vivent

---

[356] http://www.atlantico.fr/pepites/neurologue-decouvre-tache-noire-dans-cerveau-tueurs-et-violeurs-630729.html

[357] Max Nordau 1849-1923, *Critique de la dégénérescence*, *op.cit.*, p. 161-162

mentalement les jeunes. Et, en l'absence de dialogue sérieux, certains basculent dans l'extrémisme, voire le terrorisme et considèrent – de façon peut être erronée – que la société est responsable de leur échec et du malheur de leur pays d'origine. « *Il faut faire en sorte que ces jeunes n'en arrivent pas à cette extrémité* »[358], a écrit dans son livre Bertrand Soubelet, général de corps d'armée, commandant la gendarmerie d'Outre-mer.

Graphique 15- Deux types d'extrémisme

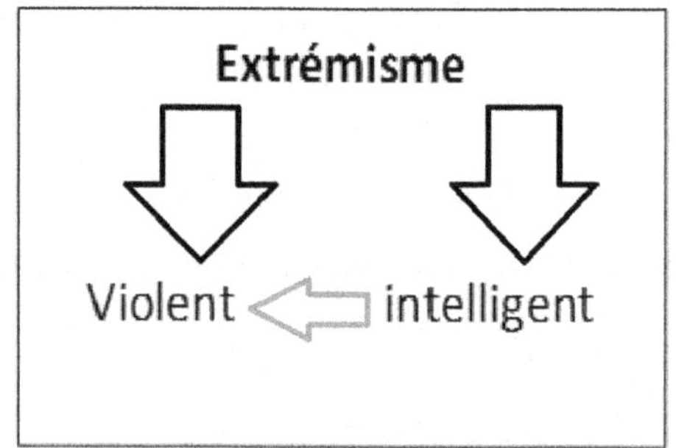

Il semble opportun de le signaler qu'au moment même où nous cherchons à décortiquer et à remédier aux causes de l'extrémisme, il ne faut pas perdre de vue qu'il existe ce que nous appelons un extrémisme doux et intelligent, une des sources d'alimentation de l'extrémisme violent *l'exemple d'un auteur des attentats de Londres du 3 juin 2017 qui selon la police, le jeune de*

[358] Soubelet Bertrand, *Tout ce qu'il ne faut pas dire. Insécurité, Justice : un général de gendarmerie ose la vérité*, Edition Plon, mars 2016

27 ans se plaignait dans un enregistrement vidéo du mauvais traitement des musulmans par la police[359]. Ce mauvais traitement s'il se confirme représente c e que nous appelons extrémisme intelligent, une des défaillances dans l'administration qui ne facilite pas la coexistence pacifique avec les administrés.

Ce type d'extrémisme se présente sous forme de racisme, de haine, de xénophobie, d'intolérance, de partialité, d'abus ou d'injustice. L'extrémisme intelligent a également une part de responsabilité qui ne peut qu'encourager des esprits naïfs à se radicaliser, voire se rebeller contre des systèmes démocratiques et leurs institutions.

Pour éviter aux jeunes de tomber dans l'extrémisme, le rôle de la sociologie et de la 'Médiatologie' pourrait mettre en lumière les mobiles des dérives et la recherche de solutions. Chercher les « *chocs biographiques* »[360] c'est procéder à une définition identitaire sur la base des *« parcours sociaux »* ou des « *trajectoires sociales* ». C'est « *à partir des 'parcours de*

---

[359] https://arabic.rt.com/world (Traduction d'un texte en arabe :
)
ويظهر تسجيلاآخر الرجلنفسهو هو ينددبتصرفاتالشرطةتجاهالمسلمينأثناءحملةنظمتأمامأحدمساجدلندن.

[360] Ertul Servet, Melchior Jean-Philippe et Lalive d'Epinay Christian, op.cit., p. 9.

vie'[361], *des 'récits de vie'*[362], *des 'histoires de vie'*[363], *des 'biographies' des individus singuliers*[364], *que le sociologue est invité à repérer les régularités sociales et la 'part de la contingence'* » pour bien cerner le sujet humain et permettre ainsi *« de mieux comprendre la diversification des parcours et la complexification »*[365]. La recherche sur les parcours sociaux permet d'identifier les causes d'une bifurcation lente ou brusque des jeunes qui ont tendance à se radicaliser. Il y a des facteurs qui entrent en jeux dans la radicalisation des jeunes, à commencer par l'éducation basée sur l'influence des parents et la société : « *Mon père m'a dit qu'un jour béni tous les kouffar qui salissent le sol de l'islam seront égorgés, comme au temps du Prophète »*[366] ; c'est la parole d'un enfant endoctriné par un adulte avec des

---

[361] Lalive d'Epinay C., « Les parcours de vie au temps de la globalisation. Un examen du 'paradigme du parcours de vie' », *in* CARADEC V., ERTUL S., MELCHIOR J.-P. (dir.), *Les dynamiques des parcours sociaux. Temps, territoires, professions*, Rennes, PUR, coll. « Le sens social », 2012, p. 21-29.

[362] Bertaux Daniel, Sept propriétés des récits de vie, in Ertul Servet, Melchior Jean-Philippe et Lalive d'Epinay Christian, op.cit.,

[363] Gaulejac (de) Vincent, *L'histoire en héritage : roman familial et trajectoire sociale,* Paris, Desclée de Brouwer, 1999, et Gaulejac (de) Vincent, *Qui est « je » ?*, Paris, Éditions du Seuil, 2009.

[364] Becker, H. S.,« Biographie et mosaïque scientifique », *Actes de la Recherche en Sciences Sociales*, 1986, n° 62-63, 1986, pp. 105-110, et Peneff Jean, *La méthode biographique*, Paris, A. Colin, coll. « U, sociologie », 1990.

[365] Ertul Servet, Melchior Jean-Philippe et Lalive d'Epinay Christian, op.cit., p. 21.

[366] Trévedic Marc auteur de « *Ahlam* », p. 80

idées extrémistes ! Qu'est-ce qui pousse un enfant à se faire endoctriner par un extrémiste qui n'est autre que son père ? Cet enfant « *pensait que l'Occident était pourri, qu'Israël devait être détruite, que les femmes, tentation du diable, devaient être intégralement voilées, qu'on devait les lapider si elles commettaient l'adultère, qu'il était permis de prendre les biens des mécréants en butin, que les voleurs devaient avoir la main tranchée (...) seul le sang pouvait purifier »*[367]. Voilà l'exemple d'un enfant qui a le cœur plein de haine, abandonné par la société et se trouve à la merci des endoctrineurs extrémistes. A la lumière de ces passages, le rôle de la médiature est de prévoir une stratégie de prévention de l'extrémisme, une prise en charge des enfants dès leur bas âge pour les initier à la culture de dialogue, de paix et de tolérance. Il ne s'agit pas d'attendre une radicalisation pour prévoir une cure d e déradicalisation mais d'armer les enfants de culture de paix à travers une éducation en milieux scolaires. L'exemple des combattants extrémistes tchadiens qui « *appliquaient la loi islamique non pas par conviction religieuse mais parce qu'ils n'avaient pas connu d'autres lois compte tenu de leur naissance ou de leur séjour*

---

[367] *Ibid.*

en Arabie »[368]. S'ils avaient connu l'école républicaine allaient-ils avoir un autre comportement ?

Ces exemples illustrent bien le défi à relever et la responsabilité de chacune des institutions dans le rôle de préemption et de prévention que chacune peut jouer. Ce que nous appelons la 'Médiatologie' sociologique peut également y apporter sa contribution car il ne faut pas attendre que le jeune se radicalise avant d'intervenir.

Si la sociologie est une science dont le rôle est de comprendre le fonctionnement et la transformation des sociétés, la médiation est l'un des mécanismes essentiels de la justice douce qui, pour réussir dans la prévention et la résolution des conflits, ne peut que puiser dans la technicité de la sociologie réflexive. D'ailleurs, dans le statut de la Cour internationale de Justice, pour fonder sa compétence dans la résolution des différends opposant des États, elle prend en compte la médiation, l'arbitrage et la conciliation. Ces modes alternatifs de règlement des litiges sont, en droit international, assez courtisés. C'est pourquoi, il convient de rappeler que les deux domaines doivent œuvrer de concert pour mener des actions préventives contre l'extrémisme, chez les jeunes en

---

[368] Bodoumi Ahmat Saleh, *La victoire des révoltés, op.cit.*, p. 229

premier lieu.

On doit admettre, en outre, que les approches de Médiation/sociologie constituent une complémentarité dans les démarches relatives à la prévention et à la résolution des conflits, une mission chère aux institutions de la *'Médiatologie'*[369].

« Fille de la philosophie et de l'histoire, la sociologie s'est intéressée de manière principale aux conditions d'exercice des médiations juridiques »[370].

Une raison de plus pour que les actions contre l'extrémisme se fassent à travers *« l'utilisation des sciences sociales (histoire, anthropologie, sociologie) »*[371].

---

[369] 'Médiatologie' : la science de la médiation institutionnelle.
[370] Grelley Pierre, « La balance, le Glaive et le pendule. Pour une petite histoire de la médiation », *op.cit.*
[371] Mouline Nabil, *op.cit.*

IX.4. La 'Médiatologie' sociologique au service des établissements scolaires

Il est naturel de se demander s'il ne faut pas mettre en place un cadre pédagogique légal de dialogue dans les établissements scolaires dont le but serait d'éduquer les jeunes à l'esprit de tolérance, au respect mutuel dans la diversité socio-politico-religieuse et d'éviter le recours à la violence dans tout règlement de conflits. C'est à partir des établissements scolaires qu'on peut faire comprendre aux élèves que : *« Le fait de ne pas avoir les mêmes opinions ou les mêmes religions ou les mêmes couleurs constitue plutôt un atout pour le développement et non un obstacle »*[372].

C'est l'une des pistes pouvant encourager les jeunes à contribuer à la consolidation de la paix et au développement durable, c'est ainsi qu'on peut également cultiver en eux une personnalité forte capable de juger, d'analyser et de décider et non une personnalité naïve, prête à être exploitée par les prêcheurs de l'extrémisme. Eviter à la jeunesse d'être sensible aux sirènes du

---

[372] Ndayirorere Jean-Polydor, Bureau de l'Ombudsman du Burundi, Chargé de l'Education Civique, *Expérience du Burundi*, 3e Réunion des Médiateurs de l'Afrique Centrale, *op.cit.*, pp. 1-13.

terrorisme ne pourrait se faire sans la contribution et la coopération de la sociologie qui doit, en premier lieu, comprendre les causes réelles de l'amour pour le sang.

Cette démarche sera suivie par l'implication de l'Ombudsman dans le cadre de la prévention des conflits. Cela nous amène ainsi à évoquer le rôle de la Médiature dans la conscientisation de la jeunesse.

L'initiation des établissements scolaires à la médiation

L'initiation des élèves aux pratiques du dialogue et de la tolérance a suscité un intérêt dans notre recherche. Quatre questions ont été posées aux institutions. La première consistait à savoir s'il faut apprendre aux élèves la médiation et le dialogue. Tous étaient unanimes dans l'approbation du sujet. Mais en avançant en profondeur surtout dans les moyens pratiques, des voix discordantes apparaissent. Le Tchad et Haïti estiment qu'il n'est pas nécessaire d'introduire dans les établissements scolaires une matière ou des cours relatifs à la médiation et le dialogue. Et pour la création de comité de médiation dans les établissements scolaires, l'Ombudsman du Maroc juge que « *cela risque d'engendrer des différends inutiles entre les étudiants et les administrations* ». Alors que les 9 institutions acceptent la création des comités de médiation dans des quartiers, des villages et des villes, Haïti s'oppose à cette idée sans donner des explications.

IX.5. *La jeunesse*

Former la jeunesse à prendre conscience car *« la conscience est synonyme d'invention et de liberté »*[373]. Don Davies, député fédéral canadien, souligne que les adolescents impliqués dans des décisions importantes dès leur plus jeune âge restent impliqués le restant de leur vie. Il appelle à *« faire passer l'âge légal du vote de 18 à 16 ans »*[374]. Apprendre à la jeunesse à s'attacher aux valeurs républicaines est une tâche importante.

Nous avons passé en revu statuts et activités d'une grande partie de l'Ombudsman et nous n'avons constaté que peu d'espace consacré à la jeunesse scolaire dans le cadre d'une conscientisation ou formation. Or, la situation actuelle, marquée par la violence, l'extrémisme, l'intégrisme, le terrorisme, ne doit-elle pas être l'occasion d'interpeller toutes les institutions ? Y compris les Ombudsmen eux-mêmes qui devraient prioriser, dans leurs textes constitutionnels, l'éducation du moins la conscientisation des enfants surtout dans les établissements scolaires ? Les conscientiser c'est les

---

[373] http://cnrtl.fr/definition/conscience/substantif.
[374] Radio Canda.ca, 29 janvier 2016.

armer contre toute tentative d'exploitation, d'endoctrinement et de manipulation. Il a été démontré que ceux qui sont exploités pour se transformer en kamikazes et commettre des attentats terroristes sont généralement mineurs. L'organisation extrémiste Boko Haram, par exemple, utilise des enfants en bas âge pour commettre des attentats kamikazes. Ils sont dépourvus de toute éducation scolaire et sont les produits d'une société très fébrile. Samedi 18 juillet 2015 :*« une jeune femme d'une quinzaine d'années déclenchait la bombe dissimulée sous son voile dans un bar bondé de Maroua, une ville de l'extrême nord du Cameroun »*[375].

Force est de constater qu'en Occident, il y a une sorte de prise de conscience sur cet aspect qui reste encore embryonnaire. L'idée d'un médiateur d'enfants a été d'abord développée par des ONG. *Radda Barnen*, en suédois *« Sauve les enfants »*, a établi un Médiateur pour des enfants dans les années 1970 et a promu l'idée, internationalement, pendant l'Année internationale de l'enfant en 1979[376]. L'exemple d'*European Network of Ombudsmen for Children* (ENOC) (réseau européen de

---

[375] Radio Canda.ca, 29 janvier 2016.
[376] *Ibid.*

Médiateurs pour les enfants), a été établi en juin 1997, lors d'une réunion à Trondheim, en Norvège. Le réseau coordonne les bureaux indépendants pour les enfants de douze pays d'Europe. Le but étant d'encourager la mise en œuvre possible de la Convention sur les droits de l'enfant, de faire pression collectivement en faveur des droits de l'enfant, de partager des informations, des approches et des stratégies et de promouvoir le développement de bureaux indépendants effectifs pour des enfants.

En outre, un site web *ENOC*[377] a été créé, destiné à partager et à promouvoir les activités des bureaux indépendants pour les enfants. Il est conçu pour animer la discussion et le débat.

Cette initiative en faveur de la défense des enfants illustre bien le désir de l'Ombudsman d'évoluer vers le modèle hybride pour lequel il se bat. Certains pays

---

[377] http://www2.ombudsnet.org/ Texte original: « *The European Network of Ombudsmen for Children (ENOC) was formally established in June 1997, at a meeting in Trondheim, Norway. The Network links independent offices for children from twelve countries in Europe. Its aims are to encourage the fullest possible implementation of the Convention on the Rights of the child, to support collective lobbying for children's rights, to share information, approaches and strategies, and to promote the development of effective independent offices for children* »

comme la France vont plus loin et expérimentent la mise en place, dans les établissements scolaires, de comités d'élèves médiateurs, une vision préventive. Cet essai nous renvoie à une nouvelle réflexion sur la médiation scolaire.

IX.6. La Gestion des conflits en milieu scolaire - Une démarche préventive

La gestion des conflits en milieu scolaire est une vision expérimentée par certains établissements comme le cas des élèves médiateurs du collège Louis-Jouvet en France qui ont été formés pendant trois jours. L'objectif est de prendre en charge la gestion des conflits entre les élèves. On l'appelle quelque part la médiation scolaire laquelle pourrait constituer un outil privilégié puisqu'il s'agit d'éviter des conflits ou de recréer les conditions pour restaurer la communication entre les élèves et les étudiants en conflit et d'élaborer des solutions acceptées par les deux parties. C'est une façon de faciliter le dialogue dans le cadre de la gestion des conflits entre élèves, en favorisant la coopération, et surtout armer les jeunes dès leur plus jeune âge, par des capacités renforçant leurs personnalités afin d'éviter qu'ils ne tombent facilement et naïvement dans les rets de l'extrémisme. La médiation en milieu scolaire joue un rôle d'interface dans ce qui oppose, d'une part, communauté éducative et élèves et, d'autre part, les difficultés que rencontrent les élèves au sein de l'établissement. Elle prévient les violences, le décrochage scolaire, le harcèlement et développe le potentiel des élèves dans l'expression, la patience, la culture du dialogue.

On répertorie trois types de gestion des conflits en milieu scolaire :

1. La médiation sociale : il y a ceux qui ont expérimenté la médiation sociale dans les établissements scolaires, c'est-à-dire en créant des postes de médiateurs sociaux au sein des établissements comme c'est le cas du Canada où « *plus de 30 établissements d'enseignement post-secondaire ont mis en place des bureaux de l'Ombudsman* »[378]. Le médiateur social a son bureau dans l'établissement et intervient lorsqu'il est saisi. Il peut aussi s'autosaisir d'un conflit interne à l'établissement qui concerne les élèves, les professeurs, l'administration ou le personnel. Il a un salaire.

2. La médiation assurée par les enseignants :

---

[378] Association des ombudsmans des universités et collèges canadiens, Boîte à outils de l'AOUCC, *op.cit*.

certaines écoles en France comptent sur les enseignants pour jouer le rôle de médiateur car l'enseignant est un médiateur qui *« favorise la rencontre entre l'élève et les savoirs scolaires »*[379]. Ce type de médiateur est totalement bénévole et ne bénéficie ni de salaire ni de statut. Il intervient lorsqu'il y a un conflit. Généralement, il n'assure que de permanence au sein de l'établissement.

3. Elèves médiateurs : ce type de médiateurs dans les établissements scolaires est une nouveauté. Au lieu d'imposer un médiateur salarié de l'extérieur, le mieux est d'impliquer élèves, professeurs de lycées et universitaires dans la gestion des conflits internes. Cette initiative naissante ne vise pas à former des médiateurs professionnels mais à promouvoir une culture de la médiation scolaire évolutive pour la résolution des conflits, au sein de l'établissement et, en dehors, par l'information, la sensibilisation de l'ensemble des élèves/étudiants. C'est une solution gagnant-

---

[379] Malet Régis, « Médiations en milieu scolaire : repères et nouveaux enjeux », *Informations sociales*, 2012/2 n° 170, p. 74-80

gagnant[380], estime l'établissement de *GAMACHES*, en France, qui a impliqué les collégiens dans la résolution de leurs conflits internes[381]. On les appelle élèves médiateurs.

« *Cela fait maintenant trois ans que l'établissement scolaire mise sur les méthodes de la médiation et le constat est là : « Il y a moins de conflits dans la cour de récréation, des résolutions rapides sont trouvées, l'attitude d'écoute qui se généralise, explique le personnel d'encadrement.*

À chaque rentrée, de nouveaux élèves, futurs médiateurs, sont recrutés afin de venir grossir le groupe des anciens. Cette année, une douzaine va rejoindre les dix médiateurs déjà en place »[382].

---

[380] Courrier Picard, région Gamaches, les collégiens passent par la médiation pour résoudre les conflits, 9/11/2014 (Ils ont reçu une formation durant trois jours. Ils ont appris à mieux gérer les petits conflits. « *Nous avons appris à calmer, parler, chercher et trouver* », explique l'un des élèves. Les élèves apprennent aussi à acquérir la confiance en soi. Pour Jessica Guillot : *« Après le mot de bienvenue, il faut écouter les versions des protagonistes, reformuler le problème et rechercher avec eux, une solution gagnant-gagnant. Dans notre collège, il s'agit essentiellement de moqueries et de chamailleries entre élèves.* »
Les médiations ont lieu dans une salle, en présence d'un adulte référant, aux récréations ou lors à la pause du midi. Il y en a une centaine chaque année. Les professeurs et le personnel d'encadrement et de service ont remarqué une différence dans le comportement des élèves depuis la mise en place de cette médiation.*« Cela permet aux conflits de s'envenimer que très rarement. Le nombre de sanctions ou de conseils de disciplines pour violences a fortement diminué* » Dans l'établissement le personnel est également très attentif et n'hésite pas à envoyer des conflits vers les médiateurs).

[381] Courrier Picard, *op.cit.*

[382] Courrier Picard, *Ibid.*

IX.7. De l'éducation post-conflit au renforcement de la culture de la paix

Des pays comme le Tchad, le Rwanda, le Burundi, la Rca, la RDC, le Congo Brazzaville, l'Ouganda, l'Afrique du Sud, le Soudan, la Serbie, l'Irak, la Syrie, le Yémen, la Libye…., ayant vécu des périodes d'instabilité pendant lesquelles les structures sociales traditionnellement tolérantes –, ont été sérieusement secouées par la déstabilisation des administrations, la détérioration de l'économie, la déchirure des familles, l'explosion du tissu social et l'installation de la misère suivie de la corruption. Certains de ces pays ont jugé utile d'introduire dans leurs systèmes d'enseignement pédagogique une sorte de formation à la médiation, à la paix et à la tolérance. Prenons l'exemple de Burundi et du Tchad.

IX.8. L'exemple du Burundi et du Tchad

Touché par des années de conflits internes, le Burundi est l'un des pays d'Afrique dont l'Ombudsman a pris de l'avance sur la question de l'éducation de la jeunesse. Pour l'institution de Burundi, la politique envers la jeunesse sert à : « *sensibiliser la jeunesse pour ne pas se laisser manipuler par des politiciens »*[383].

Il s'agit d'éviter à la jeunesse toute manipulation, qu'elle vienne des intégristes ou des hommes politiques, surtout quand ceux-ci abusent de la précarité socioéconomique de jeunes pour en faire de*s « intégristes, des kamikazes ou 'bétail électoral' »*[384]. La politique de la médiation consiste non seulement à résoudre les conflits, mais aussi à les prévenir, et, dans le cadre d'une politique de prévention, il est utile d'assurer aux jeunes une formation quelle qu'en soit la dénomination et de rappeler la nature apolitique de ceux qui doivent œuvrer pour la paix à travers le dialogue.

Au Tchad, depuis 2010, le pays se rétablit dans tous les domaines. Et, malgré la relance de l'économie et du développement, les cicatrices restent toujours visibles. D'après nos observations empiriques, les établissements scolaires connaissent des violences, du déficit dans la communication et dans la culture du dialogue. Il y a une néceessité de juguler, sinon prévenir la violence à travers la formation des élèves/étudiants au dialogue et à la gestion des conflits internes dans les établissements. Ces derniers constituent les futurs cadres

---

[383] Ndayirorere Jean-Polydor, *op.cit.*

[384] *Ibid.*

appelés à gérer les structures politiques, administratives, économiques et sociales du pays dans un avenir proche. La gestiondes conflits à travers la médiation peut s'y investir pour entretenir et consolider la paix, afin de privilégier le dialogue dans tout conflit ou malentendu. Apprendre à la jeunesse le dialogue, la tolérance, le respect des autres, c'est aussi comme on l'a déjà dit, une manière de leur éviter de tomber dans les rets des amoureux de la violence, du terrorisme et de l'extrémisme. C'est le domaine où la participation de tous est sollicitée pour obtenir un résultat concret.

Au Tchad, la *compagnie Hadre Dounia* a montré l'exemple lorsqu'elle a pris l'initiative de procéder à la formation de la jeunesse de la ville d'Am-Timan sur : *« la prévention des conflits et la coexistence pacifique à travers le théâtre, la musique, les contes, la danse, l'art plastique et l'art culinaire (...) le projet a été exécuté par la GIZ (coopération allemande), et financée par l'Union européenne »*[385].

Cette initiative pourrait servir de fer de lance aux

---

385 Innocent Reouhoudou, correspondant d'Alwihda Info à Am-Timan, Tchad, *Les partenaires européens contribuent à la coexistence pacifique*, 28/07/2015.

institutions de la médiation. Une autre peut être citée, estudiantine cette fois. Sous les auspices de l'UNET[386], c'est un projet de formation des « *ambassadeurs de la paix en milieu étudiants* », un autre type de résolution de conflit dans les établissements scolaires. Le ministre de l'Enseignement supérieur et de la Recherche scientifique, Makaye Hassane Taïsso, qui a dirigé la cérémonie[387] de remise des attestations a déclaré que « *sans la paix aucune œuvre humaine de valeur ne peut trouver son chemin d'expression* »[388]. Dans son allocution, le président de l'UNET a tenu à souligner que son association étudiante représente un précieux cadeau pour la communauté qu'elle représente *« ce cadeau est celui de militer pour la paix et sa recherche perpétuelle* ». Les étudiants ont senti – grâce à l'apprentissage – l'utilité de la paix et du dialogue, et le désir de mettre à exécution ce qu'ils ont appris, selon Leroi Barka : *« Pendant la formation notre savoir dans le sens de la préservation de la paix a augmenté, il nous revient maintenant de mettre*

---

[386] Leroi Barka, président de l'Union nationale des étudiants tchadiens.

[387] Cérémonie de remise des attestations aux ambassadeurs pour la paix en milieu étudiant, CEFOD, le 2 mars 2016, en présence du ministre de l'Enseignement supérieur et de la Recherche scientifique Makaye Hassane Taïsso et le Représentant de M. le Médiateur de la République, le Conseiller Ahmat M. Yacoub.

[388] Taïsso Makaye Hassane, ministre de l'Enseignement supérieur et de la Recherche scientifique, *Cérémonie de remise des attestations aux ambassadeurs pour la paix en milieu étudiant*, CEFOD, le 2 mars 2016.

ces connaissances au service de notre chère patrie »[389].

Le président de l'UNET a également rappelé avec insistance la nature apolitique de son association : *« Ne sera pas un instrument entre les mains du régime... ni un moyen de pression entre les mains d'une quelconque opposition pour une éventuelle conquête du pouvoir (...) nous sommes et demeurons apolitique »*[390].

C'est peut-être une meilleure manière d'apprendre aux étudiants à cultiver et à former leur propre personnalité et à ne pas se laisser manipuler par les politiques ou les extrémistes. C'était à une époque où les Tchadiens allaient vivre une nouvelle campagne présidentielle, le ministre a prodigué des conseils en direction des étudiants : *« Je puis me permettre de croire que vous vous armerez de votre bâton de pèlerinage, pour que les troubles et soubresauts inutiles, qui hantent le fonctionnement du système universitaire et qui rendent nos années élastiques, connaissent un début de leur fin »*[391].

Poursuivant son intervention, le ministre a

---

[389] Leroi Barka, Président de l'UNET, *Cérémonie de remise des attestations aux ambassadeurs pour la paix en milieu étudiant*, CEFOD, le 2 mars 2016.

[390] *Ibid.*

[391] *Taïsso Makaye Hassane, op.cit.*

rappelé que désormais les étudiants :
« *Seront les acteurs de négociation, car le rôle de l'ambassadeur est non seulement la défense des intérêts de son pays d'accréditation mais aussi, et surtout, celui de négociateur* ».

En outre, il a appelé à privilégier le dialogue, afin de répondre aux grèves incessantes des étudiants qui revendiquent le versement de plusieurs mois d'arriérés de bourse : « *Privilégions plutôt le dialogue, la patience et la tolérance, qui sont les seuls gages de revendications responsables et un élan de construction d'un climat social apaisé dans les campus* »[392].

Il a insisté sur leur rôle dans la consolidation de la paix : « *Vous devriez, armes et bagages à la main, jouer ce rôle capital qui consistera à veiller à la consolidation de la paix, auprès de vos pairs, encore vulnérables à toute sorte de manipulation* »[393].

---

392 *Ibid.*
393 *Ibid.*

IX.9. La plus-value de la prévention des conflits en milieu scolaire

La prévention des conflits en milieu scolaire représente une stratégie d'intervention précoce contre l'extrémisme chez les jeunes en milieux scolaires. Cette nouvelle approche préemptive apporte une valeur ajoutée aux divers mécanismes de lutte contre l'extrémisme. Parmi les avantages de la nouvelle conception, on cite :

- Le développement d'une culture du dialogue et d'une approche constructive des conflits ;
- Le renforcement des liens entre étudiants ;
- Le renforcement du lien entre les étudiants et les établissements, facteur central de réussite ;
- Le renforcement du lien entre le personnel des établissements scolaires, surtout avec le corps éducatif ;
- Le renforcement du lien entre l'établissement et les familles ;
- Promouvoir les principes du vivre ensemble au-delà des établissements scolaires ;
- Avoir un plus grand respect pour les établissements et le matériel mis à la disposition des étudiants ;
- Diminuer les dégradations dans l'établissement et

les coûts liés aux réparations ;

- La prévention de la violence et des conflits à l'intérieur de l'établissement ;
- La responsabilisation et l'implication des élèves et étudiants dans la gestion des conflits internes à leurs établissements (incivilité, harcèlement, grève, manifestation, incompréhension, bagarre.) ;
- Prévenir toute violence et tout conflit et prévoir des solutions par la discussion et le dialogue ;
- La prise de conscience de tous ;
- Permettre aux étudiants de s'inculquer la personnalité de quelqu'un de responsable, avec une vision lointaine positive ;
- Eviter aux jeunes d'être manipulés par des extrémistes.

Pour conclure, c'est comme en médecine, il serait judicieux avant d'administrer un médicament, le médecin commence par établir un diagnostic. Il n'est pas mauvais d'adopter cette manière toute médicale de faire, même pour lutter contre l'extrémisme. La lutte contre l'enrôlement des jeunes dans les mouvements extrémistes peut se baser sur deux aspects :

- Etudier minutieusement d'une part les raisons qui poussent les jeunes à rallier les groupes extrémistes car tout être humain a son propre vécu et « *ce qui intéresse la sociologie ce n'est pas tant pourquoi telle personne a fait ce qu'elle a fait (mais) de découvrir et comprendre quel est le champ des cours d'action possibles de personnes placées grosso modo dans la même situation* »[394].

- Et, par ailleurs, introduire dans les établissements scolaires une pédagogie de paix et de tolérance. C'est pourquoi, serait-il intéressant, à l'instar du *laboratoire de sociologie juridique* associé au CNRS, à l'initiative de J. Carbonnier, et du *Centre de recherches sociologiques sur le droit et les institutions pénales-CESDIP*, créé par P. Robert au sein du ministère de la justice[395], de créer un laboratoire de « *'Médiatologie' Sociologique* »[396] dont le rôle serait, en premier lieu, de focaliser les études sur la société et le dérapage des jeunes issus des milieux difficiles, avec des statistiques

---

[394] Servet ERTUL, Melchior Jean-Philippe et Lalive d'Epinay Christian, *op.cit.*, p. 45.
[395] Delpeuch Thierry, Dumoulin Laurence, de Galembert Claire, *Sociologie du droit et de la justice*, Armand Colin, p. 19.
[396] Ahmat Yacoub, « la mediatologie sociologique » contribution présentée au Congrès international de l'ASLF (Association des sociologues de langue française) au Canada 4-8 juillet 2016 à Montréal. 16 pages.

précises sur la phénoménologie en rapport avec l'extrémisme. A partir des résultats obtenus, il serait moins difficile d'envisager une stratégie de prévention qui accompagnerait la jeunesse dès son plus jeune âge.

IX.10. L'utilité de formation pour des élèves-médiateurs

Les conflits font partie de la vie sociale. En dehors de la lutte contre l'extrémisme, une éducation d'écoute et de dialogue doit pouvoir apporter aux élèves des outils afin que les conflits qui existent dans les établissements scolaires, comme dans toute société humaine, ne soient pas traités par la violence, mais puissent se résoudre à travers les mots prononcés par les élèves eux-mêmes.

Sur le plan de la prise en charge de la jeunesse, l'Ombudsman de Burundi est l'un des rares pays d'Afrique à avoir fait un bond en avant.

Un réseau d'élèves médiateurs, volontaires pour des actions de médiation, sera donc constitué. Ils seront appuyés par un réseau d'adultes référents assurant un suivi des médiations réalisées par les élèves. Parallèlement, une information sur le dispositif sera organisée pour l'ensemble des éducateurs et professeurs de l'établissement afin de les amener à renvoyer les élèves en cas de conflits, devant les élèves médiateurs.

Les médiations auront lieu avec les élèves en conflit et deux élèves médiateurs, de préférence qui ne les connaissent pas ou peu. Elles auront lieu à certaines heures, dans une salle appropriée de l'établissement, en présence d'adultes référents qui recevront, à l'issue de chaque médiation, une fiche faisant état du compte rendu de la médiation.

Nous choisissons plutôt le terme initiation à la place de celui de formation, qui vise à permettre aux futurs élèves médiateurs d'être initiés aux méthodes : de réflexion, des échanges en groupe, de l'analyse des questionnaires sur les conflits et la violence dans l'établissement, puis des simulations de gestion de conflits par la médiation. En bref, il s'agit :

1. d'apprendre à analyser les conflits qu'ils côtoient dans l'établissement scolaire, de réfléchir à la spécificité de la médiation par rapport à d'autres types de résolution de conflits : la négociation, l'arbitrage, la justice, etc. ;
2. de découvrir la mission de médiateur, surtout de découvrir que le médiateur n'est ni juge, ni avocat

d'une partie en conflit, ni celui qui envisage une solution. Mais il contribue à la recherche de solution en aidant les parties en conflit à accepter de se parler et à trouver elles-mêmes une solution, en toute indépendance, qui leur soit adaptée ;

3. L'initiation sert également à apprendre aux élèves à se prendre en charge et à les mettre à l'épreuve devant une situation conflictuelle nécessitant une bonne réflexion et une étude minutieuse et approfondie.

Dans le prochain chapitre, l'accent sera mis sur une étude comparative en prenant l'exemple d'institutions dans certains pays comme en France, au Burundi, au Canada, en Ouganda. Il sera question également d'évoquer la prévention et la résolution des conflits.

Chapitre X – L'OmbudsMédiateur d'un pays à l'autre : *é*tude comparative des institutions de médiation

La comparaison entre les modes de fonctionnement de certaines institutions a pour objectif de comprendre la différence statutaire et le déroulement de ses activités. Nous avons choisi comme institution en Europe celle de la France qui est en quelque sorte proche de celle de l'Afrique francophone. En Afrique, nous étudions l'Ouganda et l'Afrique du Sud, deux pays anglophones et un pays francophone, le Burundi qui a une histoire similaire à celle du Tchad et parce que son institution a vu le jour à la suite de l'accord de paix de Arusha en Tanzanie. L'institution sud-africaine connaît un progrès significatif grâce à son indépendance et l'hybridité de son statut juridique qui servira d'exemple. Le Canada qui est très avancé en matière de médiation institutionnelle n'échappe pas à notre étude.

X.1. En France : du Médiateur de la République au défenseur des droits

Il convient de rappeler que depuis la Seconde guerre mondiale, l'une des préoccupations majeures était et demeure encore le renforcement - à travers la multitude des lois modernisant ou réformant les systèmes juridiques et les mécanismes institutionnels de protection non juridiques - des droits et liberté attachés à la personne humaine. Des pays comme le Portugal et l'Espagne ont constaté très tôt que la protection non juridictionnelle classique des droits fondamentaux à travers l'ombudsman est « *un sujet à perte de vitesse, sinon en voie d'extinction* » (Dimitri Löhrer). Et c'est ainsi, le projet de réforme, visant l'institution de l'ombudsman chez les portugais et les espagnoles, a conduit à la création d'un *ombudsman spécialisé* (Human right ombudsman) qui fusionne plusieurs AAI (Autorités Administratives Indépendantes) investit de leurs attributions. La France a emboité les pas et décidé en 2008 de la création du Défenseur des droits (travaux du Comité Balladur chargé de réfléchir sur la réforme constitutionnelle). L'objectif des trois pays était de donner ainsi de sens plus large à l'ombudsman dont la mission avant ces dates était limitée à la gestion des conflits impliquant (et non imposant) l'administration et l'administré. Il faut souligner que le modèle français même s'il est « *une copie conforme du modèle ibérique, le Défenseur des droits, au fur et à mesure de son élaboration s'est peu à peu éloigné de ce modèle de référence* »[397]. Ce qui nous renvoie à Michel le Clainche (Administrateur Général des Finances Publiques) qui disait « Chaque *pays, à un instant donné, a l'ombudsman qu'il mérite* »

Considéré comme seul rempart essentiel et efficace, la protection juridictionnelle des droits fondamentaux n'a pas été perdue de vue par le projet de réforme constitutionnel au moment où il était question de renforcer la protection non juridictionnelle des droits fondamentaux. Il ne s'agit pas là ni d'une suppression de la médiature, ni d'une réforme mais d'un réaménagement d'un magma d'institutions reconnues en tant Autorités administratives indépendantes au sein et autour d'une nouvelle structure institutionnelle et constitutionnelle, chargée des compétences de plusieurs autorités préexistantes.

---

[397] Löhrer Dimitri, La protection non juridictionnelle des droits fondamentaux en droit constitutionnel comparé, Institut universitaire Varenne, Collection des thèses n° 95, édition 2014, p.40, 891 pages

Il convient de retenir que cette réforme du médiateur a eu lieu dans les trois pays grâce à la présence des AAI. En France par exemple, en 2006, peu avant la réforme, il existait 37 AAI, en raison de deux par an. La question qui se pose dans le contexte tchadien combien des AAI dispose t-il le pays pour prévoir une réforme de ce genre ? Ce faisant, il ne s'agit pas de se conformer à la copie d'une des trois pays mais *« reconnaitre les différences que présentent les ombudsmen portugais, espagnol et français se révèle effectivement indispensable afin de proposer une approche comparative de la protection non juridictionnelle des droits fondamentaux la plus honnête possible sur le plan intellectuel »*[398].

En France, la proposition des députés de faire rejoindre le *Contrôleur général des lieux de privation de liberté* n'a pas réussi de figurer dans le texte final. La disparition des institutions indépendantes et leur fusion n'a pas été soutenue par certains responsables comme

la présidente de la Halte Jeanette Bougrab et le Défenseur des enfants Dominique Versini. Les opposants à la fusion estiment que les administrations en question ont prouvé leurs actions sur le terrain et leur fusion va restreindre leur

[398] *Ibid.*

marge de manœuvre.

S'agissant du mandat, le statut français le limite à six ans non renouvelables. Il respecte ainsi les normes internationales : *« il est protégé ensuite par un privilège d'inamovibilité (...) Il ne peut être mis fin à ses fonctions que sur sa demande ou en cas d'empêchement »*[399]; cependant, la non respectabilité des statuts associatifs l'AOMA, l'IIO, l'AOMF... repose sur la nomination. Le défenseur des droits, en France, est « *nommé par le président de la République, par décret en Conseil des ministres après avis de comissions parlementaires compétentes* »[400]. Sur ce point précis, on constate dans certains pays tels l'Afrique du Sud et le Canada, la nomination de l'Ombudsman relève de la compétence du pouvoir législatif et en aucun cas de l'exécutif. Ce n'est pas le cas pour la plupart des Ombudsman d'Afrique francophone, dont le souci de l'exécutif semble être le contrôle de l'institution. Dès lors, on peut comprendre qu'il y ait une sorte de main mise sur l'institution et, par conséquent, il n'est pas surprenant que les hautes autorités instruisent voire

---

[399] Bouvier Vincent, Le Médiateur de la République, Une autorité indépendante au service du citoyen, *op.cit.*, p. 18.
[400] *Ibid.*

même instrumentalisent l'institution.

Prenons l'exemple du Burundi, un pays d'Afrique francophone où le chef de l'État se donne le pouvoir absolu de « *confier à l'Ombudsman des missions spéciales* »[401]. Cette clause est contraire au statut de l'Ombudsman dont l'originalité est l'indépendance par rapport aux hautes autorités politiques, du chef de l'État, de son gouvernement et de son administration. A l'origine, l'Ombudsman est né pour exercer ses fonctions en toute indépendance. Bien sûr, le Chef de l'État, le Premier ministre, le Parlement et toute administration peuvent saisir l'Ombudsman et non lui ordonner d'effectuer une mission qu'elle soit ordinaire ou spéciale. Et comme l'Ombudsman a le pouvoir de se dessaisir d'un dossier qui ne relève pas de sa compétence, oserait-il – en toute liberté juger irrecevable un dossier qu'il lui a été confié par les plus hautes autorités de l'État ? en d'autres termes, décliner une mission ordonnée, voire exigée, par les hautes autorités puisqu'elle ne relève pas de sa compétence ? La question nécessite un débat.

Dans les États à démocratie balbutiante, là où

---

[401] Ndayirorere Jean-Polydor, Bureau de l'Ombudsman du Burundi, Chargé de l'Education Civique, Expérience du Burundi, 3e Réunion des Médiateurs de l'Afrique Centrale, *op.cit.*, pp. 1-13.

l'Ombudsman est coopté par le chef suprême – ayant le dernier mot sur lui – il semble inutile de préciser que l'Ombudsman doit tout faire pour répondre favorablement aux 'ordres', afin de préserver son poste. Dans presque tous les statuts des institutions des pays à *démocratie fragile*, il existe au moins une clause stipulant que l'institution de l'Ombudsman est totalement indépendante et ne reçoit aucune instruction d'aucune autorité. C'est le cas de Burundi également où : « *La loi précise clairement en son article 8 point 1, que l'Ombudsman est une autorité indépendante. Dans les limites de ses attributions, il ne reçoit l'Instruction d'aucune autorité* »[402].

C'est aussi le cas du Tchad, où l'institution[403] peut difficilement justifier son indépendance alors qu'elle reçoit des instructions des hautes autorités qui ordonnent des missions ordinaires ou spécifiques. De même, au Burundi, l'article 6, points c, d, et e, stipule que : « *L'Ombudsman peut, à la demande du Président de la République, participer à toute action de conciliation entre l'Administration publique, les forces sociales et professionnelles* ».

---

[402] *Idem.*
[403] L'institution de mediation a été supprimée en mars 2018.

Le pouvoir exécutif, non seulement, peut confier à l'Ombudsman des missions spéciales mais peut aussi le charger *« des missions particulières relatives aux questions de réconciliation et de paix au niveau international »*[404]. Cette clause est spécifique à l'institution du Burundi puisque, généralement, les institutions de l'Ombudsman sont confinées dans des missions d'ordre national et agissent difficilement en dehors de leurs territoires nationaux. D'une part, parce qu'on leurs évite de s'immiscer dans des dossiers à caractère politique et, d'autre part, il faut rappeler que le conflit international relève de la compétence des ministères des Affaires étrangères et des institutions de médiations régionales comme l'Union africaine (UA) ou l'Organisation des Nations unies (l'ONU). A cela s'ajoute l'erreur qu'un Médiateur – logiquement apolitique – pourrait commettre, et placerait le pouvoir politique en situation difficile. Par l'exercice d'un langage franc, Il n'est pas exclu de faire le contraire de ce qu'espéraient les hautes autorités politiques. Au lieu de résoudre un conflit, il peut en créer un ou aggraver la situation, voire mettre l'intérêt de son pays en danger.

Les trois points cités constitueraient un alibi

[404] Idem

suffisant pouvant dissuader les Ombudsmen de toute ingérence dans un conflit international à caractère politique. La non ingérence des Ombudsmen dans des conflits internationaux à caractère politique arrangerait les pouvoirs exécutifs qui ne souhaitent pas que le contrôle de ces institutions leur échappe. Et pourtant, des Ombudsmen commencent à se faire entendre sur des dossiers qui, autrefois, ne relevaient pas de leur compétence. En France, le défenseur des droits, Jacques Toubon a, par un communiqué, condamné l'utilisation excessive de *flash bull* contre des manifestants, et par un autre, il a dénoncé la situation inhumaine des demandeurs d'asile à Calais. De son côté, la protectrice des citoyens du Québec, Saint-Germain Raymonde a publié un communiqué pour soutenir le Médiateur du Mali, dont l'institution a été dissoute par les putschistes militaires.

Parmi les points communs aux statuts des Ombudsman à l'échelon mondial – y compris dans les pays à démocratie fragile – une clause commune revient sans cesse :

« *L'Ombudsman ne peut être relevé de sa charge en raison d'actes qu'il accomplit dans le cadre de ses fonctions. L'Ombudsman ne peut être poursuivi, recherché, arrêté, détenu ou jugé en raison des opinions qu'il émet ou des actes qu'il accomplit dans l'exercice de ses fonctions* »[405].

Il y a là aussi une exclusivité de protection et une exclusion d'autres membres de la Médiature et l'ensemble des statuts reste muet sur la protection du personnel de l'Institution sur lequel les activités reposent. Le cas des collaborateurs de l'Ombudsman tels les conseillers, examinateurs, et autres enquêteurs, par exemple, qui ne jouissent d'aucune protection juridique, ni dans le cadre d'une nomination ni dans celui d'un mandat, encore moins en ce qui concerne la protection. Selon Toumar Nayo, Directeur de cabinet du médiateur de la République du Tchad, « *la protection du Médiateur concerne l'ensemble du personnel dans l'exercice de leur fonction, pour les actes posés pendant l'exercice de la fonction* ».

Comme nous l'avons déjà mentionné, les pays francophones d'Afrique reproduisent généralement les mêmes textes statutaires juridiques que la France, et l'Ombudsman du Burundi, en ce sens, est un cas d'exception puisqu'il est né de l'Accord d'Arusha pour la

---

[405] Ndayirorere Jean-Polydor, Bureau de l'Ombudsman du Burundi, Chargé de l'Education Civique, Expérience du Burundi, 3e Réunion des Médiateurs de l'Afrique Centrale, *op.cit.*, pp. 1-13

paix et la réconciliation signé le *28 août 2000* en Tanzanie. C'était à la suite des négociations entre les parties en conflit qui ont décidé de la création d'un poste de médiateur d'État, dont la mission serait d'apporter sa contribution au processus de paix engagé par les différentes parties en conflit : « *Pour participer à la caravane d'asseoir la démocratie et la bonne gouvernance prônées dans le protocole II* ».

L'organisation et le fonctionnement de son service « *sont fixés par la loi* »[406]. C'est sur la base des « *Accords d'ARUSHA du 28 août 2000, elle est reprise dans la Constitution de la République du Burundi (du 18 mars 2005 au titre IX) en ses articles 237 à 239 et officiellement installée dans ses fonctions le 23 novembre 2010 à l'occasion de la prestation de serment de l'Ombudsman (...) Les activités de la jeune Institution ont démarré officiellement le 11 février 2011* »[407].

« Ainsi, l'article 237 de la Constitution de la République du Burundi du 18 mars 2005 dispose que l'Ombudsman reçoit les plaintes et mène des enquêtes concernant les fautes de gestion et des violations des

---

[406] *Idem.*
[407] http://www.ombudsman.bi/index.php/publications/discours/9-discours-de-lancement-des-activites-de- lombudsman

droits des citoyens commis par des agents de la fonction publique et du judiciaire et fait des recommandations aux autorités compétentes. Il assure également une médiation entre l'administration et les citoyens et entre les ministères et l'administration et joue le rôle observateur en ce qui concerne le fonctionnement de l'administration publique (...) »[408].

« Puis l'article 2 de la Loi portant organisation et fonctionnement de l'Ombudsman précise qu'il a le pouvoir de 'contrôle du bon fonctionnement des entités administratives' (...) En son article 6, point a, cette loi étend ce rôle aux collectivités locales, aux établissements publics et à tout organisme investi d'une mission de service public »[409].

X.2. Nomination

Comme nous l'avons déjà mentionné, les associations internationales des Ombudsmen et Médiateurs comme l'AOMF et l'AOMA recommandent qu'un médiateur soit élu par le Parlement et non désigné par l'autorité suprême du pays. Et que le processus de nomination soit transparent et compétitif : *« Le processus*

---

[408] Ndayirorere Jean-Polydor, Bureau de l'Ombudsman du Burundi, Chargé de l'Education Civique, Expérience du Burundi, 3e Réunion des Médiateurs de l'Afrique Centrale, *op.cit.*
[409] *Ibid.*

de nomination doit être transparant à travers un processus compétitif dans le corps législatif de préférence »[410].

Ce n'est toujours pas le cas dans certains pays dont la volonté des autorités suprêmes est de contrôler les activités de l'institution, mais il semble que le Burundi aurait respecté les recommandations de la 'Médiatologie' car : « *Le premier Ombudsman a été élu le 12 novembre 2010 par les membres de l'Assemblée nationale à la majorité des $^{3}/_{4}$ et approuvé par le Sénat, à la majorité des $^{2}/_{3}$ de ses membres* »[411].

Cette forme de nomination échappe à la règle générale tant en France que dans les pays francophones d'Afrique où l'Ombudsman est nommé par le chef de l'État.

---

[410] AOMA, Conférence des Ombudsman et Médiateurs africains, Déclaration Or Tambo, 3. Nomination et Sécurité du Médiateur, *op.cit.*

[411] Ndayirorere Jean-Polydor, Bureau de l'Ombudsman du Burundi, Chargé de l'Education Civique, Expérience du Burundi, 3e Réunion des Médiateurs de l'Afrique Centrale, *op.cit.*, pp. 1-13.

X.3. Les principales activités de l'Ombudsman burundais

Une des plus jeunes institutions en Afrique, l'Ombudsman burundais, a établi un plan d'action clair et précis de quatre ans, ce qui est loin d'être le cas dans d'autres institutions. Ndayirorere Jean-Polydor[412] disait : *« Pour ne pas fonctionner à tâtons, nous nous sommes dotés en novembre 2012 d'un plan stratégique 2012-2016* » qui s'articule autour des principaux axes suivants :

- Primo : le renforcement des capacités institutionnelles ;
- Secundo : la médiation entre les administrations et les citoyens ;
- Tertio : le contrôle du bon fonctionnement des entités administratives, économiques, politiques, sociales et sécuritaires ;
- Quarto : *la prévention des conflits.* Il est rare, faut-il le préciser, qu'une institution d'Ombudsman en Afrique puisse établir un plan stratégique étalé sur plusieurs années.

[412] *Ibid*

X.4. L'évolution de l'Ombudsman au Canada

Il convient de souligner qu'après les pays scandinaves, le concept de l'Ombudsman a vu le jour au Canada et en Amérique du Nord, dans les années 1960. Le concept a vu le jour en 1962 en Amérique du Nord mais sans être officialisé puisque « *les premiers projets de loi demandant la création d'un ombudsman fédéral canadien ont été présentés, mais n'ont toutefois pas été adoptés* »[413]. Le premier poste d'ombudsman a été créé dans un établissement d'enseignement en « *1965, par des étudiants de l'Université Simon Fraser en Colombie-Britannique (Canada), et le premier ombudsman provincial canadien a été nommé en Alberta en 1967* »[414]. Entre les années 1960 et 1970, les bureaux d'Ombudsmans ont vu les jours aux États-Unis et au Canada « *au sein des gouvernements et établissements d'enseignement* ». Et c'est de 1970 à 1980 que le secteur des entreprises a commencé à l'adopter dans la gestion des conflits. « *Dans les années 1990, les bureaux d'ombudsmans étaient monnaie courante dans les secteurs public, privé et à but non lucratif* ».

---

[413] Association des ombudsmans des universités et collèges canadiens, Boîte à outils de l'AOUCC à l'intention des ombudsmans.

[414] *Ibid.*

Au Canada, il y a plusieurs Ombudsmans et le type de réclamations géré diffère de celui du Tchad et de Burundi. Alors que les deux pays s'attèlent à la gestion des conflits d'ordre militaire et intercommunautaire, la mission de l'Ombudsman au Canada est beaucoup plus sociale. Celui de Québec, à titre d'exemple, a reçu au total en 2015 « *19 668 demandes de citoyens soit une augmentation de 2,5%* »[415] par rapport à 2014. « *12 668 dossiers d'enquêtes et demandes d'assistance traités* ». L'enquête et le traitement des plaintes ont conduit la protectrice du citoyen à intervenir auprès de l'Administration publique, des réseaux de santé et des services sociaux et surtout concernant la situation des femmes dans les établissements pénitentiaires.

- Concernant l'Administration publique, la Protectrice du Citoyen est intervenue (en 2015) « *auprès de 54 des 77 ministères et organismes sur lesquels elle peut exercer sa compétence* (…) *Les longs délais d'attente occupent toujours le premier rang de l'ensemble des motifs de*

---

[415] Saint-Germain Raymonde la Protectrice de Québec, Infolettre, à l'occasion du dépôt du rapport annuel 2015- 2016 de l'institution à l'Assemblée nationale.

plaintes, jugés fondés, suivis des manquements à incidence financière ».

- S'agissant des réseaux de la santé et services sociaux, le principal motif de plainte en 2015-2016 concernait « *les lacunes quant à la qualité des services* ». Dans son rapport annuel, l'Ombudsman souligne « *ses constats notamment en matière de soutien à domicile, de soutien à l'autonomie des personnes âgées, de santé mentale, de santé physique et de déficiences* ».
- Sur la situation de la femme dans les établissements de détention, il a été question « *du transfert des femmes de la Maison Tanguay vers l'établissement de détention Leclerc de Laval, dans un contexte persistant de surpopulation* »[416]. L'Ombudsman du Canada s'inquiète de la situation des femmes transférées dans un établissement surpeuplé et demande à améliorer leur détention. En consultant les archives de la Médiature de la République du Tchad, nous avons constaté que l'institution entre 2000 et 2010, n'est jamais intervenue sur un dossier relatif à une détenue mais sur un dossier pénitentiaire en

[416] *Ibid.*

rapport avec les enfants. Elle a recommandé au ministère de la Justice de *statuer sur le sort des douze enfants-soldats prisonniers*[417]. Ceux-ci ont été faits prisonniers au cours de combats avec des mouvements politico-militaires à l'Est du pays.

L'Ombudsman du Canada faisant parler de lui est celui de l'Ontario. Nommé Ombudsman en 2005, André Marin appelle l'OmbudsMediateur « *le chien de garde* »[418]. Créé en 1975, l'institution de l'Ontario dispose de pouvoirs d'enquête lui permettant de « *pénétrer dans les locaux, interviewer les témoins, obtenir des documents* »[419]. Pour l'Ombudsman de l'Ontario, il faut « *rehausser la crédibilité et la persuasion morale* ». Même s'il n'a aucun pouvoir de faire appliquer les recommandations, toute résistance ou obstruction à ses actions est une infraction. Il peut conclure que l'action d'un gouvernement « *était contraire à la loi, déraisonnable, injuste, abusive, discriminatoire ou erronée* »[420]. Avec trois équipes et un service des affaires juridiques,

---

[417] Archives MNT, Courrier du Mediateur de la République, Abderahmane Moussa au Ministre de la justice, en date du 6 août 2009, réf. 098/PM/MN/CAB/2009, objet : Demande de statuer sur le sort des douze enfants soldats prisonniers

[418] Ombudsman Ontario, « Aiguisez les Dents », formation avancée aux enquêtes pour les chiens de garde de l'administration, Institut international de l'Ombudsman, *op.cit.*

[419] *Ibid.*

[420] *Ibid.*

l'Ombudsman d'Ontario reçoit plus de « 20 000 dossiers par an ». Une des trois équipes attire l'attention, il s'agit de celle de l'intervention spéciale de l'Ombudsman (EISO), prête à intervenir en urgence et par surprise pour mener une enquête avec une « *évaluation fondée sur des preuves et une approche méthodique* ». En dehors du Canada, l'EISO est une pratique qui n'existe pas.

X.5. L'évolution de l'ombudsman en Ouganda

En Ouganda, l'Ombudsman jouit de pouvoirs élargis. Outre le fait d'enquêter sur les plaintes, il assure des règlements équitables entre individus ou groupes d'individus, institutions ou organisations. Par ailleurs, le Médiateur d'Ouganda peut ne pas attendre d'être saisi d'un dossier puisqu'il a le droit de s'autosaisir pour identifier les zones potentielles de conflit, en matière d'actes répréhensibles, d'abus administratif, alors il fournit des solutions. Il est également habilité à combattre la corruption en enquêtant sur certains hauts fonctionnaires, voire même des ministres, et instruit une arrestation et une poursuite au cas où il détiendrait des preuves de corruption.

X.6. Prévention et résolution des conflits, des cas similiares

La République Centrafricaine, le Tchad et le Burundi ont tous connu des périodes de trouble, d'instabilité et de conflits armés. Toutefois, les statuts des deux premières institutions dans le domaine de médiation restent muets sur la question préventive et peu claire sur la médiation entre l'État et les rebelles armés. Cependant, le statut de l'institution burundaise en fait clairement état. Bien que deux pays se taisent sur la question, cela n'a pas empêché de jouer un rôle important, dans le deuxième cas, qui fait école dans la médiation avec les mouvements de l'opposition armée au Tchad. Le premier décret créant la Médiation stipule clairement dans l'article 1er : « *Qu'il est créé trois postes de Médiateurs nationaux chargés, sous l'autorité du Premier ministre, d'entreprendre des négociations avec les organisations politico-militaires en vue de parvenir à la restauration de la paix et de la sécurité* »[421].

Il a été bien mentionné dans le texte du premier

---

[421] Archives MRT, cabinet du Médiateur Madjioudou, directeur de cabinet, exposé les 6 et 7 octobre 2000, objet : Symposium sur le rôle du Médiateur national.

décret présidentiel créant l'institution que le médiateur agit sous l'autorité du Premier Ministre et doit « *entreprendre de négociation avec les organisations politico-militaires* ». Deux aspects attirent notre attention : la dépendance et la négociation. L'un et l'autre ne correspondent pas aux textes juridiques standard, puisque l'Ombudsman n'est pas un négociateur et ne doit dépendre d'aucune autorité. Les deux aspects survenus dans le texte attestent à suffisance que ceux de la CNS qui ont plaidé en faveur de la création de l'institution n'ont en effet rien proposé comme projet de texte pour faciliter la tâche au créateur. Toutefois, il n'est pas de la compétence d'un Ombudsman d'entreprendre de négociation mais de faire de la médiation. Car la négociation est l'*« action de faire du commerce, du négoce. (Dict. XIXe et e s.), discussion d'un contrat pour arriver à sa conclusion ; transmission des effets de commerce ; marché passé dans des bourses de commerce ou de valeurs (CAP. 1936)* »[422]. Elle a pour synonymes : discussion, pourparlers, tractations, marchandage… des terminologies qui ne correspondent pas à la déontologique de l'ombudsman.

En effet, la négociation concerne généralement les

[422] http://www.cnrtl.fr/definition/négociation

parties en conflits. Elle peut se faire directement entre les intéressés : 1. sans aucune présence d'un intermédiaire, 2/ ou en présence d'un intermédiaire qui peut être (un négociateur, un arbitre, un facilitateur, un intercesseur ou quelquefois un médiateur mais rarement un ombudsman). Car la négociation dans les affaires ou politique, c'est le pouvoir de manipuler, un concept contraire à la déontologie de la profession de la 'Médiatologie'. Le plus souvent, pour négocier, les parties en conflit cherchent à se renseigner sur l'adversaire pour préparer la négociation. Se renseigner sur « *le plan B de votre interlocuteur, sur son style de négociation, ses contraintes de calendrier, sa motivation à réaliser la transaction, les contraintes de financement...etc.* »[423]. Pendant la négociation directe, l'ordre du jour est fixé par les parties en conflit alors qu'en cas de médiation, l'ordre de jour est fixé par ce dernier. Même chose pour le « *sujet toxique* »[424]. C'est au médiateur et non aux parties en conflit d'aborder le sujet toxique quand il veut.

---

[423] Kyprianou Alexis, La bible de la négociation, 75 fiches pour utiliser et contrer les techniques des meilleurs négociateurs, éd. Groupe Eyrolles, 2013, p. 30

[424] *Idem.* (Le sujet toxique est un sujet sur lequel existe un écart de positions si important entre les parties qu'il met la négociation en péril).

Toutefois fois, le président du Tchad a privilégié la médiation à la guerre pour parvenir à une sorte d'entente avec les mouvements politico-militaires dans le but d'enterrer la hache de guerre. Il a appelé sa stratégie : *« la politique de la main tendue »*. Dans ce cas précis, en rapport avec des rebellions armées, l'intérêt de la médiation est de faire sortir les parties en conflit de la « *logique de la vengeance* »[425] selon Maryvonne David-Jougneau les auteurs de cet article.

La politique de prévention des conflits au Burundi a attiré notre attention. Bien que l'institution soit embryonnaire, elle n'a pas manqué, néanmoins, de rattraper son retard en matière de prévention en donnant la priorité à la jeunesse, bien que certaines institutions ne se soient pas tellement investies en la matière. Au Tchad, l'idée est intervenue avec retard, grâce au support financier et technique du Fonds d'appui à la consolidation de la paix (PBF). La Médiation institutionnelle au Tchad, avec l'aide des chefs traditionnels, a implanté des Comités locaux de paix (CLP) dans lesquels figurent toutes les couches de la société y compris des soldats et des jeunes. C'est une sorte

---

[425] Babu Annie et Bounnoure-Aufiere Pierrette, *Guide la médiation familiale*, *op.cit.*, p. 7.

d'éducation à la culture de la paix à laquelle la société civile et militaire a été impliquée, en premier lieu la jeunesse, un public essentiel qui doit jouer un grand rôle et qu'il convient donc de mobiliser. Certes, cela nécessite un programme pédagogique ambitieux et peut être une implication de l'État comme c'est le cas en Colombie, où *« l'État a montré sa volonté d'encadrer pacifiquement le règlement des conflits locaux par la création d'une Casa de la Justicia*[426] *(une maison de justice) »,* chargée de gérer les conflits communautaires en s'appuyant sur la conciliation et le dialogue. Elle *« abrite 90 représentants de la société civile, formés à la résolution pacifique des conflits et à l'éducation à la paix (Escuela de conciliadores en equidad)* »[427].

Toutefois jusqu'alors, au niveau des Ombudsmen, il existe peu ou pas un politique préventionnelle, à proprement parler, envers la jeunesse. Revenons au Burundi qui a mis en place un plan destiné à la jeunesse. L'Ombudsman a organisé les *27 et 28 mai 2014 : « Le Forum sur le rôle des ligues des jeunes affilés aux Partis Politiques dans la consolidation de la Paix et la Tolérance*

---

[426] http://www.irenees.net/bdf_fiche-analyse-867_fr.html.

[427] *Ibid.*

dans la diversité politique ».

C'est là un événement important en rapport avec les jeunes. Il s'agit de leur éviter de se faire manipuler par les politiques en période pré-électorale et en même temps de les former à la tolérance, au respect des diversités politiques et au renforcement de la paix. La stratégie de prévention burundaise n'a pas perdu de vue le rôle des démobilisés de l'armée dans le renforcement des acquis de la paix sociale. Un atelier a été organisé les 17 et 18 juin 2014, *« sur le rôle des démobilisés dans la consolidation de la paix et de l'harmonie sociale* ».

Selon Jean-Polydor Ndayirorere *: « Les deux activités rentrent dans le cadre de la mission de prévention des conflits et rappellent à ces deux groupes cibles qu'ils sont appelés à jouer un rôle particulièrement important durant cette période pré-électorale. (Et surtout) Sensibiliser la jeunesse à ne pas se laisser manipuler par des politiciens quand ces derniers le font à des fins personnelles, abusant de leur précarité économique et ainsi évita de servir de 'bétail électoral'* ».

Le Burundi a également mis en place « *un forum permanent des ligues des jeunes* ». C'est, en quelque sorte, un cadre de formation au dialogue pour « *la prévention et le renforcement de la démocratie et de l'esprit patriotique* ». A travers ce projet ambitieux visant la jeunesse, il s'agit de : « *Cultiver l'esprit de tolérance, le respect mutuel dans leur diversité politique et éviter le recours à la violence dans tout règlement de conflit* »[428].

Voilà le rôle hybride de la médiation moderne qui, par une politique de prévention, s'adresse à la jeunesse pour lui apprendre à s'accepter avec ses différences d'opinion politique, sociale et religieuse. Des événements de prévention de ce genre peuvent jouer un rôle de premier plan dans le renforcement de la capacité de la jeunesse à éviter de se faire manipuler par les politiques mais aussi afin de ne pas tomber dans les rets de l'extrémisme. A

[428] Ndayirorere Jean-Polydor, Bureau de l'Ombudsman du Burundi, chargé de l'éducation civique, Expérience du Burundi, 3e Réunion des Médiateurs de l'Afrique Centrale, *op.cit. Ibid.*

travers ces formations, les jeunes découvriront que le fait d'avoir des opinions différentes ne constitue, à aucun moment, un obstacle. Il s'agit, au contraire, d'un atout pour la paix sociale, sans laquelle le développement durable est impossible à réaliser.

Dans le prochain chapitre, il sera question d'étudier la présence des ombudsmans sur les réseaux sociaux.

Chapitre XI – Les enjeux de la présence de l'Ombudsmédiateur sur les réseaux sociaux

La présence de l'ombudsmédiateur sur les réseaux sociaux est un thème pertinent qui nécessite réflexion et avant d'y répondre, il est important d'identifier les réseaux sociaux, leurs définitions, leurs concepts, la perception du risque, ce que l'on peut gagner ou perdre, les acteurs internes et externes. Les réponses peuvent-elles nous aider à mieux identifier, évaluer l'utilité et les impacts de la présence de l'Ombudsman sur les réseaux sociaux. Grâce à la technologie, les réseaux sociaux deviennent une sorte de plate forme qui rapprochent et relient les Hommes sans tenir compte des distances qui les éloignent. La technologie a ainsi facilité aux hommes de gagner plus de temps dans la communication. Maria Maïlat et Sandrine Dauphin écrivent : « *Le monde devient un village planétaire grâce aux moyens de mise en réseau qui nous font parler d'une toile ou du Web, comme si le monde géographique,*

physique, était désormais doublé d'un large filet invisible, permettant de tisser des liens les uns avec les autres sans tenir compte des contraintes géographiques et sociales »[429].

On peut se permettre de dire que la présence des Ombudsmen sur les réseaux sociaux a une importance capitale car elle vise à tisser un rapport étroit avec les plaignants, les encourageant à agir en toute transparence dans leur stratégie de gestion des plaintes (réclamations), à la seule condition de ne pas divulguer ce qui pourrait perturber la procédure de l'instruction non entamée.

Par le biais de cette approche communicationelle, la gestion des conflits peut assurer aux parties en conflit une visibilité des actions, permettre aux gestionnaires des conflits de renforcer une collaboration interne et en même temps développer un débat public, de répondre aux questions posées, de recevoir des critiques sur un manquement ou des propositions pour améliorer les actions de l'institution en charge de gestion des conflits, de faire connaître l'institution et ses objectifs, de répondre en temps réel aux questions.

Si, sur le plan interne à l'institution, il est possible

---

[429] Maïlat Maria et Dauphin Sandrine « De l'usage des réseaux sociaux », Informations sociales 2008/3 (n° 147),
p. 4-6, http://www.cairn.info/revue-informations-sociales-2008-3-page-4.htm

d'exploiter les réseaux sociaux tout en adoptant un comportement discret lorsqu'il s'agit de dossiers en cours de traitement, il est néanmoins difficilement envisageable de maîtriser les enjeux externes sur la toile surtout :

« Le comportement 'imprévisible' de l'une de parties directement liées au dossier dont le traitement est assuré par l'Ombudsman, « *les parties en conflits peuvent également avoir d'autres motivations dont celle, rare mais essentielle, d'exploiter le potentiel du conflit de manière optimale* »[430].

La présence de l'Ombudsman sur la toile vise aussi à renforcer la visibilité de l'institution, rassurer les interlocuteurs externes directement concernés par un dossier en instruction.

La question est de savoir comment on peut être sûr qu'une des parties impliquées dans le conflit ne publiera pas sur les réseaux sociaux des informations à caractères confidentiel à l'enquête ou erronées. Et quel garde-fou peut imposer l'Ombudsman pour éviter que ce genre de dérapage ne se produise et affecte l'instruction du dossier.

Dans certains cas, notamment dans les conflits professionnels, où des enjeux de confidentialité peuvent

---

[430] Stimec Arnaud, *op.cit.*

être particulièrement délicats, le médiateur peut s'aider d'un document écrit, l'« *engagement à la médiation ou Consentement à la médiation* »[431]. On y trouvera les principales règles de déontologie : neutralité et multi-partialité du médiateur, participation volontaire des parties. Ce document d'engagement permet, en outre, aux personnes de s'informer et d'être conscientes des « *règles du jeu* » auxquelles elles s'engagent en participant à la médiation. Il s'agit, en particulier, du respect de la confidentialité[432], afin d'assurer une sécurité

---

[431] Studer Florence et Rosset Marc, Médiation, Payot Libraire, broché, 2013

[432] L'indiscrétion des deux parties le Président tchadien Tombalbaye et son adjoint Gabriel Lisette, a fait échouer la médiation de la France. Pour assoir ses pouvoirs, quelques mois après l'indépendance, le Président de la République, François Tombalbaye, interdit, par l'arrêté n°1050 du 19 août 1960, à son adjoint Gabriel Lisette, en mission en Israël, de revenir au Tchad.La France a alors joué un rôle de médiation entre les deux parties. Le Premier ministre français, Michel Debré, reçoit le 23 août 1960 Ali Kotoko, l'envoyé de Tombalbaye. Paris a estimé que ce dernier se devait de retirer l'arrêté interdisant l'accès du territoire tchadien à Gabriel Lisette. L'intéressé lui- même accepte de ne pas rentrer au Tchad mais demande un entretien avec Tombalbaye lors de son passage à Paris. Cette médiation ne semble pas réussir car les deux parties n'étaient pas disposées à l'apaisement. Elles n'ont pas respecté le **facteur de discrétion** et ont utilisé **le média comme moyen de communication**. Gabriel Lisette a fait une déclaration parue dans le journal « Le Monde » et François Tombalbaye a décidé de faire, lui aussi, insérer dans le même journal, une mise au point. AFCOUR, haut représentant de la France à Fort-Lamy a repris la médiation. Il a fait savoir à François Tombalbaye « qu'il serait délicat, dans son différend avec Lisette de porter leur opposition sur la place publique et que s'il répondait à la déclaration de ce dernier, il était préférable dans son intérêt de le faire avec prudence et objectivité. Ainsi, il éviterait de gêner le gouvernement français dont Lisette est encore membre en tant que ministre-conseiller ». (Source : A.Yacoub, les Relations Franco-tchadiennes),

réciproque.

Enfin, on peut déduire que la présence de l'institution de l'Ombudsman sur les réseaux renforcera sa crédibilité dans sa mission et ses objectifs. B. Bathelot écrit : « *les médias sociaux constituent des médias ou supports incontournables* »[433].

En général, les dossiers d'un Médiateur sont exclus des lois d'accès à l'information puisqu'il n'est pas tenu de divulguer les informations relatives à ses enquêtes et ne doit pas être obligé de témoigner devant un tribunal, alors que certains OmbudsMédiateurs, tel celui de Montréal, sont tenus par la loi de divulguer des informations à des représentants municipaux. « *Ces informations peuvent cependant être divulguées à des représentants municipaux dans la mesure requise pour le traitement des dossiers* »[434]. D'autres lois n'autorisent pas la divulgation ni le témoignage à la justice ; l'OmbudsMédiateur « *ne peut témoigner en justice et ne doit transmettre aucun rapport au juge, ni à qui que ce soit* »[435] ce n'est pas le cas d'un médiateur privé agissant

op.cit.

[433] https://www.definitions-marketing.com/definition/medias-sociaux/

[434] https://ombudsmandemontreal.com/services/independance-et-confidentialite.

[435] M'Bongo Otando, expert, *Rôle et place du médiateur de la république dans le paysage institutionnel des états de l'Afrique*

dans un cadre non judiciaire qui, lui, « *peut tout à fait être cité à comparaître comme témoin par un juge d'instruction* »[436].

XI.1. Les réseaux/Médias sociaux un outil de pression

Certes, il arrive à l'Ombudsman d'exploiter les réseaux/médias sociaux dans le cas où une partie se sentirait trop puissante et refuserait de coopérer, ou lorsqu'elle utiliserait les médias pour faire de la désinformation. L'exemple de l'Ombudsman de l'Ontario, André Marin, qui quelquefois, ne s'empêche pas d'exploiter les médias pour faire avancer l'enquête (*une vaste injustice*[437]), enquête sur le processus décisionnel du ministère de la Santé et des Soins de longue durée quant au financement de l'Avastin pour les patients atteints d'un cancer colorectal.

La désinformation est l'arme fatale de la communication. Dans un monde où les moyens de communication sont de plus en plus accessibles à tous, on constate que son utilisation pour désinformer est

---

centrale, 6 pages.

[436] Stimec Arnaud, *op.cit*, p. 28.

[437] Rapport de l'Ombudsman. André Marin, Ombudsman de l'Ontario, septembre 2009.

devenue monnaie courante. C'est pourquoi, l'Ombudsman doit recourir à la communication pour déjouer toute tentative de désinformation ou de décrédibiliser. L'arme de la désinformation est utilisée au plus haut niveau des conflits politico-militaires dans le monde. Nous l'avons constaté dans le récent conflit israélo- palestinien (2014) lorsque, juste après le cessez-le-feu, chacune des deux parties en conflit a tenté de convaincre l'opinion nationale et internationale qu'elle avait gagné la guerre. Nous concentrons notre sujet sur l'arme de la désinformation qui a coûté tant de vies humaines dans les crises aux Soudan, Libye, Nigeria, République centrafricaine...

Enfin, la présence sur les réseaux sociaux n'est pas seulement utile aux institutions de gestion des conflits, elle l'est aussi pour les agents des services publics nationaux ou locaux qui, grâce à ceux-ci, renforcent davantage leurs connaissances des gestionnaires des conflits et leur obligation à coopérer avec eux, insistant sur le respect et l'équité dans leurs missions et relations avec les administrés. C'est aussi à travers la présence sur les réseaux sociaux qu'il est possible de renforcer la communication entre l'administration et l'administré.

Pour la visibilité d'une institution, il est important d'être présent sur la toile sociale car *« toute société s'organise et ne peut fonctionner dans le temps qu'à travers de multiples outils de médiation, dont les médias sont parmi les principaux »*. La présence sur les réseaux sociaux illustre bien l'intérêt de toucher en temps réel et directement un public plus important que ne peuvent le faire les médias traditionnels.

Les réseaux sociaux ont prouvé leur efficacité durant le printemps arabe, de Tunisie comme d'Egypte en 2011. Dans *histoire des médias*, on dit que « *les médias transforment les relations entre les hommes, leur activité intellectuelle, leur perception du monde* ». Les avantages sont réels pour l'Ombudsman qui aura la possibilité de sensibiliser un vaste public sur le rôle et la mission de l'institution. « *Les médias rapprochent les hommes et des conséquences directes sur le devenir des sociétés* »[438]. En 2012, le site Web de l'Ombudsman de l'Ontario a enregistré « *147 000 visiteurs, 1926 'j'aime' sur Facebook, 10 245 suiveurs sur twitter, et 17 525 visualisations sur Youtube* »[439].

---

[438] Barbier Frédéric et Bertho Lavenir Catherine, *Histoire des médias de Diderot à internet*, troisième édition revue et complétée, éd. Arman Colin, Paris, 1996 – 2000, Paris, p. 8 *Ibid.*

[439] Ombudsman Ontario, formation « Aiguisez les Dents », Notre profil sur le Web et dans les médias sociaux,
formation avancée aux enquêtes pour les chiens de garde de l'administration, Institut international de l'Ombudsman, *op.cit.*

Chapitre XII – Diverses réflexions

XII.1. Le rapport annuel : contenu, indépendance et itinéraire

L'une des plus importantes tâches est la capacité de l'Ombudsman à pouvoir effectuer une analyse explicite des dossiers en vue de les traiter puis « *formuler des recommandations qui entraîneront des améliorations systémiques* »[440]. Parmi les recommandations de l'AOMF, l'Ombudsman « *produit annuellement un rapport public de ses activités* »[441], C'est un condensé des activités annuelles de l'Ombudsman basé sur des statistiques :

- le nombre de dossiers réceptionnés,
- le nombre de dossiers recevables,
- le nombre de dossiers irrecevables,
- le nombre d'auto-saisine,
- les dossiers traités,
- les dossiers en cours de traitement,
- le genre de conflit le plus répandu,
- le taux de participation de l'administration aux résolutions,
- les recommandations auxquelles les autorités

[440] Association des ombudsmans des universités et collèges canadiens, Boîte à outils de l'AOUCC, *op.cit.*
[441] Statut de l'AOMF, article 7.1, membres votants.

compétentes ont répondu positivement,

- le taux de recommandations annuelles restées lettre morte.

Le rapport annuel est, en quelque sorte, un tableau de bord qui dresse les missions, achevées ou non, à travers lequel on attire l'attention des autorités compétentes sur les failles constatées et on recommande de remédier aux dites failles afin d'améliorer les relations avec les administrés. *« Habituellement, le rapport annuel de l'Ombudsman présente des statistiques sur la quantité et la nature des plaintes reçues, la nature des mesures prises et interventions utilisées par l'Ombudsman ainsi que des recommandations sur les enjeux ayant fait l'objet d'une enquête »*[442]. C'est l'occasion aussi d'informer que *l'Ombudsman a rempli sa mission.*

Alors que l'on rend compte des activités passées, on communique sur les difficultés de l'institution et on informe sur la feuille de route à venir. *« La publication et la distribution du rapport tiennent, en outre, l'administration responsable des mesures qu'elle a prises pour donner suite adéquatement aux*

---

[442] Association des ombudsmans des universités et collèges canadiens, Boîte à outils de l'AOUCC, *op.cit.*

recommandations de l'Ombudsman »[443]. La publication d'un rapport annuel offre l'occasion de mieux faire connaître l'Ombudsman et ses activités et *« d'aborder des questions se rapportant à l'équité* ». Le rapport annuel doit être rédigé avec des mots simples et clairs, avec des *« paragraphes courts, titres, sous-titres*[444] *»,* en évitant le jargon et les acronymes.

L'objectif est de se faire comprendre et non de se faire connaître. Il ne sert à rien de phraser. Le rapport annuel doit être objectif et le contenu doit refléter les faits sans pencher en faveur d'une partie au détriment de l'autre. Par des graphiques, tableaux et autres statistiques, la finalité du rapport est de persuader les autorités d'accepter les recommandations émises afin d'améliorer les failles administratives.

L'Ombudsman de l'Ontario conseille d'utiliser pour la rédaction le « *modèle de logique PRAC* »[445] qui se résume comme suit :

- **P**roblème : en énonçant le problème, l'Ombudsman s'assure que le lecteur comprend

[443] *Ibid.*
[444] Ombudsman Ontario, « Aiguisez les Dents », rédaction d'un rapport, formation avancée aux enquêtes pour les chiens de garde de l'administration, Institut international de l'Ombudsman, *op.cit.*
[445] *Ibid.*

l'importance de ce qui va suivre;

- **R**ègle: introduction de la règle (critère de décision);
- **A**nalyse: de la manière dont la règle s'applique aux faits pertinents (description et vérification du bien-fondé des prémisses factuelles);
- **C**onclusion: en énonçant la conclusion, l'Ombudsman renforce l'idée que l'on veut faire passer.

XII.2. Les avis partagés sur l'itinéraire du rapport

Le rapport annuel doit avoir une dimension sociale. Concomitamment, il doit être transmis aux hautes autorités conformément aux textes qui régissent l'institution. En outre, il doit être banalisé en adoptant une procédure de médiatisation à commencer par une cérémonie de sa présentation suivie d'une conférence de presse et d'une diffusion sur les sites et réseaux sociaux en insérant des images, des vidéos et en encourageant les partages, les commentaires et les questions/réponses. Mais il y a un sujet qui divise les *« Médiatologues »*. Faut-il oui ou non remettre le rapport annuel au Chef de l'État ? Sur ce point précis, les avis divergent. Il a fait l'objet d'un débat houleux lors de la conférence des Ombudsman et Médiateurs africains de Johannesburg, les 25 et 26 février 2014. Le rapport peut-il être remis au Président de la République ? Et pourquoi lui remettre le rapport alors même que l'on est indépendant ? Lui remettre le rapport n'affecterait-il pas l'autonomie et l'indépendance de l'institution ? Dans certains pays, comme au Canada, la majorité des Ombudsmans dépose le rapport annuel devant « *le sénat ou le bureau des gouverneurs, en distribuant des versions imprimées et le publiant sur le site Web* »[446].

Au sommet[447] des Médiateurs et Ombudsman africains tenu à Johannesburg en février 2014, la question de la remise du rapport au chef d'État a suscité de vives discussions. D'aucuns pensent que le fait d'exiger la remise du rapport annuel à la plus haute autorité de l'État remet en cause l'indépendance et l'autonomie de l'institution. D'autres estiment que le rapport doit être remis au parlement et non au Président de la République pour éviter tout amalgame sur l'indépendance de l'institution. Nous estimons le fait de transmettre une

---

[446] Ombudsman Ontario, « Aiguisez les Dents », rédaction d'un rapport, formation avancée aux enquêtes pour les chiens de garde de l'administration, Institut international de l'Ombudsman, *op.cit*

[447] Sommet des médiateurs et ombudsman africains organisé par l'AOMA à Johannesburg en janvier 2014.

copie du rapport au chef de l'État ne peut pas remettre en question l'indépendance de l'institution. Bien au contraire, cette dernière doit assurer aux chefs d'État qu'ils ne sont ni ennemis, ni adversaires, mais des alliés, et à travers la fonction qu'ils occupent, ils ont le devoir de collaborer avec les *OmbudsMédiateurs* pour faciliter leurs missions. Par conséquent, il ne fallait pas mentionner dans les textes organiques ou de lois, une clause exigeant la remise du rapport annuel au chef de l'État. Le rapport doit être remis obligatoirement au parlement comme l'exige le texte des associations de la *« 'Médiatologie' »* avec copie, pour information, au chef de l'État et au Premier ministre sans que cela soit une obligation.

Ceux qui sont nommés par le Parlement, comme en Afrique du Sud, en Namibie, en Zambie ou au Lesotho, pour ne citer que ceux-là, s'opposent énergiquement à l'idée de remettre le rapport annuel au Président de la République et voient en cela une absence totale d'indépendance et d'autonomie. Ils sont pour la remise du rapport au Parlement. Mais la grande majorité surtout les *« Médialogues »* d'Afrique francophone présentent une autre vision, toute logique. Dès l'instant où on est nommé par le chef de l'État, pourquoi ne pas remettre le rapport à qui de droit, en l'occurrence à celui-ci ? En rendant une copie du rapport au chef de l'État, la médiation doit attendre de lui une contribution dans l'exécution de ses recommandations ; qui ne sont que des modifications dans la gestion administrative pour améliorer les rapports avec les administrés.

Il faut dire aussi que même sous l'influence des hautes autorités, les institutions n'ont d'autre choix que de continuer à participer à l'amélioration de l'administration et de la bonne gouvernance, tout en espérant que les choses évoluent dans le sens de leur indépendance. Sachant que le refus de remettre aux hautes autorités le rapport annuel sera considéré comme une attitude d'animosité à leur encontre. Ce qui pourrait provoquer la destitution du Médiateur de ses fonctions, voire rayer l'institution comme l'a déjà fait le général Président François Bozizé en République centrafricaine en 2013, peu avant son départ du pouvoir. C'est pourquoi, il ne sert à rien d'engager un bras de fer ou d'envoyer un mauvais signal aux hautes autorités qui insistent sur le contrôle de la Médiation. Le mieux est de travailler sur le développement de l'institution jusqu'au jour où elle pourra devenir véritablement indépendante.

En conclusion, remettre le rapport au chef de l'État, au Parlement et à la Primature ne doit pas constituer un délit. Il ne sert à rien de donner l'impression que le chef de l'État est un ennemi de l'institution ! Qu'on soit nommé par lui ou par le Parlement, il est élégant, voire coopératif de lui remettre une copie du rapport annuel. Cela renforce les relations de coopération et assure les hautes autorités de la nature objective de l'institution, ce qui les encouragerait à exécuter les recommandations de la Médiation dont l'objectif est d'améliorer les lois protégeant l'administré. Une étroite coopération avec les autorités supérieures les inciterait à une bonne collaboration avec l'institution. Puisque déjà les départements ministériels répondent difficilement aux correspondances de la Médiature, ce qui a poussé le Premier ministre, chef du Gouvernement, à attirer l'attention des chefs des départements ministériels sur « *la nécessité de collaborer pleinement avec le Médiateur national pour lui permettre d'accomplir efficacement sa mission* »[448]. Selon le Premier ministre, « *la plupart des demandes d'information adressées par*

[448] Archives MRT, Nagoum Yamassoum, Premier ministre, Chef du Gouvernement, courrier n°168/PM/MN/CAB/CAAJDH/2000, aux membres du Gouvernement, *op.cit.*

le médiateur aux administrations pour éclairer les plaignants restent sans suite ». « *Pire, nombre d'administrations considèrent ces demandes comme une inquisition à laquelle elles rechignent à répondre* ». C'est pourquoi, à travers le rapport annuel, les différentes administrations pourraient découvrir les activités et la mission de la Mediature et accepteraient de coopérer. En France, comme il a été déjà précisé, la réponse de l'administration au Médiateur « *est une obligation légale (Loi n°73-6 du 3 janvier 1973, article 12).*

Toutefois, au Tchad, une clause dans la loi n°031 instaurant la Médiature de la République, exige la remise du rapport au Président de la République. *« Le rapport annuel est transmis au Président de la République et au Premier ministre »*[449].

---

[449] Article 24, loi n°031, chapitre IV, des dispositions diverses et finales.

XII.3. Le salaire de l'Ombudsman et de ses collaborateurs

Il est difficile de considérer l'institution indépendante lorsque le salaire de l'Ombudsman est versé par l'État. Cette question divise les *Mediatologues* sans trouver de réponse unanime. Dans le cas de la Médiature du Tchad, l'article 25 prévoit que *« les ressources nécessaires à l'accomplissement de la mission de la Médiature de la République du Tchad sont inscrites au budget général du Tchad »*[450]. Pour plus d'indépendance et d'autonomie, l'Afrique du Sud a créé, avec le soutien de l'AOMA, le Centre de recherche et de formation des Ombudsman et Médiateurs africains (CROA). C'est là une tentative de se prendre en charge, ne serait-ce que partiellement, à travers des activités rémunérées ou financées par des organismes internationaux comme « *la GDZ qui a financé en 1913, en Zambie, par l'intermédiaire du CROA, des formations* »[451] des Ombudsman et Médiateurs africains. On constate dans la plupart des institutions, 8 sur 9 interrogées affirment que le budget est alloué par l'État (cf. infra).

---

[450] *Ibid.*

[451] Deux formations des cadres des Ombudsman/Médiateurs en Zambie, en novembre 2013.

Au Tchad comme en Côte d'Ivoire, la rémunération du Médiateur et de ses conseillers est déterminée par un décret présidentiel, le budget est arrêté par le conseil des ministres puis adopté par le Parlement. L'institution tchadienne ne gère pas directement son budget qui est logé au trésor et dont la gestion est soumise au contrôle strict du ministère des Finances. Ailleurs, des institutions dépendent d'autres financements provenant de l'étranger, tel est le cas de l'Ethiopie et du Burundi. L'Ombudsman éthiopien bénéficie « d'une subvention de *trois ans de la Banque mondiale* »[452] quant au Burundi, il s'approvisionne aussi ailleurs « *en vue de compléter son budget* ». Autant il est difficile de trancher la question, autant il ne peut être souhaitable de s'approvisionner « *en dehors de financement intégré dans les règlements statutaires, ce qui pourrait potentiellement compromettre l'indépendance de l'Office* (…) *sauf dans des circonstances exceptionnelles* »[453] si la subvention concerne un projet, une convention, une mission conjointe d'intérêt commun avec le bailleur.

---

[452] Centre des Recherches des Ombudsman Africains (CROA), Une analyse comparative des systèmes juridiques régissant les bureaux d'Ombudsman en Afrique, rapport préparé pour CROA, *op.cit.*

[453] *Ibid.*

XII.4. La recevabilité d'une plainte contre un Ombudsman

En d'autres termes, un citoyen peut-il porter plainte auprès de la Médiature contre un Médiateur, chef du département de l'institution ? Logiquement, un médiateur n'occupe ce poste que s'il jouit des valeurs d'étiqueté lui évitant de tomber – lors de son mandat – sur des erreurs le plaçant dans une situation défensive qui nuirait à la réputation de l'institution. Il est possible, bien que très rare, qu'un médiateur soit poursuivi par la justice, mais c'est contraire aux qualités de sa personnalité dont il devrait jouir. Dans un communiqué de presse intitulé « *Tentative d'intimidation de Mahamat Nour Ahmed Ibedou au Tchad : la CTDDH met en garde Bachar Souleymane, médiateur national* »[454].

La CTDDH (*voir communiqué en annexe*) accuse le Médiateur de la République du Tchad d'avoir signifié par téléphone au secrétaire général de l'Organisation, Mahamat Nour Ibedou, qu'il était « en danger ». Cet exemple met en exergue la question posée sur la

---

[454] Convention tchadienne pour la défense des droits humains (CTDDH), Communiqué de presse n°75, fait à N'Djamena le 5 nov. 2014, Le Secrétaire aux affaires d'urgence, Khalil Azibert Mahamat (voir annexe).

possibilité, ou non, de poursuivre un Ombudsman en cas de litige avec un citoyen ou une organisation. Le plus souvent, ce genre de litige se règle à l'amiable même si aucun texte statuaire de l'Ombudsman n'a tenu compte de cet aspect de nature à le mettre dans une situation conflictuelle. Cet aspect nous renvoie à la recherche de savoir si un Ombudsman a-t- il le droit de se plaindre contre un citoyen ou un organisme.

XII.5. La recevabilité d'une plainte d'un Ombudsman contre une partie externe ou interne

Un Ombudsman est un être humain qui peut, aussi, connaître des litiges avec des parties internes ou externes à la Médiature. Dans ce cas, il peut alors demander l'intercession de son institution pour résoudre ce conflit ou interjeter une plainte auprès de la justice. La question est délicate étant donné que le Médiateur, de manière générale, jouit d'une immunité « *il bénéficie également d'une immunité juridictionnelle analogue à celle des parlementaires (...), il ne peut être poursuivi, recherché, arrêté, détenu ou jugé à l'occasion des opinions qu'il émet ou des actes qu'il accomplit dans l'exercice de ses fonctions* »[455]. Mais s'il s'agit d'un conflit qui le concerne directement. S'il se plaint de l'un de ses collaborateurs avec lequel la cohabitation devient impossible pour une raison quelconque, il peut demander une médiation interne pour résoudre le conflit. C'est pourquoi, il sera conseillé de prévoir un Médiateur interne, chargé de ne résoudre que les conflits internes à l'institution. S'il s'agit d'un différend avec une partie externe, le Médiateur a deux choix :

- Il fait appel à la médiation interne à la seule condition que la partie externe accepte ;
- Il porte plainte devant la justice et, dans ce cas, l'image du Médiateur se dégrade et pourrait affecter la réputation de l'institution. Cela étant, cette option doit être sagement écartée même si quelquefois le médiateur se sent victime.

Ainsi, le 30 janvier 2016, le journal Abba Garde publiait un article diffamatoire contre le Médiateur tchadien intitulé *« Bachar Ali Souleyman le charlatan de la paix »*. Dans l'article de graves accusations visaient directement la personne du médiateur qui venait pourtant de résoudre un conflit meurtrier opposant agriculteurs et

---

[455] Bouvier Vincent, *Le Médiateur de la République, Une autorité indépendante au service du citoyen*, *op.cit.*

éleveurs, dans le Sud du Tchad : « *Le week-end dernier, le Médiateur contesté de la République s'est rendu à Peni et à Bedeya pour organiser une cérémonie de réconciliation entre les agriculteurs et les éleveurs. Il n'a pas bien réfléchi pour se lancer dans cette aventure (...) pour ce cas, le Médiateur national est complètement passé à côté de la plaque. Ce raté renseigne suffisamment sur les tares exponentielles, qui caractérisent le parcours administratif de Bachar Souleyman, fortement critiqué par certains confrères lors de sa nomination à ce poste aussi prestigieux qu'exigeant. En croyant régler ce différend avant l'amorce des campagnes, pour faire plaisir à son maître à penser, Bachar a plutôt poussé les paysans du Mandoul à exhumer leurs haches de guerre et à* ***redévelopper*** *leur hargne contre ce système politique à jamais honni* »[456].

Ainsi diffamé par le journal, le Médiateur a préféré ne pas réagir, ne pas répondre ni porter plainte. Mais il aurait reçu le directeur du journal dans son bureau pour résoudre cette affaire discrètement et à l'amiable, dans l'intérêt de l'institution.

---

[456] *Abba Garde*, journal tri-mensuel d'informations générales n°123 du 30 janvier au 10 février 2016, Moussa Avenir de La Tchiré, p. 3.

Il arrive aussi au Médiateur de réagir face à un article diffamatoire par une mise au point ou un droit de réponse pour étayer une affaire mal interprétée par un organe de presse. Le 13 décembre 2000, l'institution a envoyé au quotidien *Le Progrès*, une mise au point à propos d'un article paru dans les colonnes du journal, dont les propos étaient jugés inacceptables. Dans le n°644 du 11 décembre 2000, était écrit : « *Mais si on veut avoir un Ombudsman, il faudra réviser la constitution pour l'inclure et modifier les attributions de certains collègues pour les lui confier le conseil de réforme de la Fonction publique, le HCC, etc.* ».

La Médiature estime que ce passage « *risque de prêter à confusion* » car, selon le directeur de cabinet du Médiateur : « *Le conférencier n'a, à aucun moment, inscrit la révision de la Constitution parmi ses préoccupations pour faire une place à la Médiature, moins encore évoqué la disparition de certains collèges comme le Conseil de réforme de la Fonction publique ou le HCC à son profit* ».

Pour être encore plus explicite et afin d'éviter tout amalgame et mauvaise interprétation, le directeur de cabinet du Médiateur a tenu à lever toute équivoque en précisant que la Médiature « *ne peut remplacer d'autres outils tel le HCC* »[457].

Il prévient, au vu de ces exemples, qu'il serait bon de prévoir des clauses dans les statuts des institutions de médiation pour protéger les Ombudsmen. Ces deux exemples renvoient à une autre réflexion concernant le personnel de la Médiation institutionnelle si oui ou non un agent a droit à se plaindre auprès de l'institution contre l'Ombudsman.

XII.6. La recevabilité d'une plainte d'un personnel de la Médiature contre l'Ombudsman

La Médiature est une grande institution qui compte un personnel diversifié et important. De fait, des conflits d'intérêts ou d'incompréhension ne sont pas à exclure. Au moment où l'institution supposée résoudre des conflits qui lui sont externes, elle pourrait aussi faire face à un conflit interne opposant un personnel à l'Ombudsman.

En général, l'Ombudsman a les qualités qui lui permettent de résoudre également les conflits internes.

---

[457] Archives MRT, Mise au point de la Médiation nationale, n°118/PM/MN/CAB/2000, N'Djamena, 13 déc. 2000, Madjioudou Laoundam Laoumai, directeur de cabinet.

Dans le cas où le conflit déborde en raison de l'intransigeance de l'une des deux parties, le personnel peut demander l'arbitrage, voire la médiation, des plus proches collaborateurs de l'Ombudsman, tels le secrétaire général, le directeur de cabinet ou le(s) conseiller(s).

XII.7. Se saisir d'un dossier dont le Président de la République est parti prenante

Dans les statuts des Ombudsmen de type hybride où une partie des prérogatives est de combattre la corruption, la mauvaise administration, l'institution indépendante peut se saisir ou s'autosaisir d'un dossier impliquant le chef suprême du pouvoir exécutif. Il peut faire l'objet d'une enquête pouvant entraîner des recommandations en cas de failles décelées. Mais cette hypothèse n'est pas envisageable dans des pays à démocratie fragile où l'Ombudsman est directement désigné par le pouvoir exécutif.

C'est la même question que celle relative au destinataire du rapport annuel qui revient alors dans ce débat. Dans le statut de l'AOMF, il est stipulé que l'Ombudsman peut se saisir d'un dossier qui relève de sa compétence et enquêter : « *Qui a le pouvoir d'enquêter sur les plaintes et griefs qui lui sont adressés dans les domaines de sa compétence* ».

Il reste toutefois à définir les limites des compétences d'un Ombudsman. Dans des pays tels le Gabon, le Tchad, le Congo Brazzaville, la RCA, la Centrafrique, le Mali… difficile de concevoir qu'un médiateur peut se saisir d'un dossier impliquant le chef de l'État.

Généralement, l'ensemble des dispositions réglementaires statuées sur mesure, en fonction de la volonté du chef qui voulait à tout prix limiter les prorogatives de l'Ombudsman, ne lui permettent pas de se saisir ou de s'autosaisir d'un dossier impliquant le chef de l'État lui-même garant du fonctionnement de l'Ombudsman et dont la survie ne dépend que de sa volonté. Cependant, il y a des Ombudsmen qui jouissent d'une totale indépendance comme celui d'Afrique du Sud. En Ouganda, l'inspecteur général de l'État (Ombudsman) a le pouvoir d'enquêter sur toute autorité accusée de corruption sauf le chef de l'État. Ainsi, lui est-il permis : « *D'enquêter ou d'ordonner une enquête, d'arrêter ou d'ordonner l'arrestation, de poursuivre en justice ou d'ordonner des poursuites, de donner des ordres ou des instructions au cours d'une enquête, d'accéder à des locaux ou à une propriété et de les perquisitionner – d'entrer et d'inspecter ou fouiller une personne ou encore un compte bancaire ou un coffre-fort entre autres »*[458].

« L'Inspectorat du Gouvernement a été initialement créé par le Statut de l'Inspecteur Général du Gouvernement (IGG) en 1988. Cependant, avec la promulgation de la Constitution de l'Ouganda en 1995, l'Inspection du Gouvernement est désormais inscrite au chapitre 13, qui prescrit son mandat, ses pouvoirs et autres questions pertinentes.

L'Inspection du gouvernement est une institution indépendante chargée d'éliminer la corruption, les abus de pouvoir et les fonctions publiques. Les pouvoirs tels que consacrés dans la Constitution et la Loi IG comprennent : enquêter ou faire enquêter, arrêter ou faire arrêter, poursuivre ou engager des poursuites, donner des ordres et donner des instructions pendant les enquêtes; accès et recherche - entrer et inspecter des locaux ou des biens ou fouiller une personne ou un compte bancaire

---

[458] Inspection générale de l'État d'Ouganda, 2012, Attestation de formation aux pratiques d'Ombudsman, Origine de l'Ombudsman moderne, African Ombudsman Research Centre (CROA), *op.cit.*

ou un coffre-fort, entre autres » [459].

En Suède et en Finlande, le médiateur a des prérogatives lui autorisant de contrôler le fonctionnement de la justice. Non seulement il veille au bon fonctionnement de la justice mais il est également habilité à interroger un magistrat et lui infliger des amendes en cas d'erreur ou pour faute par négligence. Ce qui n'est pas le cas dans beaucoup de pays comme en France, où le magistrat peut se retrancher derrière l'obligation du secret de l'instruction, où le législateur a pris le soin de protéger les compétences du juge *contre les ingérences* du médiateur. Il convient toutefois de rappeler que les deux actions demeurent complémentaires et non exclusives, car le Médiateur «

[459] http://www.igg.go.ug/, site officiel de l'Ombudsman ougandais. Texte original en anglais traduction de google (*The Inspectorate of Government was initially established by the Inspector General of Government (IGG) statute in 1988. However, with the promulgation of the Uganda Constitution in 1995, the Inspectorate of Government is now entrenched therein under chapter 13, which prescribes its mandate, functions and powers and other relevant matters.*
The Inspectorate of Government is an independent institution charged with the responsibility of eliminating corruption, abuse of authority and of public office. The powers as enshrined in the Constitution and IG Act include to; investigate or cause investigation, arrest or cause arrest, prosecute or cause prosecution, make orders and give directions during investigations; access and search – enter and inspect premises or property or search a person or bank account or safe deposit box among others).

est saisi des réclamations dont l'objet peut n'être pas simplement juridique et dépasser l'interprétation ou l'application de la règle de droit » alors que le juge prononce et applique la loi dans sa rigueur, loin des aspects éthiques auxquels s'accroche le Médiateur.

En France, le Médiateur peut être saisi avant le juge, pendant ou après la procédure. Dans le premier cas, « *lorsque l'administration refuse de sanctionner ou de poursuivre un agent fautif, c'est le Médiateur qui pourrait saisir ensuite le juge* »[460].

Dans le deuxième cas, rien n'empêche le réclamant de saisir le médiateur pour lui demander d'intervenir pour trouver une solution à l'amiable. Le Médiateur n'intervient pas auprès du juge que s'il est question d'attirer son attention sur des « *dysfonctionnements* »[461] comme une lenteur de procédure

[460] Bouvier Vincent, Le Médiateur de la République, Une autorité indépendante au service du citoyen, op.cit.

[461] Deguergue Maryse, « Les dysfonctionnements du service public de la justice », Revue française d'administration publique, 2008/1 n° 125, p. 151-167, DOI : 10.3917/rfap.125.0151 « *les dysfonctionnements de service public de la justice recouvrent les cas de fonctionnement défectueux ou de mauvais fonctionnement, visés par les textes sans être explicités. Ils révèlent la maladministration de la justice et se traduisent diversement par des refus de juger, des retards à juger ou des mal jugés ou encore des inexécutions de la chose jugée, sans que ces dysfonctionnements soient nécessairement qualifiés de fautes (...) mais le dysfonctionnement dépasse les limites de la faute, car c'est un fait objectif qui présente l'avantage d'un terme fourre-tout, qui peut viser*

par exemple, mais auprès de l'administration mise en cause espérant retrouver une solution à l'amiable au conflit.

Dans le troisième cas, le Médiateur sans pour autant mettre en cause le verdict judiciaire, il intervient auprès de l'organisme mis en cause, en s'appuyant plutôt sur *« l'équité, ou plutôt sur l'iniquité subie par l'administré »*. Il peut aussi intervenir au profit de l'administré si, malgré le verdict prononcé en sa faveur, l'administration refuse de s'exécuter. Il enjoint « *à l'organisme mis en cause de se conformer à la décision dans un délai qu'il fixe ; si cette injonction n'est pas suivie d'effet, l'inexécution de la décision de la justice fait l'objet d'un rapport spécial publié au Journal officiel* »[462]. Le dysfonctionnement est la base de la maladministration qui « *est davantage un concept de sciences administratives qu'une notion juridique et c'est la raison pour laquelle les études qui la concernent sont peu nombreuses et presque toutes reliées à l'activité du Médiateur de la République (...) pour les médiateurs britanniques, la maladministration consiste dans « indifféremment des erreurs , des carences, des retards, des revirements, des pertes de dossiers ou des défauts de transmission entre services »*

---

[462] Bouvier Vincent, Le Médiateur de la République, Une autorité indépendante au service du citoyen, op.cit.

l'addition d'une série de comportements fautifs : négligence, retard, incompétence, inaptitude, turpitude, arbitraire ». Or, la Cour de cassation française définit, depuis 2001, le dysfonctionnement qualifiable de faute lourde »[463]. Nous allons prendre l'exemple de l'institution sud africaine qui, grâce à son statut hybride, parlementaire et indépendant, a procédé à deux contrôles sur deux dossiers financiers impliquant le Chef d'Etat.

XII.8. En Afrique du Sud

L'ombudsman en Afrique du sud est une institution constitutionnelle indépendante. On l'appelle protecteur public (Public Protector) ou *Openbare Beskermer* en afrikaans (*défenseur de la volonté du peuple*). La proximité avec le pouvoir n'a pas permis aux deux ombudsmans *Selby Baqwa et Lawrence Mushwana* de jouer pleinement leur rôle. Leur predecesseur Thuli Madonsela (2009-2016) a défrayé la chronique lorsqu'elle a contraint à la démission en 2008, le chef de la police Bheki et deux ministres accusés de corruption.

Madonsela était tellement populaire que les gens

[463] Deguergue Maryse, « Les dysfonctionnements du service public de la justice », *op.cit.*

se pressaient dans les rues pour être pris en photo avec elle. Un homme âgé lui glisse ceci : « *Personne ne fait attention à nous, vous êtes notre dernier espoir* »[464].

La protectrice publique Thuli Madonsela « *que les médias (la) surnomment Madame anticorruption* »[465] a défrayé la chronique en se saisissant de deux importants dossiers : l'un impliquant le Président de la République, Zacoub Zuma, et l'autre impliquant de hautes autorités accusées d'avoir reçu un pot-de-vin d'une société étrangère à l'occasion d'une transaction commerciale. La protectrice du citoyen a diligenté une enquête sur les aménagements de la résidence secondaire du Président et a constaté qu'il s'était servi de l'argent du contribuable pour effectuer des aménagements dans celle-ci, alors privée.

Dans un rapport d'enquête rendu public en mars 2014, malgré les pressions du gouvernement, Thuli Madonsela a jugé que le chef d'État avait profité de travaux de sécurité exorbitants réalisés par l'État pour

---

[464] http://www.lemonde.fr/international/article/2012/09/14/thuli-madonsela-mediatrice-sans-peur-et-sans-faveur_1760599_3210.html# jDxLiIjTPkjj2X2g.99

[465] *Huffington Post* du 01/04/2015, affaire bombardier, enquête corruption Afrique du sud, un texte de Timothy Sawa, Diana Swain et de Marie-Maude Denis.

s'offrir des aménagements personnels tels une piscine, un amphithéâtre, une clinique privée, un enclos pour bétail, un poulailler.

Réputée pour son indépendance, la médiatrice réclame que le président rembourse une partie des 246 millions de rands (17 millions d'euros), argent public dépensé pour sa résidence privée. *« Les travaux pour la maison de Nelson Mandela avaient coûté huit fois moins cher »*[466].

L'objectif ne doit pas être d'humilier un chef d'État mais de sanctionner tous les abus du pouvoir, la corruption et le détournement des fonds publics quelle que soit la nature de l'auteur, qu'il soit simple fonctionnaire ou dignitaire. Il s'agit de donner une bonne image de la Médiation, devant être impartiale aux yeux du peuple qui, le plus souvent, dans les pays à démocratie fragile, accuse les institutions d'être au service du pouvoir exécutif et, par conséquent, de fermer les yeux sur les abus des hautes autorités. La protectrice du citoyen en Afrique du Sud, non seulement elle s'est saisie de l'affaire impliquant le Président de la République, mais elle l'a mis en demeure de bien vouloir rembourser les frais

[466] http://xibaaru.com/people/le-president-jacob-zuma-accuse-de-depenses-somptuaires

illégalement engendrés pour l'aménagement de sa résidence qui a coûté « *246 millions de rands (17,5 millions d'euros)* »[467].

« *Elle lui donne quinze jours pour se justifier. Le président sud-africain, Jacob Zuma, est dans le viseur de la médiatrice de la République chargée de veiller au bon usage des deniers publics, en raison de travaux effectués dans sa résidence privée aux frais du contribuable. Quinze jours pour lui expliquer pourquoi il ne devrait pas rembourser une partie desdits travaux (...) Sommé de répondre, Jacob Zuma a transmis le 14 août – soit plus de quatre mois plus tard – un mémo de vingt pages au président du Parlement sud-africain, dans lequel il estime que la médiatrice a outrepassé son mandat. Il ajoute qu'il appartient à son ministre de la Police de déterminer s'il doit rembourser quoi que ce soit* »[468].

Connue désormais sous « *Nkandlagate* », l'affaire prend une tournure qui défraie la chronique internationale opposant la Médiatrice qui considère d'abus

---

[467] http://www.lemonde.fr/afrique/article/2014/08/24/le-president-sud-africain-jacob-zuma-somme-de-justifier-des-travaux-prives-payes-par -l-État_4475834_3212.html

[468] http://xibaaru.com/people/le-president-jacob-zuma-accuse-de-depenses-somptuaires/

de pouvoir, l'utilisation des deniers publics et exige le remboursement des frais illégalement engendrés et le président qui estime qu'elle a outrepassé ses prérogatives. Toutefois, la Médiatrice ne lâche pas et réplique :« *Je n'ai pu trouver dans votre rapport aucune indication que vous répondiez au contenu de mon propre rapport, que vous le commentiez et rendiez compte à l'Assemblée nationale des mesures correctives que vous avez prises ou êtes en train de prendre* »[469], a réagi la médiatrice dans une lettre qu'elle a adressée au chef de l'État (dimanche 24 août 2014).

Dans son courrier, « *la médiatrice a fixé au 4 septembre la limite permettant au président de lui répondre sur le fond* ». Après un bras de fer judiciaire, le Président Zuma a enfin cédé et a accepté les injonctions de l'Ombudsman sud-africain lorsque la Cour constitutionnelle lui a ordonné de rembourser en donnant raison à l'Ombudsman. Pour mettre fin à ce conflit, le Président a accepté de rembourser « *près d'un demi-million d'euros à l'État* »[470] et a demandé pardon à l'Ombudsman. La restitution de cette somme a été possible

---

[469] *Ibid.*

[470] http://www.rfi.fr/afrique/20160912-afrique-sud-zuma-nkandla-rembourse-demi-million-euros

grâce aux textes statuaires accordant l'indépendance de l'institution et lui autorisant d'apporter sa contribution aux autres instruments de lutte contre la corruption. Cette somme pourrait bien contribuer à l'amélioration du niveau de vie des citoyens ou au développement du pays au lieu de construire une piscine et un amphithéâtre pour le Président.

Le deuxième dossier qui a intéressé la protectrice du citoyen sud-africaine était celui d'un possible pot-de-vin : *« La Médiatrice de la République d'Afrique du Sud, Thuli Madonsela, enquête pour savoir si des 'pots-de-vin' ont été payés dans le cadre d'un projet de train de trois milliards, un contrat accordé à un consortium dont Bombardier fait partie. Bombardier assure collaborer et nie toute malversation »*.

« L'enquête de Thuli Madonsela tente de confirmer les articles de certains médias, qui ont rapporté que des commissions de plusieurs millions de dollars ont été payées dans le cadre du projet Gautrain. Un train rapide de 80 kilomètres qui relie Johannesbourg et Pretoria, et dont la construction s'est achevée en 2012 (...) En entrevue à CBC[471]*, Thuli Madonsela a déclaré qu'elle avait reçu une plainte qui jette un doute sur le*

[471] Une chaîne de télévision nationale.

remboursement de certains dépassements de coût. Elle examine maintenant l'ensemble du projet ».

Elle précise : « *Lorsqu'il y a des allégations d'ingérence politique, nous enquêtons pour savoir s'il y a des gratifications suspectes, ce que vous appelez des pots-de-vin dans votre pays* ».

« *Bombardier a refusé la demande d'entrevue de CBC. Dans un courriel dans lequel l'entreprise affirme ne pas avoir été mise au courant de la tenue d'une enquête, assure : si nous sommes invités à participer à l'enquête de la Médiatrice de la République, nous offrirons notre entière collaboration* »[472].

Le droit d'accès aux informations lui a facilité la tâche. Puisqu'il ne suffit pas seulement de se saisir d'une affaire encore faut-il avoir accès aux archives pour bien diligenter l'enquête « *Qui a accès à toute information nécessaire pour mener à bien ses enquêtes* », selon l'article 7.1 du statut de l'AOMF. On peut se permettre, par ailleurs, d'ajouter que la Protectrice d'Afrique du Sud a disposé de tout l'arsenal juridico-

---

[472] *Huffington Post* du 01/04/2015, affaire bombardier, enquête corruption Afrique du sud, un texte de Timothy Sawa, Diana Swain et de Marie-Maude Denis.

constitutionnel outre « *l'éthique de responsabilité* »[473] qui facilite *sa démarche. Michèle Guillaume – Hofnung (2007, p ; 71) disait la médiation est « un processus de communication éthique* »[474].

Les deux scandales ont fait grand bruit médiatique, obligeant le président à se justifier. La protectrice du citoyen exigeait le remboursement de l'argent public. De cet exemple nous pouvons retenir qu'il ne s'agit pas là de se servir de sa mission pour porter atteinte à l'intégrité morale du Chef de l'État ou chercher à l'humilier. La mission de l'Ombudsman est la proptection non juridictionnelle des droits fondamentaux de l'administré. Empêcher qu'il ne soit la victime d'abus d'une haute autorité, soit un Président de la République qui dilapide les ressources publiques qui doivent être normalement servis aux projets visant à améliorer la vie quotidienne de celui-ci.

L'institution Sud-Africaine est un modèle hybride (classique + droits de l'homme), et la désignation du Protecteur du citoyen (Ombudsman) se fait par le pouvoir

---

[473] Weber Max, *Essais sur la théorie de la science*, *op.cit.*, p. 15.

[474] Mrad fathi Ben, « Définir la médiation parmi les modes alternatifs de régulation des conflits », Informations sociales, 2012/2 n° 170, p. 11-19.

législatif et non par l'exécutif, avec un mandat bien défini. Qui dit droit de l'homme, entend également bonne gouvernance et lutte contre la corruption. C'est un modèle cohérent servant d'exemple à d'autres pays où la corruption est souvent dénoncée par des organisations comme Transparency International.

José Ugaz, président de Transparency International, affirme : « *L'indice de perception de la corruption 2014 montre que les abus de pouvoir des responsables politiques et des hauts fonctionnaires entravent la croissance économique et les efforts de lutte contre la corruption* »[475].

Cet exemple illustre bien l'intérêt de l'indépendance de l'Ombudsman. En effet, être désigné ou nommé par le chef de l'État suppose que celui-ci détienne le pouvoir de démettre de ses fonctions l'Ombudsman. Pour éviter de perdre son poste, l'Ombudsman administratif se voit obligé de ne pas remuer le couteau dans la plaie. Il cherche toujours « *la nécessité de compromis en certaines circonstances* »[476] et,

---

[475] http://www.transparency.org/news/pressrelease/indice_de_perceptions_de_la_corruption_2014_des_ombres_a_la_croissance

[476] Weber Max, *Essais sur la théorie de la science*, *op.cit.*, p. 115.

dans ce cas, peut être complice d'une mauvaise administration.

Dans une correspondance adressée au Président de la République, le premier Ombudsman du Tchad, Djimasta Koïbla, élevé à la dignité d'Ambassadeur du Tchad, écrit :
« *Vous saurez cependant apprécier à sa juste valeur le sentiment qui anime celui qui ne cessera de servir loyalement la République dans toutes les missions qui lui seront confiées pour la réussite de vos actions présentes et futures* »[477].

Dans un courrier, le Médiateur de la République du Tchad écrit au Premier ministre usant de termes totalement contraires à la qualité de l'Ombudsman : « *Prenant à peine le service dans les fonctions dont vous m'avez honoré, Monsieur le Président de la République et vous-même, je puis vous assurer de ma loyauté qui ne sera pas en deçà de la confiance qui m'est faite* »[478].

---

[477] Archives MNT, courrier du Médiateur national n°001/PM/MN/CAB/2001, N'Djamena, 3 janvier 2001, au Chef de l'État, objet : remerciement pour l'élévation à la dignité d'ambassadeur du Tchad.
[478] Archives MRT, Abderahman Moussa, Médiateur nNational, courrier n°09/PM/MN/CAB/2007, au Premier ministre, N'Djamena, 3 avril 2007.

Si le Médiateur tchadien agit de la sorte c'est parce que le statut ne lui garantit aucun mandat d'autant qu'il est certain que son maintien à la tête de l'institution ne dépend que du Président de la République. Dans une autre correspondance adressée au Président de la République pour demander sa promotion, il écrit : « *Je ne saurai trouver, même en y réfléchissant longtemps, de motivation autre que la fin prochaine de ma carrière administrative pour me fonder dans la présente démarche que j'entreprends avec déférence pour votre personne et vos hautes charges à la tête de l'État* »[479].

Ce n'est pas le cas de la protectrice du citoyen d'Afrique du Sud que le chef de l'État ne peut démettre de ses fonctions, bénéficiant d'une immunité législative jusqu'à la fin de son mandat. Il est cependant aussi intéressant de souligner que l'originalité de l'ombudsman renforce sa crédibilité et la confiance de l'administré en cette institution. En effet, plus l'institution est libre et indépendante, plus elle agit en stigmatisant les abus (*sans qu'elle soit troublée par des*

---

[479] Archives MRT, Abderahman Moussa Médiateur national, courrier n°021/PM/MN/CAB/2007, au Président de la République, Chef de l'État, N'Djamena, 25 mai 2007

contraintes extérieures ou des passions irrésistibles), plus aussi l'éthique de responsabilité et la motivation s'affirment.

Bref, l'exemple que nous avons pris ne constitue, à aucun moment, le bulletin de santé de l'institution en général mais celle de l'Afrique du Sud en particulier, puisque d'un Ombudsman a l'autre, on constate des dysfonctionnements, surtout l'existence de conflits de modes : « *chaque Ombudsman opère sa propre différentiation en se fondant sur...* »[480] son propre statut qui dépend en grande partie de l'évolution dans son pays de l'état démocratique, du respect des droits de l'homme et de la lutte contre la corruption.

L'expérience de l'Ombudsman sud-africain renouvelle la question de savoir si de hautes autorités de l'État peuvent confier des missions à un Ombudsman.

XII.9. Les hautes autorités de l'État et le droit de dicter des missions

Logiquement, il est de l'intérêt de l'institution d'entretenir des rapports étroits avec les hautes autorités

---

[480] Archives MRT, Abderahman Moussa Médiateur national, courrier n°021/PM/MN/CAB/2007, au Président de la République, Chef de l'État, N'Djamena, 25 mai 2007.

et, en première ligne, le chef de l'État garant de toutes les institutions. Le rapport avec les hautes autorités reflète, auprès des administrés, la crédibilité de l'institution. Mais il faut rappeler qu'un rapport étroit ne doit pas être établi au détriment de l'indépendance de l'institution. Lors de sa nomination, la Médiatrice sud-africaine a eu la confiance du Président de la République : « *faites votre travail sans peur et sans favoritisme* »[481] ce qui veut dire que si elle a réussi dans sa mission c'est parce qu'elle a eu la confiance du Chef de l'État. Ce qui induit que la confiance des autorités suprêmes est nécessaire pour que l'institution affirme son indépendance et son autonomie.

On constate, non sans difficulté, qu'en Afrique francophone, l'institution peine à évoluer en comparaison à celle des pays scandinaves et anglo-saxons. Au Tchad, la Médiature semble être chargée de missions dictées par les pouvoirs exécutifs. Elle est directement « *rattachée à la primature* »[482]. Dans un courrier adressé au Médiateur tchadien, la Primature a rappelé que

---

[481] RFI, dimanche 16 octobre 2016, Afrique midi.

[482] Archives MRT, Nagoum Yamassoum, Premier Ministre, courrier n°0825/PM/MN/CAB/CAAJDH/2000, au Médiateur national, N'Djamena, 15 juin 2000, objet : réponse à la demande de faire bénéficier le directeur de cabinet du Médiateur d'un salaire de conseiller.

l'institution était un ministère et devait jouir des mêmes prérogatives que les autres départements ministériels : « *La Médiature est considérée comme un ministère et conserve par conséquent les mêmes structures et les mêmes prérogatives que les autres départements, notamment en ce qui concerne le personnel de direction et d'exécution* ».

Dans un autre courrier adressé au Médiateur, le Premier ministre fait usage d'un langage autoritaire qui replace directement la Médiation dans un état de dépendance : « *Je vous ordonne d'effectuer de concert avec le ministre de l'Intérieur et de la Sécurité publique et la ministre chargée des Droits de l'Homme, une mission dans la région* »[483] du Kanem.

Au lieu de saisir, d'instruire ou de recommander, le Premier ministre *ordonne* au Médiateur de s'exécuter puisqu'il considère que l'institution relève de sa responsabilité, conformément aux textes en vigueur qui régissent la Médiature.

En Suède, la mission de l'Ombudsman est de «

---

[483] Archives MRT, Dr. Nouradine Delwa Kassiré Goumakoye, Premier ministre, courrier n°739/PM/CAB/CCDH/07, au Médiateur national, N'Djamena, 9 juillet 2007, objet : Conflit intercommunautaire dans la région du Kanem.

protéger les libertés et les droits des administrés face aux excès bureautiques de l'administration »[484], alors que le médiateur français, jusqu'à la réforme de 2008, ne jouait qu'un rôle d'« *intercesseur et un régulateur de l'action administrative* »[485].

Il est utile de mentionner que la majorité des institutions en Afrique francophone copie les modèles institutionnels français, sans se donner la peine de suivre le cours évolutif. Pour le nouveau texte de la loi n°031, la jeune institution tchadienne ne s'est pas privée de solliciter le concours du Médiateur de la République française. Dans un courrier adressé au Médiateur français, le Médiateur tchadien Djimasta Koïbla, a sollicité le concours technique pour l'élaboration du projet ainsi que de la restructuration des services du Médiateur : « *Ainsi, solliciterai-je votre concours technique pour l'élaboration de cette loi ainsi que de la restructuration des services du Médiateur national dans le sens de plus de performance et de disponibilité pour les usagers* »[486].

Il n'est pas mauvais de s'inspirer de l'expérience

---

[484] Delaunay Bénédicte, *Le Médiateur de la République, op.cit.*, p. 33.
[485] *Idem.*
[486] Archives MRT, courrier du Médiateur National du Tchad, n° 053/PM/MN/CAB/2000, N'Djamena, 3 juillet 2000, Djimasta Koïbla.

des autres, mais il serait souhaitable dans ce cas précis relatif à la réforme de l'institution d'élargir la collaboration à d'autres consœurs très en avance en la matière comme les institutions du Canada, d'Afrique du Sud et, surtout, de Scandinavie comme la Suède, première initiatrice de la médiation moderne.

La plupart des pays d'Afrique francophone regardent rarement les autres consœurs du monde. Dans un courrier de mise au point adressé au quotidien *Le Progrès*, le directeur de cabinet de la Médiature du Tchad reconnaît explicitement que les pays d'Afrique francophone copient les textes français : « *La Médiature (tchadienne) l'une de toutes nouvelles institutions de l'ère démocratique n'est pas partout inscrite dans la constitution. En France, au Sénégal, au Burkina Faso, au Mali... elles sont créées par une loi adoptée par le Parlement. Le Tchad s'inscrit dans cette démarche* »[487].

Rappelons que depuis 2011, la France a réformé son Ombudsman. Au Tchad, même pour le projet de construction de son nouveau siège, la Médiature n'a pas jugé nécessaire de jeter un coup d'œil en dehors de la

---

[487] Archives MRT, Mise au point de la Médiation nationale, n°118/PM/MN/CAB/2000, N'Djamena, 13 déc. 2000, Madjioudou Laoundam Laoumai, directeur de cabinet.

sphère franco-africain. Dans un courrier adressé au ministre des Infrastructures, le Médiateur, dans le souci de convaincre, a joint un organigramme inspiré des modèles malien et burkinabè : *« Ce schéma est suggéré d'ailleurs par des modèles de sièges des institutions de Médiation plus anciennes comme celles du Burkina-Faso et surtout du Mali récemment »*[488].

Or, ni l'un ni l'autre ne présente les modèles de sièges des institutions de Médiation plus anciennes. La Mediature burkinabè est créée le 17 mai 1994 par la loi organique n°22/94/ADP. Quant à l'organigramme en tant que tel, il y a une très grande différence avec ceux des deux pays cités qui placent les conseillers en rapport direct avec le Médiateur contrairement à celui du Tchad qui situe les conseillers sous l'égide du directeur de cabinet du Médiateur.

Dans le prochain chapitre, nous évoquons la dépendance politique de l'institution et la garantie protectrice de l'ombudsman.

---

[488] Archives MRT, courrier du Médiateur national, n°018/PM/MN/CAB/2007, N'Djamena, 8 mai 2007, au ministre des Infrastructures, objet : projet de construction d'un siège.

Chapitre XIII. Dépendance politique de l'institution

Depuis sa création en 1809, l'institution d'Ombudsman n'a pas manqué de subir de décisions arbitraires prises par certaines autorités à l'instar de Mali, Estonie, Centrafrique...Plusieurs garde-fous ont été envisagés et mis au point pour protéger l'institution de l'Ombudsman parmi lesquels sa constitutionnalité, son indépendance dans ses activités, la nomination de l'Ombudsman et de ses collaborateurs, l'autonomie budgétaire et le mandat. Le texte suivant fait la lumière sur les décisions arbitraires à l'encontre de certaines institutions et si l'institution peut bénéficier d'un statut protecteur.

XIII.1. La mission de l'Ombudsman au delà de la frontière nationale

Avant d'aborder la dépendance de l'institution et ses conséquences, nous allons tout d''abord se pencher sur la limite géographique de sa mission. La question qui se pose aujourd'hui est de savoir pourquoi l'institution est limitée à la gestion des conflits qui ne dépendent que du territoire national. Si ce n'est pas une stratégie pour mieux la contrôler, on pourrait, en d'autres termes, avec toute l'expérience acquise, la libérer de cette censure et la laisser évoluer même en dehors de son espace national. Des initiatives disparates encourageantes sont apparues en ce sens mais elles demeurent très limitées. L'ancien Médiateur de la République centrafricaine Monseigneur Pomodimo, aurait transgressé les textes juridico-constitutionnels pour violer un espace étranger en tentant une réconciliation entre un mouvement rebelle armé tchadien et le gouvernement. Il s'agit de Baba Ladé chef de la rébellion armée tchadienne du Front populaire pour le redressement (FPR) qui s'est réfugié en République centrafricaine, dont les hommes sont accusés de commettre des exactions contre des cultivateurs centrafricains.

« On a un cas précis : il y a eu deux armées qui sont allées pour chasser Baba Ladé [chef de la rébellion tchadienne du FPR], *mais nous, au niveau de la médiation, rien que par la force de la parole, nous avons pu non seulement faire repartir ce chef rebelle chez lui, mais nous avons également réussi à rapatrier tous ses éléments sans utiliser une fois une arme de guerre »*[489].

[489] Archives MRT, courrier du Médiateur national,

Même si la Médiation a été sollicitée par le Président François Bozizé en personne, avec l'accord obtenu difficilement de son collègue, le Président tchadien Idriss Déby, cette démarche pourrait être un exemple prouvant que l'institution doit être libérée de ses contraintes pour pouvoir franchir les frontières et se servir de son expérience pour jouer un rôle dans les conflits. En outre, il est difficile de ne pas mentionner le Burundi où l'Institution dit avoir franchi la frontière pour contribuer aux résolutions de conflits tels celui en Tanzanie : *« nous avons été appelés à maintes reprises, pour effectuer des missions de médiation dans la sous-région suite à des conflits interreligieux »*[490]. L'intercession de l'Ombudsman burundais a même été saluée par le Secrétaire général adjoint des Nations unies et Conseiller spécial à la prévention du génocide, Monsieur Adama Dieng.

Au-delà du domaine national, prenons le cas de la Belgique, où plusieurs citoyens européens se sont plaints auprès du Médiateur fédéral belge de n'avoir pas

---

n°018/PM/MN/CAB/2007, N'Djamena, 8 mai 2007, au ministre des Infrastructures, objet : projet de construction d'un siège

[490] http://www.rfi.fr/afrique/20130102-le-mediateur-centrafricain-paulin-pomodimo-bozize-seleka/

reçu de convocation de renouvellement de leurs cartes expirées, *« ils s'estimaient discriminés par rapport aux citoyens belges »* qui reçoivent automatiquement une convocation pour aller renouveler leurs cartes d'identité. Le Médiateur belge se saisit de l'affaire et conclut après avoir mené une enquête *« que rien ne s'opposait à l'extension de cette facilité aux européens »*. L'interférence du Médiateur belge aurait été possible grâce au statut de l'Union européenne qui considère que tous les ressortissants européens ont les mêmes droits dans l'espace de la communauté européenne. Il est difficile de savoir si le Médiateur fédéral belge aurait intervenu si les plaignants n'appartenaient pas à la communauté européenne. Son statut institutionnel ne lui permettrait peut-être pas d'intervenir. Toutefois, le médiateur fédéral belge avait, recommandé, *« fin 2013, au Service public fédéral (SPF) intérieur, qui fournit les cartes d'identité et donne les instructions aux communes pour les délivrer, d'élargir l'envoi des convocations aux Européens »*. Il a bien notifié de les élargir aux Européens et non à tous les ressortissants étrangers résidant en Belgique. Exécutant la recommandation du médiateur fédéral belge, les applications informatiques ont été adaptées et *« à partir de septembre 2015, tous les Européens habitant en Belgique recevront, eux aussi, une convocation pour renouveler leur carte d'identité pour étrangers avant son échéance* »[491]

Cette démarche de l'Ombudsman belge aurait corrigé ou amélioré une faille administrative qui, pourtant, s'appuie légalement sur la loi, sauf que l'Ombudsman belge aurait exclu les autres ressortissants étrangers de ce droit qui doivent, normalement, légalement, et juridiquement, profiter à tous, sans discrimination. S'agissant de la faille dans la loi, on peut la constater dans le texte suivant :« *L'article 33 de l'arrêté royal du 8 octobre 1981 sur l'accès au territoire, le séjour, l'établissement et l'éloignement des étrangers (qui) stipule en son alinéa premier que l'étranger doit demander lui-même le renouvellement entre le quarante-cinquième et le trentième jour avant la date d'expiration de sa carte d'identité pour étrangers* »[492].

Dans le texte, il est stipulé que l'étranger doit demander lui-même le renouvellement d'expiration de sa carte d'identité pour étrangers.

---

[491] http://www.aomf-ombudsmans-francophonie.org/actualites/aomf_fr_000024_actu000600.html.

[492] *Ibid.*

Dans un premier temps, les institutions concernées, en l'occurrence la Direction générale institutions et population (DGIP) et l'Office des étrangers (OE) : *« Se sont retranchés (...) derrière la réglementation qui n'impose pas de convoquer les citoyens de l'Union à l'expiration de la période de validité de leur carte d'identité pour étrangers. La DGIP relève que la convocation systématique et organisée des citoyens de l'Union pour renouveler leur carte d'identité à l'échéance nécessite la prise de mesures adéquates. Cela implique notamment des adaptations des programmes informatiques pour mettre les convocations à disposition des communes* ».

Même s'il n'y a pas « *d'obligation légale d'envoyer une convocation aux citoyens de l'Union à l'expiration de leur carte d'identité pour étrangers* », l'Ombudsman belge a estimé que : « *l'absence d'obligation ne constitue toutefois pas une raison suffisante pour ne pas convoquer les citoyens de l'Union. En effet, la législation ne prévoit pas non plus cette obligation pour les détenteurs de cartes d'identité de Belges* ».

Il a toutefois constaté qu'il existe un traitement inégal, il a recommandé de remédier à cette faille administrative et d'étendre la procédure aux ressortissants de l'Union européenne.

Enfin, l'OE et la DGIP ont décidé de souscrire à cette recommandation et de « *l'étendre au renouvellement des cartes d'identité de tous les ressortissants étrangers* »[493]. Néanmoins, un traitement encore inégal demeure tant que tous les étrangers (en dehors de l'Union européenne) ne sont pas concernés par cette mesure administrative. Il est donc intéressant de chercher à comprendre auprès du Médiateur fédéral belge pourquoi la mesure n'a pas été étendue à tous les étrangers.

XIII.2. La garantie protectrice de l'OmbudsMédiateur

La constitution à elle seule ne peut pas servir de garantie mais elle est la base de garantie de tout État de droit. *« Elle est la Charte suprême qui régit les droits, les obligations, les libertés et les règles tant des citoyens que des institutions nationales. Les normes constitutionnelles sont les normes supérieures auxquelles les normes juridiques légales et infra-légales*

[493] http://www.aomf-ombudsmans-francophonie.org/actualites/aomf_fr_000024_actu000600.html.

doivent se conformer »[494].

Cette panoplie de protections est l'œuvre de la majorité des institutions et associations des Ombudsman/Médiateurs qui espèrent garantir une indépendance et *une assurance-vie* de l'institution contre les caprices *climatologiques* de la politique.

Mais, dans certains pays, non seulement, on cherche à enfreindre la mission de l'institution, mais on n'hésite pas – pour un oui ou pour un non – à démettre de ses fonctions l'Ombudsman, voire dans certains cas, supprimer purement et simplement l'institution : *« Les responsables sont en effet enclins à tordre ou à contourner les lois, voire à s'en débarrasser si cela peut leur être bénéfique sur le plan politique ou économique* »[495]. Ainsi, l'institution est-elle soumise à deux types de suppression : le premier type est direct, visant immédiatement et spécifiquement l'institution comme dans le cas de la RCA. Concernant le second type, il s'agit d'une suppression indirecte lorsque le pays est victime d'un coup d'État militaire

---

[494] Thème général de la réunion des médiateurs de la zone Afrique centrale, N'Djamena, le 30 mars 2015, 9 pages.

[495] http://m.ledevoir.com/?utm_source=emailcampaign105&utm_medium=phpList&utm_content=HTMLemail&utm_campaign=Bulletin+du+C%C3%89RIUM+-+27+ao%C3%BBt+2015#article-448454

à la suite duquel les putschistes rayent la constitution comme cela a été le cas au Burkina Faso, au Mali, en Guinée... Certains Ombudsmen pensent que c'est un coup de force qui doit être non seulement condamné mais combattu par la désobéissance civile, ainsi que l'estime Toumar Nayo : *« la prise de pouvoir est un coup de force et certaines constitutions prévoient que dans ce cas, le peuple a droit à la désobéissance civile »*[496]. L'institution constitutionnelle se trouvant dans ce cas de suppression indirecte ne peut pas être fonctionnelle.

XIII. 3. Le cas du Médiateur de la Centrafrique limogé par le Chef de l'État

La République Centrafricaine a subi de plein fouet une suppression directe par le limogeage de son Médiateur en pleine crise politico-militaire du pays. Cet acte a traumatisé les organisations des Ombudsmen et Médiateurs qui ont eu le sentiment de ne pas se sentir en sécurité. Elles estiment que c'est là un préjudice, du fait même qu'un Ombudsman est arbitrairement limogé. *« Des institutions ont vu leurs pouvoirs restreints par des modifications – unilatérales –, à la loi constituant leur*

---

[496] MR. 3e Conférence des médiateurs de l'Afrique centrale, contribution de Toumar Nayo, directeur de cabinet du Médiateur de la République du Tchad, le 31 mars 2015, pp. 1-10.

institution... d'autres encore ont vu leurs institutions bâillonnées et leur titulaire menacé – voire victime – de sérieuses représailles »[497].

Il faut rappeler que la délégation tchadienne au « *Congrès de l'AOMF à Dakar en novembre 2013* », a initié et fait voter un projet de résolution demandant aux autorités de la transition, à Bangui, de réhabiliter le Conseil national de médiation.

XIII.4. L'affaire Monseigneur Paulin Pomodimo (source AFP)

L'ancien archevêque de Bangui, Monseigneur Paulin Pomodimo, alors âgé de 55 ans, a été nommé médiateur de la République en remplacement d'Abel Goumba, décédé le 11 mai à l'âge de 82 ans, selon un décret présidentiel diffusé à la radio nationale. Mgr Pomodimo avait démissionné au mois d'avril de son poste d'archevêque après que le Saint-Siège a dénoncé le « *manque de chasteté* » de certains prêtres et évêques de Centrafrique et demandé à ceux qui menaient une « *double vie* » de quitter le ministère sacerdotal. Selon la

[497] Raymonde Saint-Germain, protectrice du citoyen du Québec, présidente de l'AOMF, Allocution lors de l'ouverture du IXe Congrès de l'Association des ombudsmans et médiateurs de la francophonie (AOMF), 13-15 octobre 2015, Québec, 3 pages.

Constitution centrafricaine, le Conseil national de Médiation doit être *« dirigé par une personnalité indépendante »* et *« a pour mission principale, l'amélioration des relations entre les citoyens en vue de protéger et de promouvoir les droits des citoyens ».*

Le Conseil national de Médiation de Centrafrique peut : *« Recevoir les réclamations des citoyens et proposer des réformes en vue* de traiter *'des conflits de tous ordres, notamment politiques, économiques, sociaux, militaires majeurs impliquant l'administration et les administrés, de garantie de la démocratie de proximité, et d'accès des faibles au droit', selon la Constitution »*[498].

A la surprise générale, le Président de la République, François Bozizé, signe plusieurs décrets présidentiels, pris le 13 février 2013, pour démettre de leurs fonctions plusieurs hauts responsables d'institutions de la République, parmi lesquels *« Mgr Paulin Pomodimo, ancien archevêque de Bangui, président du Conseil national de Médiation »*[499]. Le Médiateur de la République centrafricain a appris la nouvelle à la radio de manière peu originale comme toute autre personne. Pour

---

498 http://centrafrique-presse.over-blog.com/article-35392705.html.
499 http://www.journaldebangui.com/article.php?aid=4087.

le Président de la République, *« le mandat de Mgr Paulin Pomodimo s'était achevé en 2011 »*. Parmi les personnalités institutionnelles limogées, se trouvent également : *« Le président de la Cour constitutionnelle et d'autres responsables d'institutions républicaines dont les mandats avaient expiré, et qui ont été démis de leurs fonctions. Marcel Malonga Ngueremangou et la vice-présidente, Damienne Nanaré, qui disposaient d'un mandat de 7 ans non renouvelable et expiré depuis septembre 2012, s'en vont. Les décrets présidentiels concernent également Mgr Paulin Pomodimo, ancien archevêque de Bangui, président du Conseil national de la Médiation, dont le mandat s'était achevé en 2011, Martin Baba, président du Conseil économique et social qui aurait dû quitter son poste en 2012 »*[500].

Restons sur le cas du Médiateur centrafricain en rapport avec le thème de notre recherche. Ce limogeage brusque d'un Médiateur en fonction est qualifié d'arbitraire par les associations des Ombudsmen et Médiateurs comme l'AOMA, l'AOMF… qui, désormais, cherchent les moyens de se prémunir contre de telles brutalités. Le mieux est aussi de voir l'affaire

[500] *Ibid.*

du limogeage sous tous ses angles, de l'étudier, de l'analyser correctement et minutieusement avant de porter toute la responsabilité sur le chef d'État. Mgr *Pomodimo* qui s'était accroché à son poste alors que son mandat avait pris fin depuis 2011 n'avait peut-être pas cherché à légaliser son mandat.

Contrairement à ce que pensent les associations et institutions d'Ombudsmen, le constitutionnaliste centrafricain, Jean-Marie Kangba, estime que l'acte présidentiel ayant démis le Médiateur centrafricain de ses fonctions est légal : *« Il faut voir dans ces décrets un acte légal, conforme à la constitution mais qui n'est pas intervenu dans le temps, parce que les responsables de ces institutions devraient déjà être remplacés (...) Maintenant, que cache un tel acte en cette période de transition ? »*[501].

Certains médiateurs choisissent la cohabitation avec les hautes autorités de leur pays qui procèdent à la nomination des proches politiques. *« Il ne faudrait pas qu'on trouve là l'occasion de nommer des gens triés sur le volet pour les mettre à la place de ceux qui sont partis »*, a pour sa part dit Gabriel-Jean Edouard

---

[501] http://www.journaldebangui.com/article.php?aid=4087.

Koyambounou, vice-président du Mouvement de libération du peuple centrafricain (MLPC), redoutant une « *tentative de Bozizé d'installer des proches à ces postes-clés* »[502]. C'est d'ailleurs la tendance de certaines

autorités de coopter des personnes qui répondent à leurs vœux, qui acceptent de se soumettre et de soumettre l'institution; ce qui la dévie de ses principaux objectifs. Ainsi, la question du constitutionnaliste centrafricain Jean-Marie Kangba est-elle justifiée : « *que cache un tel acte en cette période de transition ?* ». Cette interrogation motive un approfondissement de l'analyse, en jetant un regard rétrospectif sur cette histoire de limogeage du Médiateur centrafricain. On constate les faits suivants : mi-décembre 2012, une rébellion armée dénommée *Séléka* (coalition en langue Sangho) menaçait le régime du Président François Bozizé, et avançait vers la capitale Bangui. Après un accord signé le 11 janvier 2013, à Libreville, au Gabon, « *rebelles et pouvoir ont finalement accepté de participer à un gouvernement d'union nationale. Le Premier ministre Nicolas Tiangaye, nommé le 17 janvier 2013 est issu de l'opposition. Conformément à l'accord de paix, il est chargé de*

---

502 *Ibid.*

conduire le pays vers des législatives anticipées d'ici un an, tandis que François Bozizé a obtenu de rester au pouvoir jusqu'à la fin de son mandat en 2016 »[503]. C'est le moment où le Président

de la République attend de ceux qu'il avait nommé aux postes clés de l'État (institutions) de manifester leur soutien. En clair, ils doivent prendre parti en condamnant publiquement la rébellion et en soutenant le Président de la République. Mais c'était sans compter sur la position de Mgr Pomodimo, ancien archevêque de Bangui, devenu Médiateur de la République, connu pour son franc parlé car le médiateur est « *une voix indépendante prônant l'équité* »[504]. Dans une interview à Radio France Internationale (RFI), Monseigneur Pomodimo a exprimé sa tristesse pour ce qui se passe en Centrafrique et a, quelque part, rejeté la responsabilité sur l'État : *« Je suis vraiment triste pour ce qui arrive à mon pays. Il y a comme une sorte de fatalité qui fait que pratiquement tous les dix ans, on est rattrapé par des*

crises du même genre (...) Il faut qu'un jour on ait le courage d'aller jusqu'à la racine des maux qui touchent

---

[503] *Ibid.*
[504] Association des ombudsmans des universités et collèges canadiens, Boîte à outils de l'AOUCC, *op.cit.*

notre pays dans la manière dont nous gérons les rébellions chez nous. Prenons d'abord cette crise actuelle. Il y a un an de cela, j'avais sillonné cette partie septentrionale du pays d'où est partie la rébellion actuelle par une sorte de caravane de réconciliation. Lorsque je suis revenu de ce long périple, j'avais retenu qu'il fallait qu'on aille tout de suite organiser l'opération de désarmement. Cela a pris un peu de temps. Il aurait fallu qu'on agisse vite, mais j'ajoute tout de suite que la faute ne revenait pas seulement aux autorités de Centrafrique. Parce que, à l'époque, on savait qu'il fallait beaucoup d'argent pour cela. Les partenaires qui nous aident souvent n'ont pas compris l'urgence ».

Mgr Paulin Pomodimo s'est exprimé en tant que médiateur, dont le rôle est d'être impartial et de tenter de jouer l'intercesseur entre les parties en conflit. Il a qualifié les rebelles de Seleka de *« frères fâchés »* alors que le général François Bozizé les considérait officiellement comme des ennemis, des mercenaires, des islamistes.

« Je voudrais m'adresser à mes frères fâchés de la Seleka. Lorsque que quelqu'un prend des armes au bout de sa colère, c'est parce que cette personne a

l'impression de ne pas se faire entendre suffisamment. Aujourd'hui, ça n'est plus le cas pour la Seleka parce que les revendications sont entendues par la communauté internationale et par la communauté régionale, par la CEEAC. Cette dernière leur tend une tribune inespérée. On leur demande d'aller à Libreville pour parler des problèmes qui sont les leurs ».

Pour François Bozizé, s'il y a une issue de négociations avec ses ennemis celle-ci devra découler de sa volonté et non de celle de la communauté régionale, la CEEAC, comme l'a souligné Mgr Paulin Pomodimo qui n'a pas mâché ses mots en envisageant déjà le renversement du Président de la République par les rebelles et la prise du pouvoir : « *On ne peut pas gouverner un pays comme le nôtre, qui est terriblement enclavé, en se dressant contre les États voisins de l'Afrique centrale. Ce n'est pas possible de prendre le pouvoir à Bangui et puis de se dresser contre les États d'Afrique centrale. Ce n'est pas possible* »[505].

Puis l'ancien archevêque de Bangui a établi un parallélisme avec le général François Bozizé : « *Qui avait*

---

[505] http://www.rfi.fr/afrique/20130102-le-mediateur- centrafricain-paulin-pomodimo-bozize-seleka/

(lui-même) renversé (militairement en mars 2003) le président Ange-Félix Patassé »[506]. *« A l'époque, on m'avait demandé de créer un espace de dialogue lorsque Bozizé arriverait par la rébellion, toujours par la même voie, à partir du Nord. Alors, aujourd'hui, je peux dire en toute humilité que l'on n'avait pas à réussir puisque le camp Bozizé à l'époque avait le choix de rentrer à Bangui et de prendre le pouvoir. Est-ce que c'était bien ? Est-ce que ce n'était pas bien ? Je crois que la mission de la médiation n'est pas de juger »*[507].

Le Médiateur n'ignorait pas que le Président Bozizé se préparait à la guerre en faisant appel à une intervention militaire sud-africaine, non seulement pour sauver son pouvoir désormais menacé, mais également pour mater la rébellion armée. Pour lui, il ne sert à rien de négocier d'autant que les rebelles veulent à tout prix le renverser pour s'accaparer le pouvoir. Dans ce cas précis, dans la même interview accordée à RFI, Mgr Pomodimo recommande aux deux parties de privilégier le dialogue : *« Il y a un certain nombre de choses que l'on peut parfois obtenir plus par la force des arguments que par le*

---

[506] http://www.jeuneafrique.com/depeches/94046/politique/centrafrique-le-mediateur-de-la-republique-tente-de-sauver-les-elections/

[507] http://www.rfi.fr/afrique/20130102-le-mediateur-centrafricain-paulin-pomodimo-bozize-seleka/

fracas des armes ».

Illustrant ainsi ses propos : *« On a un cas précis : il y a eu deux armées qui sont allées pour chasser Baba Ladé [chef de la rébellion tchadienne du Front populaire pour le redressement (FPR) ndlr], mais nous, au niveau de la médiation, rien que par la force de la parole, nous avons pu non seulement faire repartir ce chef rebelle chez lui, mais nous avons également réussi à rapatrier tous ses éléments sans utiliser une fois une arme de guerre »*[508].

Voilà les déclarations d'un Ombudsman impartial connu pour son rôle dans les résolutions de conflits en République Centrafricaine. Il a peut-être trop dérangé l'administration. M. Le Grand résume : « *l'Ombudsman doit déranger l'administration, faute de quoi son existence serait inutile ; mais il ne doit pas la déranger trop, faute de quoi son activité s'avérerait vite impossible* »[509]. Sans vouloir faire de son parcours professionnel un thème central de notre étude, il est nécessaire de prendre un exemple sur le rôle qu'il a joué pour sauver les élections dans son pays : *« Le 13 janvier 2010, les partis*

---

[508] *Ibid.*

[509] Bousta Rhita, Contribution à une définition de l'Ombudsman », *op.cit.*

d'opposition membres de la coalition dénommée l'Union des forces vives de la nation (UFVN), ceux des partis modérés réunis au sein de l'entité appelée les 'Autres Partis', et l'ex-rébellion de l'APRD, ont suspendu leur participation exigeant la démission du président de la CEI, le Pasteur Joseph BINGUIMALE qu'ils jugent 'partial' (...) Ils ont également exigé la dissolution des comités locaux de la CEI mis en place, selon eux, sans tenir compte des quotas de représentativité. Créée fin août (2009), la CEI a été installée en octobre. Elle doit normalement organiser les élections présidentielle et législatives en Centrafrique...Ces scrutins doivent normalement se tenir avant fin avril 2010 selon les délais constitutionnels »[510].

Le Médiateur de la République Monseigneur Paulin Pomodimo : *« a négocié avec des représentants du pouvoir et de l'opposition, des rebelles et la société civile pour tenter de sauver le processus électoral, après le retrait de l'opposition de la Commission électorale indépendante (CEI)* »[511].

En voulant sauver le processus électoral, et en

[510] http://www.jeuneafrique.com/depeches/94046/politique/centrafrique-le-mediateur-de-la-republique-tente-de- sauver-les-elections/
[511] *Ibid.*

affichant des positions peu partiales à l'égard de la rébellion armée qui gagnent du terrain, Monseigneur Paulin Pomodimo aurait été victime de son succès. Toutefois, Bozizé a justifié sa destitution par le fait qu'il a achevé son mandat de Médiateur depuis 2011 ! Ainsi que nous l'avons déjà souligné, cette destitution a créé une sorte de malaise au sein des institutions des Ombudsman/médiateurs qui estiment que l'institution n'est pas protégée.

« Le Conseil national de Médiation en Centrafrique a cessé d'exister au grand dam du pays, privé d'un instrument précieux de conciliation à un moment où on en a le plus grand besoin. Cela nous amène à nous interroger sur la réalité de la constitution et de son autorité »[512].

Dans son allocution d'ouverture de la 3e conférence des Ombudsman/Médiateurs de l'Afrique centrale qui s'est tenue à N'Djamena les 30 et 31 mars 2015, le Médiateur de la République du Tchad, M. Bachar Ali Souleymane s'est montré d'un avis très tranché dans ses propos concernant cette destitution allant jusqu'à

---

[512] MR. 3e Conférence des Médiateurs de l'Afrique Centrale, contribution de Toumar Nayo, *op.cit.*, pp. 1-10.

demander la réhabilitation de la Médiation centrafricaine : *« Les événements de Centrafrique sont pour la coordination d'Afrique Centrale un grave sujet de préoccupation. Ils apportent la preuve que la médiation ne saurait exister sans la démocratie. Lorsque la démocratie a trébuché, l'institution d'accompagnement qu'est la médiation en fait les frais alors que son maintien aurait contribué d'une part à trouver des pistes de sortie de crise et d'autre part à reconstituer le tissu social »*[513].

Il convient de le souligner que les institutions de médiation ne disposent pas des véritables moyens de pression pour envisager des mesures de protection contre les suppressions directes et indirectes de l'Ombudsman par des autorités ayant des appareils politico-juridiques à leur service. Nous estimons qu'en dehors des protestations, des condamnations et des résolutions… les institutions d'Ombudsman n'ont d'autre recours que d'œuvrer au renforcement de la démocratie, seule voie pouvant protéger l'Ombudsman de toute décision arbitraire. *« On peut se demander quelle leçon tirer des crises comme en RCA ? Sans doute a-t-on besoin de quelques adaptations qui contribueraient à rénover*

---

[513] *Ibid.*

l'institution de médiation[514], s'est interrogé le Médiateur de la République du Tchad, lequel reconnaît l'impuissance des institutions pour empêcher ce qui est arrivé car elles n'ont pas le pouvoir de prendre des décisions exécutoires et imposantes, et elles « *n'arbitrent pas non plus les différends*[515] », mais appelle à prendre des initiatives : *« Notre coordination demeure interpellée par la situation en République Centrafricaine. Elle n'a certes pas les moyens d'empêcher ce qui est arrivé mais elle ne saurait cautionner ce recul (...) Il serait particulièrement indiqué que notre présente rencontre prenne de nouvelles initiatives par rapport à la RCA »*[516].

---

[514] *Ibid.*

[515] Association des ombudsmans des universités et collèges canadiens, Boîte à outils de l'AOUCC, *op.cit.*

[516] MR. 3e Conférence des Médiateurs de l'Afrique Centrale, Allocution de Monsieur le Médiateur de la République du Tchad Bachar Ali Souleyman, *op.cit.*

XIII.5. La Constitution et la protection institutionnelle

L'exemple de la République centrafricaine nous amène à nous demander si, réellement, la constitutionnalisation de l'institution de l'Ombudsman est une *Assurance-vie.*

« Si la constitution venait à disparaître au gré des circonstances anticonstitutionnelles, il y a là de quoi s'interroger sur le sens du printemps démocratique en Afrique », s'est interrogé le Médiateur de la République du Tchad en soulignant que *« l'option démocratique dont s'inspirent et se nourrissent les institutions de médiation suppose des fondements juridiques stables. La constitution des pays est censée offrir cette garantie de stabilité hormis les cas de révision sous certaines conditions »*[517].

La plupart d'organisations des Ombudsman (AOMA, AOMF, IIO...) même si elles n'exigent pas fermement de constitutionnaliser l'institution de l'Ombudsman, le recommandent. L'AOMF va plus loin en rejetant la demande de toute adhésion d'une institution inconstitutionnelle. Une de ses clauses stipule que l'anti-

---

[517] *Ibid.*

constitutionnalité ôte à tout membre le droit de voter et, par conséquent, il doit être un membre associé, en quelque sorte observateur, sans avoir le droit de voter. Cette recommandation de constitutionnalité n'a peut-être pas une valeur alors qu'il arrive à une autorité de procéder à la suppression, d'un trait de plume, de l'institution constitutionnelle comme c'était le cas en République centrafricaine ? Si on sait que dans certains pays, même la Constitution n'a pas de valeur, difficile de garantir l'Ombudsman. *« Du point de vue juridique, la constitution demeure la norme supérieure en droit interne (...) Etant elle-même à la merci des crises, elle n'offre pas la sécurité juridique que recherchent les institutions dans la constitutionnalisation »*[518].

La constitution est la vitrine de l'État de droit et de la démocratie, estime Toumar Nayo : *« Par bien des aspects, la constitution, à travers ses dispositions est la vitrine de l'État de droit et de la démocratie. Elle est, à peu près respectée et stable dans les démocraties occidentales. Elle peut l'être dans nos pays à condition que la volonté de démocratisation transcende les*

---

[518] MR. 3e Conférence des Médiateurs de l'Afrique Centrale, contribution de Toumar Nayo, *op.cit.*, pp. 1-10.

pesanteurs qui la neutralisent ».

Toutefois, *La question de l'assurance et de la protection de l'Institution se pose sérieusement et le débat sur ce sujet est loin de se clore. Ce qui amènera à se demander si la constitutionnalité de l'Ombudsman offre une assurance vie ? Le doute plane sur cette assurance .*

XIII.6. Les mesures protectrices de l'Institution

Au vu de ce qui a été brossé concernant la Médiation de la République en Centrafrique, les institutions sœurs s'inquiètent sérieusement et s'emploient à la recherche de garde-fous les protégeant, mais sans savoir exactement par où commencer.

On peut dire que le respect de la constitution fait partie des critères de maturité politique d'un peuple. La banalisation de la constitution qu'on peut suspendre, modifier et remplacer au gré des hommes qui arrivent au pouvoir d'une manière ou d'une autre, fait perdre à celle-ci l'autorité qu'elle est censée avoir pour garantir la pérennité souhaitée aux institutions qui y ont la source de leur création. Quant à l'avenir de l'institution de médiation, la réflexion qui s'impose doit tendre à trouver une formule qui lui permette de survivre dans la phase où le pays est plongé dans le chaos.

Dans son allocution d'ouverture à l'occasion de la troisième réunion des Médiateurs d'Afrique centrale qui s'est tenue à N'Djamena, du 30 au 31 mars 2015, le Médiateur de la République du Tchad a souligné la nécessité d'harmoniser les positions des uns et des autres pour apporter des amendements aux statuts de l'Association des Ombudsman et Médiateurs africains AOMA : *« Nous aurons aussi au cours de cette troisième rencontre à harmoniser nos positions en ce qui concerne les amendements à apporter aux statuts de l'AOMA* ».

La suppression de la Constitution n'est pas propre à un pays précis, issue d'un coup de force. Dans presque tous les pays du Monde où le pouvoir est obtenu par la force, la Constitution est impérativement abrogée. En somme, comment les institutions d'Ombudsman peuvent-elles s'organiser pour se protéger d'une probable suspension alors que même la Constitution ne serait pas à l'abri d'une suppression brutale et arbitraire. Des propos très modérés sont utilisés par les Ombudsmen pour exprimer leur mécontentement. Mais sans froisser toutefois les Chefs d'État qui ont le dernier mot sur la survie de l'Institution.

En tout état de cause, la seule assurance vie pour l'institution est d'œuvrer, en premier lieu, à la protection tout d'abord de la Constitution mais cela n'est possible que si le pays est doté d'une réelle démocratie et au sein de laquelle est possible une véritable liberté d'expression, pluralisme et multipartisme politique, élections libres et transparentes, bref un État de droit. Tant qu'on ne commence pas par le renforcement de la base, rien n'augure de l'avenir pour une institution dans des pays où les plus hautes autorités veulent tout contrôler. La démocratie c'est l'État de droit qui constitue une meilleure protection à toutes les institutions.

« En adoptant la démocratie comme mode de régime politique, les dirigeants concèdent par la même leur volonté de faire de chacun de leur pays, un État de droit. Le concept d'État de droit s'analyse comme un mode d'organisation humaine mettant la personne au cœur des décisions des autorités publiques. C'est le même souci qui conduit à faire de l'outil constitutionnel un dogme autour duquel est organisé l'État de droit »[519].

Certes, la seule solution est de faire en sorte que

[519] Thème général de la réunion des médiateurs de la zone Afrique centrale, *op.cit.*

tous les efforts des institutions soient unis pour renforcer l'État de droit. Il semble opportun de signaler une fois de plus que l'État de droit renforcé, démocratisé, sert de combinaison au système institutionnel : « *L'État est le lieu de combinaison du système institutionnel et des autres systèmes sociaux, système d'action historique, système des classes, systèmes organisationnels* »[520].

Bien entendu en dehors de cette règle de renforcement de l'État de droit, nous ne pensons pas qu'il existe d'autre issue pouvant protéger l'institution de l'Ombudsman qui va continuer à subir, pendant quelques temps encore, les revirements imprévisibles et incontrôlables des tenants du pouvoir politique. La protectrice du citoyen du Québec disait :

« *Nous savons que ce chemin est parsemé d'embûches, nous l'emprunterons jusqu'à ce qu'il nous mène au respect des droits partout pour tous et pour toutes* »[521].

Ce passage nous amène à chercher à savoir de qui relève le contrôle des activités de l'Ombudsman.

---

[520] Durand Jean-Pierre et Weil Robert, *Sociologie contemporaine*, Paris, éd. Vigot, 2006, p. 250.
[521] Saint-Germain Raymonde, *op.cit.*

XIII.7. Le contrôle des activités de l'ombudsman

Il est intéressant de savoir si les activités de l'Ombudsman sont, à leur tour, contrôlées ou supervisées. Certes, la tâche doit logiquement dépendre d'une institution habilitée professionnellement d'effectuer de contrôle. Dans le statut de l'institution originel, il est souvent stipulé qu'un Ombudsman jouit, généralement, d'une immunité professionnelle et comme c'est la bonne gouvernance qu'il défend, sa structure ne doit surtout pas échapper au contrôle puisqu'il faut donner de l'institution un bon exemple voire une bonne image aux administrés. D'entrée de jeu, si la nomination de l'ombudsman doit relever de la compétence du parlement, il serait logique qu'il revienne à la même structure créatrice de contrôler ses activités étant donné qu'elle est représentative de plusieurs entités sociopolitiques émanant du peuple dans sa diversité. Ou alors le Conseil d'État s'en occupe. Selon le nouveau projet de loi de la Médiature du Tchad (2017), la faute est constatée par un collège présidé par la Cour Suprême, le conseil constitutionnel et la Cour de comptes : *« la faute grave est constatée par un collège saisi par le Président de la République. Ce Collège est présidé par le Président de la*

Cour Suprême assisté les Présidents du Conseil Constitutionnel et de la Cour des Comptes »[522]. En 2000, la Médiature du Tchad a fait l'objet d'un contrôle qui n'a pas visé sa gestion mais s'est limité à la vérification de l'effectivité des agents. C'était une commission dénommée *« programme de déroulement de l'opération de Vérification des effectifs des agents de l'État »* qui est passée au siège de la Médiation *« le 28 mars 2000 »*[523]. Aux Pays- Bas, c'est un Bureau national de médiation judiciaire créé par une loi institutionnelle en 1999 qui a pour mission *« de garantir le service et de contrôler la qualité des prestations lorsqu'il y a un renvoi vers des médiateurs externes »*[524].

Avant de conclure notre travail, nous cherchons à savoir si l'institution de médiation telle qu'initiée en 1809 ne mérite pas une réforme en profondeur. L'Espagne, le Portugal et la France ont toutefois évolué chacun de son côté dans une réforme faisant de l'institution *un human right ombudsman* plus hybride. En ce qui concerne le

---

[522] LOI N°/PR/2017, Instituant le Médiateur de la République, CHAPITRE I: DISPOSITIONS GENERALES, article 4.2

[523] Archives MRT, Ministère de la Fonction publique du travail, de la Promotion de l'emploi et de la Modernisation, n°026/MFPTPEM/CESRAP/2000, N'Djamena, le 14 mars 2000.

[524] Battistoni Éric, « Le développement des médiations en Europe », *op.cit.*

Tchad, le projet de réforme des institutions a proposé la suppression purement et simplement de l'institution et affecter ses attributions à la Commission nationale des Droits de l'homme (la CNDH). On n'est pas en mesure de comprendre d'une manière affirmative ce qui a motivé le comité technique d'appui aux réformes institutionnelles de proposer la suppression de la Médiature.

Dans son Rapport final le Comité technique d'appui aux réformes institutionnelles (novembre 2017), il a été notifié « *la suppression de la Médiature et le transfert de ses compétences à l'Exécutif, à la CNDH et aux instances locales* »[525]. Trois raisons ont conduit le comité technique d'appui aux réformes institutionnelles à se poser la question du maintien de l'institution :

1. Avec le retour de la paix, la mission du Médiateur telle que conçue au départ est vidée en grande partie de son contenu.
2. L'intervention des parlementaires dans les conflits intercommunautaires aux côtés des autorités territoriales a, pour ainsi dire, relégué au second plan les activités de cette institution ; ce qui pose

[525] Le Rapport final du comité technique d'appui aux réformes institutionnelles, novembre 2017, (3/ page 30), 209 pages.

la question de son maintien.

3. Aussi, compte tenu de la conjoncture économique du pays et de la nouvelle forme de l'État à venir, il apparait judicieux de supprimer la Médiature et de transférer ses attributions à l'exécutif, à la Commission nationale des droits de l'homme (CNDH) et aux instances locales.

Afin de ne pas se laisser enfermer dans la première impression, pessimiste et assez stérile, il a été question d'engager avec beaucoup de hauteur, dans une vaste réflexion sur le sens et l'objectif de la réforme institutionnelle qui balaie l'institution. Et c'est pourquoi, le meilleur est d'effectuer des recherches sur l'institution à l'échelon universel, et en cherchant tout d'abord de savoir la logique sur laquelle se sont basés les réformateurs pour proposer la suppression purement et simplement de la Médiature de la République. Il convient toutefois de rappeler que l'instauration d'un Médiateur n'a toujours pas été chose facile qu'il soit au Tchad ou ailleurs, où il est, soit considéré de concurrent, ou d'un organe de plus. Partout, les débats font rages sur l'instauration et les attributions d'un ombudsman. Certains détracteurs[526] estiment qu'il n'a pas d'utilité étant donné que sa mission est déjà assurée par le juge administratif. « *Eu égard à la place prépondérante de leurs tribunaux administratifs* »[527], les pays de l'Europe de l'Ouest ne voient pas la nécessité d'instaurer un Ombudsman, contrairement aux États de la Common Law qui encouragent l'instauration d'un ombudsman pour « *permettre un meilleur équilibre entre les droits des citoyens et le pouvoir de la Couronne* »[528]. Le professeur Gaston Jèze n'est pas de cet avis et considère que cette voie de droit est « *la plus merveilleuse création des juristes, l'arme la plus efficace, la plus économique, la plus pratique qui puisse exister au monde pour défendre*

---

[526] « Il est clair que certains détracteurs ne voient pas la nécessité d'une institution de médiateur. *« loin de faire l'unanimité au sein de la doctrine, l'institution de l'ombudsman est parfois décriée par certains auteurs en raison de son caractère superfétatoire. Selon ses détracteurs, cette institution d'origine scandinave n'apporterait rien de plus à nos systèmes institutionnels de garantie, lesquels se distinguent, à l'inverse de la Suède ou du Québec, en raison d'une protection de l'individu reposant essentiellement sur la figure du juge. Relayées par une partie de la classe politique, ces positions doctrinales conduisent, de toute évidence, à s'interroger sur la pertinence de la justification contemporaine de l'ombudsman à l'aune de l'insuffisance des mécanismes classiques de protection des droits fondamentaux ».* Löhrer Dimitri, La protection non juridictionnelle des droits fondamentaux en droit constitutionnel comparé, Institut universitaire Varenne, Collection des thèses n° 95, édition 2014, p.62, 891 pages

[527] Bousta Rhita, Contribution à une définition de l'Ombudsman », Revue française d'administration publique, 2007/3 n° 123, p. 387-397. DOI : 10.3917/ rfap. 123.0387

[528] Bousta Rhita, Contribution à une définition de l'Ombudsman », *op.cit.*

les libertés »[529]

A titre de rappel, en 1993, le besoin d'un mécanisme de gestion des conflits s'est fait sentir, après une période noire dans l'histoire du Tchad marquée par une instabilité anarchique et dictatoriale (1978 – 1990). C'est pourquoi, il a été décidé de créer, sur recommandation de la conférence nationale souveraine (CNS-1993), une institution de médiation. La mission principale de ladite institution était de jouer un rôle dans la réconciliation nationale entre les mouvements politico-militaires et l'État. La question se pose sur son utilité, sa suppression ou sa réforme. Fallait-il la supprimer et attendre le jour où il y aura des conflits pour la récréer ou la réformer pour renforcer ses compétences et faire d'elle une institution gestionnaire curative, préventive et préemptive des conflits.

---

[529] Löhrer Dimitri, *la protection non juridictionnelle des droits fondamentaux en droit constitutionnel comparé*, *op.cit.*, p.86, 891 pages.

XIII.8. L'institution entre la réforme et la suppression

Il convient de comprendre que l'une des priorités dans les sphères démocratiques est l'instauration et le renforcement des systèmes de protection juridictionnelle et non juridictionnelle des droits fondamentaux. En premières lignes des protecteurs des droits et liberté se trouvent le juge et les Autorités Administratives Indépendantes (AAI). L'évolution de ces systèmes se poursuit depuis la deuxième guerre mondiale grâce à des moult réformes constitutionnelles garantissant le fonctionnement de ces divers mécanismes. Chaque pays adapte les évolutions réformatrices en les rendant plus efficaces et plus opérationnelles tout en tenant compte des réalités sociopolitiques et économiques. Les réformes doivent prendre en compte le fait que l'accessibilité aux différents mécanismes soit plus facile pour toute personne. Cela fait partie des droits fondamentaux.

Modèle de référence, la réforme de l'ombudsman dans la péninsule ibérique (*c.f. supra*), peut servir d'exemple pour une réforme au Tchad même s'il faut l'adapter aux réalités locales. Difficile de croire que le rôle des parlementaires peut reléguer au second plan les activités de l'institution mais il peut en avoir une

complementarité où chacune des différentes institutions peut apporter sa contribution lorsqu'il le faut dans la gestion d'un conflit. Dans toutes les missions de la Médiature intervenant dans un conflit inter ou intra communautaire, il a été toujours question d'impliquer les différentes institutions notamment le Parlement. Dans une mission (7- 12 mars 2018) de gestion d'un conflit meurtrier dans le Ouaddaï ayant
fait 8 morts[530] opposant éleveurs et cultivateurs, la délégation dirigée par le médiateur de la République se composait de neuf personnes dont six conseillers de la médiation, un parlementaire de la région, le secrétaire général du Conseil Supérieur des affaires Islamiques (CSAI) et un membre de la société civile. C'est un exemple illustrant l'implication de plusieurs institutions dans la gestion d'un conflit.

XIII.9. Le rôle du Parlement dans la gestion des conflits

Dans le projet de réforme, les réformateurs estiment que « *l'intervention des parlementaires dans les conflits intercommunautaires aux côtés des autorités territoriales a, pour ainsi dire, relégué au second plan*

---

[530] Voir annexe

les activités de cette institution ; ce qui pose la question de son maintien ». Certes, si on considère que le Parlement est un des organes non juridictionnels de défense des droits fondamentaux qui suppléent le juge dans ses actions, on se demande de l'utilité d'un Médiateur alors que les pouvoirs publics assurent déjà la protection des droits et liberté de la personne. Il est vrai que le parlement qui se présente comme « *une source de complémentarité potentielle de la garantie juridictionnelle des droits fondamentaux, non seulement il participe activement à la sanction des atteintes portées aux droits et libertés à valeur supra-législative, mais permet, de surcroît, un règlement extrajudiciaire des litiges relatifs aux droits fondamentaux* »[531] grâce aux moyens de pressions dont il dispose (cf. supra). Mais le caractère politique fait planer le doute sur son impartialité et sa neutralité dans ses interventions de règlement des conflits. Il convient de le souligner également que dans un Parlement - contrairement à l'institution de médiation- il existe de majorité et de minorité et les deux parties s'opposent, s'affrontent et défendent des intérêts politiques contradictoires. Un amendement d'un texte relatif aux droits fondamentaux peut être source de division des deux parties

---

[531] Löhrer Dimitri, *op. cit.*

parlementaires et lorsqu'il est soumis à un vote, la victoire revient à la majorité qui l'adopte, le rejette intégralement ou partiellement. Dans ce cas, le Parlement perd le caractère d'impartialité, qui implique « *une exigence de neutralité gage de la crédibilité* »[532] dans la gestion des litiges. Par conséquent, il est difficilement imaginable dans ces conditions que l'action du Parlement, dans la protection juridictionnelle ou non juridictionnelle des droits fondamentaux, puisse reléguer au second plan les activités de la Médiature. Mais les deux institutions peuvent avoir un rôle de complémentarité et en tant collaborateur classique privilégié du Médiateur, le Parlement reçoit de ce dernier des fiches ou des rapports attirant son attention sur telle ou telle dysfonctionnement sur des textes administratifs. Le Médiateur - en raison de sa proximité des situations conflictuelles - recommande et propose des réformes des textes afin de mieux rapprocher les administrés de l'administration.

S'agissant des autorités administratives territoriales, elles ne peuvent en aucun moment, du moins pour l'instant, remplacer la Médiature dans la gestion des conflits puisque la coexistence même entre les autorités administratives et traditionnelles est une source de

---

[532] *Idem.*

tension. Une partie non négligeable d'autorités locales administratives et militaires est devenue une nouvelle catégorie d'éleveurs et par conséquent elle est directement ou indirectement impliquée dans des conflits d'éleveurs et agriculteurs. Partie prenante, il est souvent difficile pour elle d'être impartial dans la gestion des conflits. Certains conflits meurtriers comme celui du Ouaddaï (cf. supra) et bien d'autres ont démontré à suffisance le rôle les autorités administratives à lui seul ne suffit pas pour gérer des conflits intercommunautaires. Le plus souvent, les autorités administratives font l'objet des critiques ouvertes. Elles sont accusées de « *molle* ». Le conflit meurtrier dans le Ouaddaï opposant *arabes Woulad Malik* (éleveurs) et ouaddaiens du Canton Gueri (cultivateurs) n'a pas pu être résolu par les autorités administratives locales (voir en annexe le procès verbal de conciliation entre les parties en conflit) Il a fallu que le Président de la République autorise la Médiature de la République d'effectuer une mission pour se pencher sur ce dossier.

En réalité, au moment où depuis mai 2000, des responsables d'associations de médiation et de médiateurs ont reconnu que la médiation était « *confrontée au risque de sa dilution par des phénomènes de mode, d'atomisation des pratiques et de manque de structuration du secteur professionnel de la médiation* »[533], on peut se permettre de conclure que celle du Tchad telle qu'elle est aujourd'hui est loin de répondre aux normes universelles contemporaines. Non indépendante, non autonome, la principale contrainte à laquelle fait face l'Institution du Médiateur demeure le manque de moyens financiers, matériels et humains qui entrave sérieusement ses activités et limite considérablement sa visibilité. Avec son statut juridique actuel, elle souffre ainsi « *d'imperfections de nature à préjudicier à l'effectivité des droits fondamentaux* »[534]. Ce faisant, elle doit subir non une suppression mais une réforme en profondeur et les exemples n'en manquent pas.

A l'instar de la péninsule ibérique, il est possible de créer une grande institution, peu importe le nom, spécialisée dans la protection non juridictionnelle des droits fondamentaux, regroupant plusieurs institutions proches des AAI. Et pour des raisons économiques et financières que traverse le Tchad, la fusion de plusieurs

---

[533] http://www.anm-mediation.com/qui-sommes-nous/les-textes-fondateurs-de-lanm/.

[534] Löhrer Dimitri, La protection non juridictionnelle des droits fondamentaux en droit constitutionnel comparé, Institut universitaire Varenne, Collection des thèses n° 95, édition 2014, p.60, 891 pages

institutions en une grande institution spécialisée baisse le coût budgétaire d'une manière considérable. Cela étant, il s'agit de fusionner toutes celles qui sont censées d'une manière ou d'une autre défendre les droits et les libertés de la personne comme la Médiature de la République, le Conseil économique et social, le Haut Conseil de la Communication, la Commission nationale des droits de l'homme. Les quatre institutions fusionnées seront reparties en services et agissent sous la coupe d'une seule et unique grande institution.

XIII.10. Coopération-conférence-formation : comment perfectionner la capacité de l'Ombudsman

La qualification professionnelle de l'Ombudsman dans le domaine de la gestion des conflits est vivement souhaitable pour l'occupation de ce poste mais ce n'est pas une exigence ni une condition. Sans trop exagérer dans la formation, celle-ci « *constitue une obligation déontologique de nature à créer la confiance dans le médiateur* »[535]. Michèle Guillaume- Hofnung dit : « *les spécialisations prématurées, trop sophistiquées ou trop*

[535] Guillaume-Hofnung Michèle, « Point de vue – De la nécessité de former les médiateurs », *Informations sociales*, 2012/2 n° 170, p. 114-120. « il faut avoir entendu le désarroi des médiateurs jetés, selon leur expression, « dans la fosse aux lions » sans formation pour mesurer leurs difficultés pratiques et la perte d'estime de soi qui résulte de ce qu'ils ressentent comme un mépris du métier ».

lourdes font perdre de vue l'essentiel : le sens et l'essence de la médiation ». L'essentiel pour le médiateur est de se former « au *processus de médiation, lequel repose sur l'autonomie et la responsabilité des médiés. Il s'agit essentiellement d'un processus de communication éthique dont la puissance vient du non-pouvoir du médiateur* », savoir par la formation *« la capacité de construire sa posture de tiers et de la préserver tout au long de la médiation (...) apprendre à respecter en toutes circonstances la confidentialité qui justifie la confiance sans laquelle il n'y a pas de médiation »*[536]. Au Tchad, la nomination au poste d'ombudsman est politique mais de formations initiales ont été assurées à partir de 2013 grâce au PEACEBUIKDING FUND (Nations unies), à l'AOMF et au CROA (cf. SUPRA). Pour assurer un service de qualité, les collaborateurs du Médiateur du Tchad bénéficient de temps à autres des séances de formation de courte durée offertes par le Centre de formation de l'AOMF à Rabah et celui de l'AOMA au sein de l'Université du Kwazulu Natal à Durban (République Sud Africaine).

Enfin, un Ombudsman peut avoir une autre formation proche de la profession de médiation : en

[536] *Ibid.*

droit, dans l'administration, la sociologie, la psychologie, etc. notre étude a montré que la multidisciplinarité dans le domaine de la médiation marque une interdisciplinarité positive, elle est plutôt complémentaire que contradictoire. Il faut dire que par le passé, le Médiateur traditionnel était celui qui avait du charisme et qui jouissait d'une capacité d'écoute. Il pouvait être chef de tribu ou de clan, prêtre, pasteur, sorcier…

L'AOUCC estime qu'un Ombudsman est comme un généraliste : « *Les Ombudsmans sont aussi des généralistes qui doivent tenir à jour leurs compétences et connaissances sur différents domaines et sujets (par exemple, les droits de la personne, l'emploi, la justice administrative, etc.)* »[537].

Il doit avoir le désir d'apprendre et de découvrir surtout « *les structures les plus profondément enfuies des divers mondes sociaux* ». La participation à des conférences, aux stages et aux formations améliore sa connaissance et renforce son efficacité. Cela est aussi valable pour ses collaborateurs. L'adhésion aux organisations des Médiateurs, telles que l'AOMF,

---

[537] Association des ombudsmans des universités et collèges canadiens, Boîte à outils de l'AOUCC, *op.cit.*

l'AOMA, l'IIO améliore le bon fonctionnement de l'institution, renforce la capacité d'action et augmente le rendement : « *Les organisations d'Ombudsmen donnent l'occasion de faire du réseautage et de discuter de pratiques exemplaires. Elles fournissent à leurs membres des conseils et du mentorat ainsi que leur permettent d'utiliser des outils utiles pour tous les bureaux d'Ombudsman* »[538].

Les nouvelles technologies ont facilité la communication. A travers l'autoroute de la communication, les médias de diffusion et Internet offrent « *un accès permanent continuellement mis à jour* » et « *des services plus ciblés* », « *ce qui permet d'avoir une vision diversifiée sur un sujet* »[539]. Le romancier Amin Maalouf dit : « *Nous sommes dans un monde où les communications ont fait que nous sommes tous très proches les uns des autres* »[540]. La plupart des institutions mettent en ligne, en plus de leurs rapports d'activités, leurs actualités, surtout une sorte de revue périodique. A partir de

---

[538] Bourdieu Pierre avec Wacquant Loïc J.D., *Réponses pour une anthropologie réflexive*, éd. Seuil 1992, publié dans la collection « Libre Examen » dirigée par Olivier Bétourné, p.16.

[539] Albert Pierre et Leteinturier Christine, *Les médias dans le Monde, Enjeux internationaux et diversités nationales*, *op.cit. Ibid.*

[540] Amin Maalouf, *Un fauteuil sur la scène,* invité de l'Emission Grand Angle, *op.cit.*

ces outils mis à la disposition des institutions, l'accès au perfectionnement et à la découverte des mécanismes de gestion des conflits semble plus facile.

Nous achevons ainsi cet ouvrage avec une conclusion non conclusive puisqu'il reste beaucoup de choses à faire.

La logique de la recherche est un engrenage de difficultés majeures ou mineures qui condamnent à s'interroger, à chaque moment, sur ce que l'on fait et permettent de savoir de mieux en mieux ce que l'on cherche en fournissant des commencements de réponse qui entraînent de nouvelles questions, plus fondamentales et plus explicites.

Pierre Bourdieu[541]

Conclusion Générale

Dans cet ouvrage, nous avons abordé la gestion des conflits, ses mecanismes et ses divers aspects, en prenant comme exemple la médiation institutionnelle, et en procédant à une comparaison avec d'autres institutions, s'appuyant sur des exemples illustrant des diversités statutaires et des différents concepts juridiques d'un pays à l'autre. Nous avons choisi des exemples relatifs aux activités de l'institution médiationnelle et en abordant l'évolution de l'institution, ses expériences et les

---

[541] Bourdieu Pierre, (1984), *Homo academicus,* Paris, Les Éditions de Minuit, coll. « Le sens commun », p. 18.

transformations sociétales dues aux conflits.

Il est sans doute clair que le mécanisme de Médiation devient un dispositif additionnel nécessaire à ceux mis en place pour assurer la démocratie, l'État de droit et la bonne gouvernance. La médiation devient comme le disait Daniela Gaddi, « *l'un des instruments les plus innovants et les plus prestigieux de l'intervention sociale (...) qui cherchent à instaurer une meilleure cohabitation entre les individus et les groupes, à mettre en place des comportements civiques, à encourager le dialogue et l'intégration et à assainir le tissu social* »[542].

C'est un besoin réel dans un monde marqué par des conflits qui n'en finissent pas de menacer la paix et la quiétude. Malgré tout, certaines institutions jouissent d'une capacité totale d'action, alors que dans d'autres pays, que nous qualifions de *démocratie fragile*, l'institution est appelée à s'inscrire dans la lignée politique du parti au pouvoir, ce qui entrave ses actions en faveur de la paix sociale. Nonobstant, la meilleure façon de contribuer à la résolution des conflits est d'accorder aux

---

[542] Gaddi Daniela, « Les effets indésirables du processus d'assimilation de la médiation au droit », *op.cit.*

institutions gestionnaires des conflits une indépendance réelle etune autonomie financière pour éviter de devenir un « *ombudsmanqué* »[543]. Yves Gingras disait dans la '*Sociologie des Sciences que « la science peut (donc) être considérée comme une institution lorsqu'elle acquiert une certaine autonomie et possède ses règles propres »*[544]. Même si la Médiation n'est pas une science en tant que telle, il s'agit d'un mécanisme 'artistique' de paix sociale qui mérite de jouir d'une indépendance et d'une autonomie pour pouvoir remplir sa mission sans difficulté. Selon le Conseil d'Europe sur la médiation, « *l'intérêt se concentre essentiellement sur deux aspects gestionnaires : désengorger l'institution judiciaire et garantir l'efficacité des services fournis par les médiateurs* »[545].

Le Médiateur est un « *intermédiaire entre l'administration et les administrés pour des problèmes qui échappent aux voies de droit normales* »[546]. Cependant, si l'on regarde dans le rétroviseur et que

---

[543] Bousta Rhita, Contribution à une définition de l'Ombudsman », *op.cit.*
[544] Gingras Yves, Sociologie des sciences, *op.cit.*
[545] Battistoni Éric, « Le développement des médiations en Europe », *op.cit.*
[546] Archives MRT, Abderahman Moussa Médiateur national, courrier n°044/PM/MN/CAB/07, au Président de la République, N'Djamena, 5 novembre 2007.

l'on se penche sur les problèmes qui échappent aux voies normales, on note qu'il n'y a pas que les conflits d'ordre classique opposant administrés et administration ou inter-communautés, fonciers ou agriculteurs/éleveurs, des conflits que la Médiation tchadienne a eu à faire. Force est de constater qu'elle a fait, en premiers lieux, des conflits politico-militaires son cheval de bataille. 65% de ses activités entre 2000 et 2010 sont consacrées à ce type de conflit, et ce dans le seul but de contribuer à ramener la paix sociale dans un pays déchiré par quatre décennies de guerre fratricide avec des interférences étrangères.

Il y a lieu d'évoquer le souci de rendre la fonctionnalité de l'institution hybride sur le plan national avec la possibilité de s'autosaisir des conflits extérieurs. Une première aussi dans les fonctionnalités des ombudsmans en Afrique lorsque les médiateurs des pays membres de l'UEMOA, à travers l'AMP- UEMOA se sont déplacés à Ouagadougou pour soutenir le Médiateur du Faso dans « *le renforcement du processus démocratique, de consolidation de la paix et de la réconciliation nationale* »[547]. Ces démarches

---

[547] Le Médiateur du Faso, Mission de solidarité des Médiateurs de l'AMP-UEMOA au Burkina Faso, 20-22 avril 2015, Rapport général, Ouagadougou, le 22 avril 2015, 32 pages

prouvent que la logique d'action de l'institution commence à évoluer en se diversifiant, *« notamment à travers des activités de promotion de réformes et de défense des droits fondamentaux (même si) des plaintes soumises par les administrés restent en effet le cœur de sa mission »*[548].

Bien que la médiation soit bien loin d'apporter des solutions à tous les conflits, cela ne doit pas décourager comme le dit le Président de l'Assemblée générale des Nations unies qui reconnaît que : « *les médiations menées à ce jour ont conduit la communauté internationale à plus d'échec que de succès, mais cela ne doit pas nous décourager »*[549]. Il a demandé, par ailleurs, d'*« inverser cette tendance afin d'utiliser ce mécanisme à bon escient »*[550]. Et même si le cœur commun des deux différentes institutions demeure toujours la paix, il convient de rappeler qu'à la différence de la médiation politique onusienne quelquefois contraignante, l'Ombudsman n'a pas pour mission de heurter les services administratifs, ni de convaincre les parties en conflits de privilégier sa

---

[548] Revillard Anne, « une expérience de médiation institutionnelle : le Médiateur de la république », *Informations sociales,* 2012/2 n° 170, p. 91-98

[549] Nations unies, Département de l'information, Service des informations et des accréditations, New York, Assemblée générale, 66e session, Débat thématique informel, *op.cit.*

[550] *Ibid.*

médiation. Il agit par la persuasion, et n'intervient que sur la base du respect « d*es principes fondamentaux de la médiation : volonté et autonomie des parties, neutralité du médiateur, caractère confidentiel du processus* »[551].

Cette étude n'a d'autre intention que de faire en quelque sorte un état des lieux d'un mécanisme institutionnel de gestion des conflits. Il s'agit aussi d'apporter un apport pouvant contribuer aux recherches de nouvelles pistes visant à l'amélioration des mécanismes de gestion des conflits et c'est pourquoi les *médiatologues* ne doivent pas craindre d'aborder justement ce nœud de questions peu minimisées pour en trouver des éventuelles réponses.

Il en ressort de cette étude qu'en général la médiation est une spécialité en croissance même s'il reste beaucoup à faire pour son amélioration. Car au-delà d'une « *homogénéité idéologique* »[552] de l'institution dans sa mission d'améliorer le rapport entre administré et administration, cependant, « *il existe des profondes dénivellations* »[553] dans d'autres domaines *(cf. supra)*. M.

[551] Gaddi Daniela, « Les effets indésirables du processus d'assimilation de la médiation au droit », *op.cit.*
[552] Frédéric Barbier et Catherine BERTHO LAVENIR, *Histoire des médias de Diderot à internet, op.cit.*
[553] *Ibidem*

Abdel Hadi dit : « *en dehors de la Suède et de la Finlande, il n'existe pas de véritable Ombudsman* »[554]. Ce n'est toutefois pas l'avis de Dimitri Löhrer qui estime que l'ombudsman tel qu'il se présente aujourd'hui est dépassé et qu'il va jusqu'à apprécier les réformes effectuées par la Péninsule ibérique.

Il ressort aussi que la multidisciplinarité joue en faveur de l'action institutionnelle car on ne peut pas ignorer les sciences humaines et sociales dans la mission de la médiation. On retient que la typologie de la médiation est affectée par une porosité de nature à créer une confusion voire ternir dans certains cas l'image de l'Ombudsman, d'où le recours à la néologie terminologique *Médiatologue/'Médiatologie'* afin de créer une « *approche compréhensive des outils de gestion.* »[555]. Grelley Pierre disait : « *on se perd devant le nombre et l'hétérogénéité des tâches aujourd'hui confiées à des médiateurs. Certains d'entre elles correspondent bien à des fonctions clairement identifiées, à la fois nouvelles et en partie originales. Pour d'autres en revanche, la référence à la médiation paraît quelque peu abusive car*

---

[554] Bousta Rhita, Contribution à une définition de l'Ombudsman », *op.cit.*

[555] Sous la direction de DEMONTROND Philippe Robert, L'analyse de concepts, Collection « Méthodes de recherche en sciences humaines et sociales », Ed. Apogée –Ireimar 2004, diffusion PUF, p. 161

les fonctions qu'elles recouvrent relèvent de qualifications et de modes d'agir déjà connus sous d'autres noms, comme les stadiers devenus « médiateurs sportifs »[556]

Pour conclure, « *il serait trompeur de voir dans la médiation, ou dans l'ensemble des instruments qui s'inscrivent plus ou moins dans sa logique, des systèmes juridiques alternatifs au droit, puisque la possibilité d'une telle alternative n'existe pas dans la pratique* »[557]; et nous reprenons Olivier Christin dans *le 'Dictionnaires des concepts nomades en sciences humaines'*, notre travail « *gardait une dimension expérimentale et n'avait d'autre intension que de proposer une série de cas exemplaires, sans prétention à l'exhaustivité ni à la systématicité* »[558]. Il est donc important de réitérer notre observation sur la nécessité d'une réforme en profondeur de l'institution qui doit désormais jouer un rôle dans la protection des droits fondamentaux. Nous estimons aussi que dans l'avenir, il faut procéder à une analyse croisée pour « *évaluer les*

---

[556] Grelley Pierre, « introduction », informations sociales, *op.cit.*
[557] Gaddi Daniela, « Les effets indésirables du processus d'assimilation de la médiation au droit », *op.cit.*
[558] Dictionnaires des concepts nomades en sciences humaines, sous la direction d'Olivier Christin, coordination : Marion Deschamps, Tom2, Ed. Métalité 2016, introduction p. 12

effets de la médiation sur les médiés et sur la gestion de leurs relations post-médiation »[559], et aussi les effets sur les médiateurs et les instructeurs.

Enfin, il convient naturellement de nous poser la question « *Qu'est-ce qui n'est pas médiation* ? »[560].

---

[559] Bonafé-Schmitt Jean-Pierre, « Evaluation des effets des processus de médiation », *op.cit.*

[560] Barus-Michel Jacqueline, « La médiation, point de vue psychanalytique et clinique », *Le Journal des psychologues*, 2011/5 n° 288, p. 44-48. DOI : 10.3917/jdp.288.0044 « *Enfin, qu'est qui n'est pas médiation ? Il n'y a pas de rapport au monde, à soi, aux choses et aux autres qui ne soit médiatisé. Le rapport, par essence, ne peut être direct, ce serait fusion et confusion, il y a toujours de l'entre, et, pour qu'il y ait rapport ou relation, il faut passer par ou à travers ce qu'il y a entre (sinon on est dans le ventre, c'est l'inceste, c'est interdit parce que l'on n'en sort pas, on ne naît pas, on n'est pas). Alors, entre, il y a des obstacles qu'il faut surmonter, neutres ou agressifs (on fait des ponts, des tunnels, des routes, des éclairages, On fabrique des jumelles, des hautparleurs, des téléphones, des fusées... on fait la guerre). Mais, il y a aussi des choses ou des gens que l'on peut y placer dans le but qu'ils aident activement à joindre l'autre bout, l'atteindre, le changer, s'entendre avec... On essaie de choisir une personne qui va nous favoriser (ami, complice, avocat, « mon » médecin), ou alors un professionnel neutre (expert, juge, arbitre, psychothérapeute, psychanalyste, psychosociologue...clinicien). Des personnalités garantes sont élevées au statut de médiateur dans les journaux, les administrations (par exemple, le médiateur de la République), pour régler les conflits. Celles-ci contribuent à créer des arrangements, servant au mieux les parties (même entre soi et soi), au regard d'une loi qui fait fonction de médiation (elle régule le régulateur), d'une déontologie (une expression professionnelle de la loi) qui les oblige à la neutralité et, enfin, d'une expérience professionnelle. Parfois, la loi seule peut assurer la médiation, quand un arrangement se fait par accord des parties au nom de principes qu'elles respectent toutes deux ; cela ne veut pas dire qu'il y a arrangement direct : le symbolique y est reconnu dans sa fonction tierce. Dans un univers inévitablement conflictuel entre soi et soi, entre soi et les autres, entre*

---

collectivités ou sociétés, la crise est l'échec, perte du sens et souffrances. La médiation est encore la meilleure façon d'atténuer les conflits, encore y faut-il un espace et une symbolisation. L'humain, être de langage, n'existe et ne persévère, individuellement et socialement, qu'à travers les médiations ou moyens d'expression, de régulations internes. Quand il y échoue, des médiations externes prennent le relais, encore faut-il qu'il n'y ait pas confusion entre médiation et manipulation au nom d'un pouvoir, d'un savoir ou d'une idéologie. Le sens doit revenir au sujet »

Bibliographie

Ouvrages, articles

- ALBERT Pierre et LETENTURIER Christine, *Les médias dans le Monde, Enjeux internationaux et diversités nationales*, ellipse, éd. Marketing S.A., 1999.
- ALMAHY Abdelrahman Oumar Président de l'université Roi Faysal, Tchad, *de la colonisation à l'indépendance (1894-1960)*, Convention entre le Colonel LARGEAU, Représentant le Gouvernement français et le Sultan ACYL du Ouadai le 27 janvier 2012, Alhara Almasrya, Al Ama lilkitab, 1982, Caire, Egypte.
- ANDERSON Stanley V., *Canadian ombudsman proposals*, University of California, Berkeley. Institute of Governmental Studies, 1966, cité par Association des ombudsmans des universités et collèges canadiens, *Boîte à outils de l'AOUCC*.
- BABU Annie, Bonnoure-Aufiere Pierrette, *Guide la médiation familiale*, Erès, 2010.
- BACH André, *Justice militaire* 1915-1916, Collection Chroniques, éd. Vendémiaire 2013.
- BARBIER Frédéric et BERTHO LAVENIR Catherine, *Histoire des médias de Diderot à internet*, collection U, troisième édition revue et complétée, éd. Arman Colin, Paris, 1996 – 2000, Paris.
- BARBOSA Celine, « Focus – Le rôle de la branche Famille pour développer la médiation familiale », *Informations sociales*, 2012/2 n° 170, p. 110-113.
- BARUS-MICHEL Jacqueline, « La médiation, point de vue psychanalytique et clinique », *Le Journal des psychologues*, 2011/5 n° 288, p. 44-48. DOI : 10.3917/jdp.288.0044.
- BARUS-MICHEL Jacqueline, La médiation, point de vue psychanalytique et clinique »,

Le Journal des psychologues, 2011/5 n° 288, p. 44-48. DOI : 10.3917/jdp.288.0044.

- BATTISTONI Éric, « Le développement des médiations en Europe », *Informations sociales*, 2012/2 n° 170, p. 38-49.
- BECKER, H. S., « Biographie et mosaïque scientifique », *Actes de la Recherche en Sciences Sociales*, 1986, n° 62-63, 1986, pp. 105-110, et Peneff Jean, *La méthode biographique*, Paris, A. Colin, coll. « U, sociologie », 1990.
- BELLENGER Lionel, *La négociation.* PUF, coll. « Que sais-je ? » n° 2187, 2017.
- BENSIMON Stephen, directeur de l'IFOMENE, Institut de formation à la Médiation et à la négociation de l'Institut catholique de Paris, préface de *La négociation comerciale* de VIAU Julien, SASSI Héla, PUJET Hubert, cité dans http://www.icp.fr/a-propos-de-l-icp/decouvrez-l-icp/facultes-et-instituts/institut-de-formation-a-la-mediation-et-a-la- negociation-1602.kjsp.
- BERTAUX Daniel, Sept propriétés des récits de vie, in ERTUL Servet, MELCHIOR Jean-Philippe, LALIVE D'EPINAY Christian (dir.), *Subjectivation et redéfinition identitaire*, Presses universitaires de Rennes, coll. « Essais », 2014.
- BEYEM Roné, *Tchad l'ambivalence culturelle & intégration nationale*, L'Harmattan, 2000.
- BLACK Melvin et JOFFEE Wendy. A lawyer/therapist team approach to divorce. *Family Court Review*, 1978, vol. 16, no 1, p. 1-5.
- BLAKE Robert R. (Auteur), MOUTON Jane S. (Auteur), *Consultation: A Handbook for Individual and Organization Development* (Anglais) Broché – 1 janvier 1976, https://www.amazon.fr/Consultation-Handbook-Individual-Organization-Development/dp/0201005948/ref=sr_1_1/258-

9281259-0403149?s=books&ie=UTF8&qid=1524150941&sr=8-1&keywords=9780201005943cité par Association des ombudsmans des universités et collèges canadiens, L'Histoire de AOUCC.

- BLAKE, R. R., & MOUTON, J. S. (1961). Reactions to intergroup competition under win-lose conditions. *Management Science*, *7*(4), 420-435.
- BODOUMI Ahmat Saleh, *La victoire des révoltés, témoignage d'un enfant soldat,* Yagabi, 2013.
- BONAFÉ-SCHMITT Jean-Pierre, « Evaluation des effets des processus de médiation », *Informations sociales*, 2012/2 n° 170, p. 122-129
- BOUCHERON Patrick (sous la direction), *Histoire du Monde au XVème siècle*, ouvrage coordonné par Julien Loiseau, Pierre Monnet et Yann Potin, éd. Fayart 2009.
- BOURDIEU Pierre avec Loïc J.D. WACQUANT, *Réponses pour une anthropologie réflexive*, éd. Seuil 1992, publié dans la collection « Libre Examen » dirigée par Olivier Bétourné.
- BOURDIEU Pierre, *Homo academicus,* Paris, Les Éditions de Minuit, coll. « Le sens commun », 1984.
- BOUSTA Rhita, Contribution à une définition de l'Ombudsman, *Revue française d'administration publique*, 2007/3 n° 123, p. 387-397. DOI : 10.3917/ rfap. 123.0387.
- BOUVIER Vincent, Le Médiateur de la République, Une autorité indépendante au service du citoyen, imprimé en France, 4ème trimestre 1997.
- BRASSEUR Martine « L'interaction du chercheur avec son terrain en recherche- action : deux cas d'accompagnement individuel des managers », *Recherches en Sciences de Gestion* 2012/2 (N° 89), p.

103-118.

CAMPENHOUDT Luc Van, QUIVY Raymond, *Manuel de recherche en sciences sociales* avec la collaboration de MARQUET Jacques, édition Dunod, Paris, 1995, 2006, 2011, 4ème édition.

- CHRÉTIEN P., MESCHERIAKOFF A.S., DELAUNAY B., auteurs cités par R. Bousta, op. cit.
- CHRISTIN Olivier (sous la direction), coordination : Marion Deschamps, Dictionnaires des concepts nomades en sciences humaines, Tom2, Ed. Métalité 2016.
- CIA World Factbook - Version du Mars 11, 2017
- CONTAMINE PHILIPPE, *La noblesse au Moyen âge XIe-XVe siècles, Essais à la mémoire de Robert Boutruche*, éd. PUF 1976.
- CONTE Philippe, Droit pénal spécial, l'incrimination du meurtre, édition LexisNexis 2016, 5ème édition.
- DE GAULLE Charles, *Mémoires d'espoir, Le Renouveau, 1958-1962*, Tome 1, Paris, Edition Plon, 1970.
- DEGUERGUE Maryse, « Les dysfonctionnements du service public de la justice », *Revue française d'administration publique*, 2008/1 n° 125, p. 151-167, DOI : 10.3917/rfap.125.0151.
- DELAUNAY Bénédicte, *Le Médiateur de la République*, Paris, PUF, coll. Que-sais-je ?, 1999.
- DELPEUCH Thierry, DUMOULIN Laurence, GALEMBERT (de) Claire, *Sociologie du droit et de la justice*, Armand Colin.
- DELZESCAUX Sabine, Norbert Elias, Distinction, Conscience et violence, éd. Armand Colin, 2016, Préface.

- DEMONTROND Philippe Robert (sous la direction), *L'analyse de concepts*, Coll. « Méthodes de recherche en sciences humaines et sociales », Ed. Apogée – Ireimar 2004, diffusion PUF.
- DORTIER Jean-François, *Les sciences humaines, panorama des connaissances*, éd. Sciences humaines 2015, diffusion Seuil, distribution Volumen, 477.
- DOUAL Mbainaissem, Conflits au Tchad et au Darfour, *Revue européenne de géopolitique* éd. Outre terre, 2006/4 (no 17), Pages 357 – 370
- DRAGO, Antonino. *The coincidentia oppositorum* in CUSANUS (1401–1464), LANZA del VASTO (1901–1981) and BEYOND. 2010, cité par GRELLEY Pierre, « La balance, le glaive et le pendule ».
- DRAPIER Sandrine, *Les contrats imparfaits*, PUAM, presses universitaires d'Aix- Marseille.
- DUMAS Robert, *Traité de l'arbre*, Arles, Actes sud, 2002, cité par FROMAGE Benoit, op. cit.
- DUMONT, G. (2007). Géopolitique et populations au Tchad. *Outre-Terre*, 20,(3), 263- 288. doi:10.3917/oute.020.0263.
- DURAND Jean-Pierre et Weil Robert, *Sociologie contemporaine*, Paris, éd. Vigot, 2006.
- DURIEUX André, « Droit écrit et droit coutumier en Afrique centrale », *Académie royale des sciences d'Outre-Mer*, classe des Sciences morales et politiques, N.S., XXXVI-2, Bruxelles, 1970, pp 3-4.
- ELMALEH Eliane et MELCHIOR Jean-Philippe (dir), Résistances voix citoyennes en marge des institutions politiques, éd. Cénomane 2014.
- ERTUL Servet, MELCHIOR Jean-Philippe, LALIVE D'EPINAY Christian (dir.), *Subjectivation et*

redéfinition identitaire, Presses universitaires de Rennes, coll.
« Essais », 2014.

- Encyclopædia Universalis Corpus 22, « Tchad, Le pays et les hommes », Une histoire mouvementée, Editeur à Paris S.A., 1996.
- EPELBAUM Didier, entretien in « *Ça m'intéresse* », rubrique « Culture », mars 2016 n°421, édition PM Prima Media, p. 24.
- ETIENNE Jean et MENDRAS Henri, *Les grands thèmes de la sociologie par les grands sociologues*, Paris, Armand Colin, 1999.
- EVENO Patrick, BLANCHAIS Jean (dir.), *La Deuxième Guerre mondiale 1939-1945 récit et mémoire*, le Monde Editions, Presses de Mame Imprimeurs à Tours.
- FAGET Jacques, « Les mondes pluriels de la médiation », in *Informations sociales*, 2012/2 n°170, pp. 20-26.
- FATHI BEN Mrad, « Définir la médiation parmi les modes alternatifs de régulation des conflits », InformatioFerrns sociales, 2012/2 n° 170, p. 11-19.
- FERRÉOL Gilles, *La dissertation sociologique*, Ed. Arman Colin, coll. « Cursus » Paris, 2006.
- FERRÉOL Gilles, DUPREZ Jean-Marie, GADREY Nicole, SIMON Michel *Dictionnaire de sociologie*, Ed. Arman Colin, coll. « Cursus » Paris, 1991
- Florence Studer et Marc Rosset, *Médiation*, Payot Libraire, broché, 2013
- FOESSEL Michaël, 2010, *État de vigilance. Critique de la banalité sécuritaire*, Lormont, éd. Le Bord de l'Eau, coll. « Diagnostics ».
- FONTIER Remy, « Zoom sur les médiateurs de la République », *Journal du droit des jeunes*, 2003/8 N° 228, p. 34-35 DOI : 10.3917/jdj/228.0034

- FRÉMY Dominique et Michèle, « Institutions françaises, Médiateur de la République », in *Quid 2007*, éd. Robert Lafont.
- FRESSOZ Denis, Société rurale, Collection Questions contemporaines, dirigée par J.P. Chagnollaud, A. Forest, P. Muller, B. Péquignot et D. Rolland. édit. L'Harmatan 2001.
- FREUD Sigmund, *Métapsychologie* (1915), édition Flammarion 2012, traduction de l'allemand par Philippe Koeppel, cité par Barus-Michel Jacqueline, « La médiation, point de vue psychanalytique et clinique », *Le Journal des psychologues*, 2011/5 n° 288, p. 44-48. DOI : 10.3917/jdp.288.0044.
- FREZET Pierre, « Justice française en Nouvelle-Calédonie. La fin du rêve tropical », *Droit et cultures* [En ligne], 51 | 2006-1, mis en ligne le 21 avril 2009, consulté le 31 juillet 2015. URL: http://droitcultures.revues.org/952
- FROMAGE Benoit, L'épreuve des trois arbres. Un récit de vie anaogique. Le cas d'un adolescent placé ou l'arbre de la galère, in ERTUL Servet, MELCHIOR Jean-Philippe, LALIVE D'EPINAY Christian (dir.), *Subjectivation. , op. cit. p. 87-102.*
- GADDI Daniela, « Les effets indésirables du processus d'assimilation de la médiation au droit », *Information sociales*, 2012/2 n° 170, p. 28-36.
- GANTT, Henry Laurence, RATHE, Alex W., *et al. Gantt on management.* 1961, cité dans Attestation de formation aux pratiques d'Ombudsman, Origine de l'Ombudsman moderne, African Ombudsman Research Centre (CROA).
- GARBY Thierry, *La gestion des conflits* (Broché), Economica, paru le 04/10/2004,190 pages, cité par Mrad Fathi Ben, « Définir la médiation parmi les modes alternatifs de régulation des conflits ».

- GAULEJAC (de) Vincent, *L'histoire en héritage : roman familial et trajectoire sociale,* Paris, Desclée de Brouwer, 1999.
- GAULEJAC (de) Vincent, *Qui suis-je ?*, Paris, Éditions du Seuil, 2009.
- GINGRAS Yves, *Sociologie des sciences*, PUF, coll. « Que-sais-je ? », 2ème édition 2017.
- GREGOIRE Emmanuel, *Touaregs du Niger, le destin d'un mythe*, éd. Karthala, coll. « Homme et société », 2010.
- GRELLEY Pierre, « Contrepoint, Juge ou arbitre ? », *Informations sociales*, 2012/2 n° 170, p. 37-37
- GRELLEY Pierre, « Introduction », *Informations sociales*, 2012/2 n° 170, p. 4-5
- GREMMO Marie-José. *La médiation formative dans l'autoformation institutionnelle : de la galaxie au Paradigme*. Presses Universitaires de Nancy. pp. 65-78, 2007, Questions d'éducation et de formation. <halshs-00613738>, cité par BATTISTONI Éric, op. cit.
- GRELLEY Pierre, « La balance, le Glaive et le pendule. Pour une petite histoire de la médiation », in *Informations sociales*, 2012/2, n°170, pp. 6-9.
- GUILLAUME-HOFNUNG Michèle, « Point de vue – De la nécessité de former les médiateurs », *Informations sociales*, 2012/2 n° 170, p. 114- 120.
- GUILLAUME-HOFNUNG Michèle, *La médiation*, PUF, 1995.
- HAFADINE Abdoulaye, Médiateur de la République du Tchad, Mot du Médiateur, Rapport annuel des activités de la Médiature, 2018.
- HOURS Bernard, « La bonne gouvernance est-elle bonne pour les sociétés ? », L'Homme et la société 2016/1 (n° 199), p. 7-8. DOI 10.3917/lhs.199.0007
- JACOBY Daniel, Les « ombudsmédiateurs » : dix ans d'évolution dix ans de transformation, Actes de la

deuxième réunion préparatoire au symposium de Bamako : les institutions de la démocratie et de l'état de droit (mars 2000)

- JARRASSON Charles, *La notion d'arbitrage*, LGDJ, 1987, cité par FATHI BEN Mrad, *op. cit.*
- JOUGNEAU David, JOSÉTTE Maryvonne. *Divorces conflictuels : comment s'élaborent les décisions et selon quelles logiques de communication ? : étude de cas*. Genève : CETEL, 1993. (Travaux CETEL; 38) https://archive-ouverte.unige.ch/unige:4957, cité par Babu Annie.
- KERNEIS, Soazick, « Des justices 'populaires' dans l'Empire romain (IIe-IVe siècles) », *Droit et culture* [en ligne], 65-2013-1, mis en ligne le 12 septembre 2013, consulté le 13 juillet 2015. URL : http://droitcultures.revues.org/3026
- KHARBANDA, O. P. et STALLWORTHY, E. A. Managerial decision making part 2: The newer techniques. *Management Decision*, 1990, vol. 28, no 4., cité par Attestation de formation aux pratiques d'Ombudsman, Origine de l'Ombudsman moderne, African Ombudsman Research Centre (CROA).
- OLIVIER DE SARDAN Jean-Pierre. *La rigueur du qualitatif. Les contraintes empiriques de l'interprétation socio-anthropologiquees*, Louvain-La-Neuve, Academia-Bruylant, 2008.
- KYPRIANOU Alexis, *La bible de la négociation, 75 fiches pour utiliser et contrer les techniques des meilleurs négociateurs*, éd. Groupe Eyrolles, 2013.
- LALIVE d'EPINAY C., « Les parcours de vie au temps de la globalisation. Un examen du 'paradigme du parcours de vie' », *in* CARADEC V., ERTUL S., MELCHIOR J.-P. (dir.), *Les dynamiques des parcours sociaux. Temps, territoires, professions*, Rennes, PUR, coll. « Le sens social », 2012, p. 21-29.

- LE BRETON David, *Anthropologie du corps et modernité*, éd. Quadrige/ PUF, 4ème édition 2005.
- LEVESQUE A. Partenaires multiples et projets communs, Paris, édition l'Harmattan, 1993.
- LIENHARD Claude, « Introduction », *in* BABU Annie et BONNOURE-AUFIERE Pierrette, *Guide de la médiation familiale, Etape par étape*, éd. Erès, 2010, p. 11.
- LÖHRER Dimitri, *la protection non juridictionnelle des droits fondamentaux en droit constitutionnel comparé, L'exemple de l'ombudsman spécialisé portugais, espagnol et français*, Institut Universitaire Varenne, Collection des Thèses n°95, Introduction p.10.
- MAÏLAT Maria et DAUPHIN Sandrine « De l'usage des réseaux sociaux », *Informations sociales,* n° 147, 2008/3.
- MALET Regis, « Médiations en milieu scolaire : repères et nouveaux enjeux », *Informations sociales*, 2012/2 n° 170, p. 74-80.
- MARCHALL, Thomas H. *Citizenship and social class*. Cambridge, 1950, cité dans CHRISTIN Olivier, *Dictionnaires des concepts nomades en sciences humaines*, Métailié, 2010, *op. cit.*
- MEILLASSOUX Claude, « L'esclavage en Afrique pré-coloniale. L'autorité coloniale et l'esclavage », in *Bibliothèque d'anthropologie* dirigée par Maurice Godelier, François Maspero éditeur, Paris.
- MELCHIOr Jean-Philippe et GOURMEL Gérard, *logique du pire, logique d'empire ou la guerre sans fin des États-Unis*, (2003), le Mans, éd. Cénomane.
- MESSANGA Nyamnding, *Droit coutumier et Anthropologie Juridique Africaine*, « Coopération internationale, Action humanitaire et Développement Durable », 2013/2014, Università Ca' Foscari, Venezia, dipartimento di Filosofia, e Beni Culturali.

- MILBURN Philip, « Négociation, médiation : quelles accointances ? », *Négociations* 2006/2 (n° 6), p. 11-19. DOI 10.3917/neg.006.19
- MONETTE Pierre-Yves, ancien avocat, médiateur fédéral de Belgique, conseiller honoraire au cabinet de S.M. le Roi, Collège de médiateurs fédéraux, *De la médiation comme mode de résolution des conflits*, symposium international de Bamako, pp. 53- 70.
- MOUELLÉ Kombi Narcisse, *La guerre préventive et le droit international*, éd. Dianoïa, Chennevières-sur-Marne, 2006, p. 5.
- MOULINE, Nabil. *Le Califat : histoire politique de l'islam*. Flammarion, 2016.
- MOUTHEIR Maurice. *Guide juridique et pratique de la conciliation et de la médiation : [modes de règlement amiable des litiges]*. Ed. De Vecchi, 2003. Cité par FATHI BEN Mrad, *op. cit.*
- MPESSA, Aloys. *Essai sur la notion et le régime juridique des biens domaniaux au Cameroun*. 1998. Thèse de doctorat. Paris 1.
- NORDAU Max, 1849-1923, *Critique de la dégénérescence, médiateur franco-allemand, père fondateur du sionisme*, textes édités par BECHTEL Delphine, BOUREL Dominique et LE RIDER Jacques, bibliothèque franco-allemande, les déditions du Cerf 1996.
- OLIVESI Antoine et NOUSCHI André, *La France de 1846 à 1914*, Paris, Edition Nathan, 1997.
- « Parole d'apaisement, les stratégies de médiation peuvent contribuer à mettre un terme aux conflits et à jeter les bases d'une paix durable », *Africa Defense Forum (ADF)*, édition U.S. Africa Command, vol. VIII, 1er trimestre, APO-AE

09751 US, p. 34.

- PARSAD GUNPUTH, R. (2009). Droit électoral : Projet de réforme électorale prospective en droit constitutionnel ou la pratique du Best Loser System et du système proportionnel. *Revue française de droit constitutionnel*, 78,(2), 431-445. doi:10.3917/rfdc.078.0431.
- PFEFFERKORN, Roland, *inégalités et rapports sociaux, Rapports de classes, rapport de sexes*, (2007, 412 pages), éd. La dispute legenre du monde, Paris.
- PLEDGE, Robert. Le Tchad ou la théorie française des dominos africains. *Esprit (1940-)*, 1970, no 389 (2, p. 371-380.
- RAWLS John, Théorie de la justice sociale, (2009, 665 pages), éd. Points, Paris.
- REMACLE Xavier, *Comprendre la culture arabo-musulmane*, Bruxelles, CBAI et Vie Ouvrière.
- REVILLARD Anne, « une expérience de médiation institutionnelle : le Médiateur de la république », *Informations sociales,* 2012/2 n° 170, p. 91-98.
- SCHWEBEL, A. I., GATELY, D. W., RENNER, M. A., & MILBURN, T. W. (1994). Divorce mediation: Four models and their assumptions about change in parties' positions. Conflict Resolution Quarterly, 11(3), 211-227., cité par Annie Babu, Pierrette Bounnoure-Aufiere, Guide de la médiation familiale, Etape par étape.
- SIX Jean-François, Les médiateurs, Paris, éd. le Cavalier Bleu, 2002.
- SOUBELET Bertrand, *Tout ce qu'il ne faut pas dire. Insécurité, Justice : un général de gendarmerie ose la vérité*, Edition Plon, 2016.

- STIMEC Arnaud, *La Médiation en entreprise*, Paris, éd. Dunod, 2004-2007.
- TRÉVEDIC Marc, *Ahlam*, Editions Lattès, 2016.
- VAÏSSE Justin, HASSNER Pierre, *Washington et le monde. Dilemmes d'une superpuissance*, Editions Autrement, Paris, 2003.
- VIRET Jérôme Luther, Le sol & le sang, la famille et la reproduction sociale en France du Moyen Age au XIXe siècle, CNR éditions 2014.
- VIVIER Jean-Loup, *Le renforcement du rôle du conciliateur de Justice*, cité par Mrad Fathi Ben, « Définir la médiation parmi les modes alternatifs de régulation des conflits ».
- WEBER Max, *Essais sur la théorie de la science*, Paris, Presses Pocket, coll. Agora, 1992.
- YACOUB Ahmat, *Les Relations franco-tchadiennes*, éd. Publibook, 2003

Archives

- Archives MRT, Abderahman Moussa Médiateur national, courrier n°030/PM/MN/CAB/2007, au Président de la Commission de Politique générale, des institutions, des lois, des affaires administratives et judiciaires, N'Djamena le 02/08/ 2007.
- Archives du CEDPE, Centre d'études pour le développement et la prévention de l'extrémisme (CEDPE), N'Djamena, Tchad, récit d'une mission de chercheurs du 29 mars au 5 avril 2018, au Lac-Tchad, ile de Gomiromdomou, Bol, Lac-Tchad.
- Archives Alwihda, Tchad, *Les partenaires européens contribuent à la coexistence pacifique*, Reouhoudou Innocent, correspondant d'Alwihda Info à Am-Timan, 28/07/2015.
- Décrets présidentiels, République du Tchad, Présidence de la République.
- Statut de la Mediature de la République du Tchad, la loi 031 de novembre 2009.
- Maï-Ingalaou Baoukagh, Procureur général, près la Cour d'appel de N'Djamena (Tchad), courrier n°40/MJ/CA/PG/06 du 9 février 2006, adressé au Ministre le Procureur de la République près le tribunal de 1re Instance d'Ati, 2 pages (Affaire Chigueg).
- Médiateur de la République du Tchad, Projet Pnud/Médiature, promotion de la visibilité de l'institution, « L'institution de la médiation au Tchad », pp. 1-10

Entretiens directs

- Entretien avec Abbo Yacoub Ourada, fils du Sultan Mahamat Ourada. N'Djamena le 25 février 2015 dans mon bureau.
- Entretien avec Abdelwahid Aboud Makaye, ancien sous-préfet et Conseiller à la Médiature de la République, dans mon bureau de la Médiature, N'Djamena, le 04/05/2016.
- Entretien avec Deprez Mathieu, café Bahomet, Le Mans, le 10 mai 2016.
- Entretien avec le Dr. Baba Moustapha Malley Directeur Général du CNRT, Centre National pour le Développement du Tchad, le 30 janvier 2018, à l'occasion de l'ouverture du centre d'études pour le dévoloppement et la prévention de l'extrémisme (CEDPE). N'Djamena, Tchad.
- Entretien avec M. Ali Abderamane Hagar, recteur de l'université du Tchad, dans son bureau à N'Djamena, le 5 décembre 2014.
- Entretien avec M. Gaita, ancien Directeur général de l'Agence Tchadienne de Presse (ATP) le 05/02/2016.
- Entretien avec Soguelni Boniface, juriste, ancien ministre d'État à la Défense, conseiller chargé de missions à la médiation de la République du Tchad, 24 décembre 2014.
- Toubon Jacques, Défenseur des droits et de l'enfance, Discussion lors du Congrès de l'AOMF, Québec, Canada, du 13 au 15 oct. 2015.

Entretiens (Medias)

- *Abba Garde*, journal tri-mensuel d'informations générales, n°123, du 30 janvier au 10 février 2016, Moussa Avenir de La Tchiré, p. 3.
- Ahmat Mahamat Hassan, La Télé Tchad, ONRTV, débat à l'occasion du 20e anniversaire du CNS, le jeudi 16 janvier 2014
- Ali Joum-a, Le grand Cheikh égyptien, émission « Almoutachadidoune » (les extrémistes), télévision égyptienne Almasrya, 30 juillet 2015.
- Alwihda, journal hebdomadaire, interview « La démocratie est une belle femme que je n'ai pas vue », 13 mai 2011, N'Djamena, imprimerie Aubaine Graphic, avenue Charles de Gaulle.
- Jouweyda Faroukh, journaliste, « En l'absence du dialogue, disparait la faculté du cerveau », in *Al-Ahram*, 13 mai 2016, p. 13
  • Kassiré Komakoye, ancien Premier ministre tchadien, télévision Electron Tv, émission « Vérités Politiques », N'Djamena, 03/09/2016, 22h.
- *l'Islam*, interview, France 24, le 20/01/2016.
- *Le Figaro*, n°22074 « Sous pression, Boko Haram revient à une brutale stratégie terroriste », mercredi 29 juillet 2015, 1re édition, p. 7.
- Maalouf Amin, romancier. Auteur de *Un fauteuil sur la scène* invité de l'émission Grand Angle, 4 siècles de l'Histoire de France dans un fauteuil, TV5 Monde, Afrique, mardi 26/04/2016, 18h30.
- Radio Canda.ca, 29 janvier 2016.
- Sahel Média, Magazine international d'information générale-janvier/février 2017, 52 pages.

- Sawa Timothy, Swain Diana, Denis Marie-Maude,« Affaire bombardier, enquête corruption Afrique du sud », in *Huffington Post*, 01/04/2015.
- Télé Tchad, ONRTV, débat à l'occasion du 20e anniversaire du CNS, le jeudi 16 janvier 2014.

Rencontres et Communications

- Cérémonie de remise des attestations aux ambassadeurs pour la paix en milieu étudiant, CEFOD, le 2 mars 2016, en présence du ministre de l'Enseignement supérieur et de la Recherche scientifique Makaye Hassane Taïsso et le Représentant de
- Conférence nationale souveraine, CNS, le 15 janvier 1993.
- Conférence-débat, *les conflits inter religieux au Tchad*, Centre Almouna, N'Djamena, le samedi 3 mars 2018.
- Holo Théodore, ancien ministre des Affaires étrangères, « Le médiateur, un facilitateur relationnel », séminaire de formation des cadres de l'OPM tenu à Possotomé, du 29 au 31 janvier 2007, 7 pages.
- Journée nationale de la paix, de la cohabitation pacifique et de la concorde nationale, édition 2015, N'Djamena, 12/12/2015, ONRTV.
- Leroi Barka, Président de l'UNET, *Cérémonie de remise des attestations aux ambassadeurs pour la paix en milieu étudiant*, CEFOD, le 2 mars 2016. M. le Médiateur de la République, le Conseiller Ahmat M. Yacoub.
- M'Bongo Otando, expert, *Rôle et place du médiateur de la république dans le paysage institutionnel des États de l'Afrique centrale*, 6 pages.
- MALLEY Baba Moustapha (Dr) Directeur général du Centre national pour le développement et la Recherche au Tchad (CNRDT), communication.

- MR. 3e réunion de la coordination régionale de l'association des Ombudsman et médiateurs africains, N'Djamena 30-31 mars 2015, pp. 1-10.
- Réunions des cadres des Ombudsman/Médiateurs en Zambie, en novembre 2013.
- Saint-Germain Raymonde, protectrice du citoyen du Québec, présidente de l'AOMF, Allocution lors de l'ouverture du IXe Congrès de l'Association des ombudsmans et médiateurs de la francophonie (AOMF), 13-15 octobre 2015, Québec, 3 pages.
- Séance publique, conformément à l'article 8 (10) du Protocole relatif à la création du CPS, sur le thème : « Prévention structurelle des conflits – Revigorer les États en situation de fragilité en Afrique », 2014.
- Sommet des médiateurs africains, *La déclaration Or Tambo sur les normes minimales pour une institution de médiateur efficace et une coopération avec l'Union africaine sur le renforcement de la bonne gouvernance*, Johannesburg, 26 février 2014.
- XXème congrés de l'association des sociologues francophones, Montréal le 7 juillet 2016.
- YACOUB Ahmat « la mediatologie sociologique » contribution présentée au Congrès international de l'ASLF (Association des sociologues de langue française) au Canada 4-8 juillet 2016 à Montréal, 16 pages.

Rapports

- Compte-rendu du 21 décembre 2009 des Conseillers de la MR sur l'organisation et le fonctionnement de la MR et celui fixant les rémunérations du personnel.
- Procès-verbal de règlement définitif du conflit intercommunautaire dans la sous- préfecture de Rigaza, département du Mayo Boneye, région du Mayo Kebbi-Est.
- Project document cover sheet (for IRF-Funded project), signature de la convention le 03/05/2012 à N'Djamena, Tchad, 8 pages (en annexe).
- Rapport annuel des activités de la Mediature de la République du Tchad de 2017 (Années 2015-2016-2017).
- Rapport de l'Ombudsman. André Marin, Ombudsman de l'Ontario, septembre 2009.
- Rapport de la mission de constatation et de confirmation des comités locaux de paix du 7 au 22 mars 2013, Nations unies, Bureau du Coordonnateur résident, Coordonnateur humanitaire, Système des Nations unies, le 16/04/2013, N'Djamena le 10 avril 2013, Thomas Gurtner coordinnateur général, 13 pages, Introduction.
- Rapport de surveillance multilatérale (CEMAC), BEAC, FMI (Perspectives économiques régionales, avril 2017)
- Recueil de textes relatifs aux communes du Tchad, coll. « Le droit par les textes », éd. CEFOD, déc. 2010, p. 162.
- Synthèse du rapport annuel au titre de l'année

2014, Médiateur du Roi du Maroc, Synthèse du 13 pages, juin 2015.

Autres documents

- « Prévention et gestion des risques, crises et conflits : les 10 clés de l'intelligence négociationnelle » (1), extrait de *La pratique de l'intelligence négociationnelle*, 8 pages, Kag Sanoussi, expert, président-fondateur de l'Institut international de gestion des conflits (IIGC).
    - Accord d'Arusha, article 10 portant sur l'Administration au point 7 : un Ombudsman indépendant est prévu par la Constitution.
- Annotation manuscrite sur la correspondance du directeur général de l'auberge le 21/01/2000, Ministre des Finances et de l'Economie.
- Association des médiateurs européens (AME),
- Association nationale des médiateurs (ANM)
- Association pour la Médiation Familiale (APMF), Centre de Médiation et d'Arbitrage de Paris (CMAP)
- Attestation de formation aux pratiques d'Ombudsman, Origine de l'Ombudsman moderne, *African Ombudsman Research Centre* (CROA), 13-19 novembre 2013, Luzaka, Zambie, 189 pages.
- Chambre nationale des praticiens de la médiation (CNPM), Fédération nationale de la médiation familiale (FENAMEF).
    - Conseil de paix et de sécurité (CPS) de l'Union africaine (UA), 463e réunion, le 27 oct.

- Consulte des médiateurs d'entreprises (CME), Fédération nationale des centres de médiation (FNCM).
- Convention tchadienne pour la défense des droits humains (CTDDH), Communiqué de presse n°75, fait à N'Djamena le 5 nov. 2014, Le Secrétaire aux affaires d'urgence, Khalil Azibert Mahamat (voir annexe).
- Débat de haut niveau sur l'importance croissante de la médiation dans le règlement pacifique des différends, Ministre délégué auprès du ministre des Affaires étrangères et de la Coopération du Maroc, Nations unies, Département de l'information, Service des informations et des accréditations, New York, Assemblée générale, 66e session, Débat thématique informel, 23/05/2012, 14 pages.
- Foundation for Subjective Experience and Research (SER), International & UN Affairs Main NGO Représentative, « Résolution proposant à l'Assemblée générale de l'Organisation des Nations unies (ONU) de proclamer la période 2010-2020 décennie internationale de la réconciliation, suite à la proclamation déclarant 2009 année internationale de la réconciliation », 5 février 2008.
- Institut catholique de Paris, *L'information sur l'orientation des lycéens et des étudiants*, Service Communication, Métiers de la médiation, coll. « Orientation à l'ICP : Fiches Métiers-secteurs », 2011.
- Institut français de la médiation
- InterAgency Needs Assessment Education Cluster – Tchad Crise du Lac Tchad, 15-17 janvier (MEN,

UNICEF, UNHCR, IRC).

- Médiature de la République, Affaire de Chigueg, message n°0116/PRT/01 du 4 novembre 2001.
- Réseau des médiateurs en entreprise (RME).
- SST de Bongor, *Fiche d'information.*
- UFCD/GPP : l'Union des forces pour le changement démocratique/Groupe des Patriotes pour la paix (65 éléments ralliés).
- Union professionnelle indépendante des médiateurs (UPIM)

Sites internet

- https://www.indexmundi.com/g/g.aspx?c=cd&v=67&l=fr
- FAO, https://fr.actualitix.com/pays/tcd/tchad-elevage-de-bovins-et-buffles.php
- http://hisseinhabre.com/hissein-habre-resume-de-la-biographie-de-l-ancien-chef-de-l- etat-du-tchad.html
- https://www.hrw.org/fr/tag/hissene-habre
- http://www.jeuneafrique.com/personnalites/idriss-deby-itno/
- http://africadaily.news/tchad-des-soldats-assassines-lors-de-leur-transfert-en-prison/
- https://www.indexmundi.com/g/g.aspx?c=cd&v=67&l=fr
- http://french.china.org.cn/foreign/txt/2018-05/10/content_51205365.htm
- https://www.journaldunet.com/patrimoine/finances-personnelles/1208753-pays-pauvres-classement/1208798-tchad
- *L'équité se voit-elle reconnaître une place suffisante en droit ?* http://www.jeulin.net/ScPo/equite.htm
- http://lespoirdelanation.skyrock.com/2682061090-Feu-General-President- MALLOUM-NGAKOUTOU-BEY-NDI.html
- http://dx.doi.org/10.1017/cls.2013.30
- http://www.unesco.org/csi/pub/info/seacam.pdf
- http://centrafrique-presse.over-blog.com/article-35392705.html
- Tacko Ndiaye, Fonctionnaire, principale sur le genre, l'égalité et le développement rural du bureau régional de la Fao pour

l'Afrique
http://french.china.org.cn/foreign/txt/2018-05/10/content_51205365.htm

- https://www.journaldunet.com/patrimoine/finances-personnelles/1208753-pays-pauvres-classement/1208798-tchad
- Source: CIA World Factbook - Version du Mars 11, 2017, https://www.indexmundi.com/g/g.aspx?c=cd&v=67&l=fr
- https://www.wathi.org/laboratoire/initiatives/election_tchad/situation-de-leducation-tchad/
- https://arabic.rt.com/world
- http://data.uis.unesco.org/?lang=fr&SubSessionId=786644d0-98a5-4421-bb83-2350565583f9&themetreeid=-200
- www.bioa.org.uk, Cutts Martin, directeur de recherche à la Plain Langage Commission, The Ombudsman, n°37, avril 2009
- http://droitcultures.revues.org/3256#tocto2n3
- http://www.igg.go.ug/
- http://imaq.org/2012/10/12/linstitut-de-la-mediation-dans-lespace-francophone-i-m-e-f-au- quebec/
- http://img.over-blog-kiwi.com/0/37/90/53/201309/ob_143252979c67754353e43c7e37e0c412_tchad.jpg
- http://institut-international-gestion-conflits.org/index.php/contenus-generaux
- http://legiglobe.rf2d.org/estonie/2014/04/14/
- https://www.marxists.org/francais/marx/wor

ks/1847/00/kmfe18470000a.htm#sdfootnote21sym

- http://afrique.lepoint.fr/actualites/deradicalisation-le-tchad-ouvre-son-premier-centre- 12-02-2018-2194325_2365.php
- http://m.ledevoir.com/?utm_source=emailcampaign105&utm_medium=phpList&utm_content=HTMLemail&utm_campaign=Bulletin+du+C%C3%89RIUM+-+27+ao%C3%BBt+2015#article-448454
- http://mediateurs.wordpress.com/2008/01/31/gestion-de-conflits-mediateurs-et-mediation/
- http://micheljauniaux.pagesperso-orange.fr/tchad/carteadmi.jpg
- http://psychotemoins.inist.fr/?Entretien-cognitif-avec-le-temoin
- http://what-is-this.net/fr/definition/ombudsman
- http://www.anm-mediation.com/qui-sommes-nous/les-textes-fondateurs-de-lanm/
- https://www.aomf-ombudsmans-francophonie.org/
- http://www.aomf-ombudsmans-francophonie.org/l-aomf/qu-est-ce-qu-un-ombudsman- mediateur_fr_000051.html
- http://www.aomf-ombudsmans-francophonie.org/les-membres_fr_000023_membre33.html
- http://www.canalmonde.fr/r-annuaire-tourisme/monde/guides/cartes.php?p=td
- http://www.centremediationconseil.fr/definition-de-la-mediation-p180918.html

- http://www.cnrtl.fr
- http://www.cosmovisions.com/CharlesXIISuede.htm#oWgaVT4k6awMk3Vo.99
- http://www.defensordelpueblo.es/fr/Quienes/Historia/index.html
- http://www.education.gouv.fr/cid3998/appel-au-mediateur.html#qui
- http://www.genevaccord.com/fr/mediation
- http://www.icp.fr/a-propos-de-l-icp/decouvrez-l-icp/facultes-et-instituts/institut-de-formation-a- la-mediation-et-a-la-negociation-1602.kjsp
- http://www.icp.fr/fr/Organismes/IFOMENE/Actualites/Retour-sur-le-7eme-cafe-de-la-Mediation
- http://www.irenees.net/bdf_fiche-analyse-867_fr.html
- http://www.irenees.net/bdf_fiche-notions-175_fr.html
- http://base.d-p-h.info/fr/fiches/dph/fiche-dph-9075.html. Dialogues, propositions, histoires pour une citoyenneté mondiale, *Mais qu'est-ce que la bonne gouvernance ?*, 04/2012
- www.independent-assessor.org.uk, Service de médiation financière (Financial Ombudsman service), Fiche d'information
- http://www.jeuneafrique.com/depeches/94046/politique/centrafrique-le-mediateur-de- la-republique-tente-de-sauver-les-elections/
- http://www.journaldebangui.com/article.php?aid=4087
- http://www.lechevalmediateur.com/home/pour-

qui

- http://www.lemonde.fr/afrique/article/2014/08/24/le-president-sud-africain-jacob-zuma-somme- de-justifier-des-travaux-prives-payes-par-l-État_4475834_3212.html
- http://www.lemonde.fr/international/article/2012/09/14/thuli-madonsela-mediatrice-sans-peur-et- sans-faveur_1760599_3210.html#jDx
- http://www.lesclesdelabanque.com/Web/Cles/Content.nsf/DocumentsByIDWeb/6W9 HFZ
- http://www.mediation-animale.org/decouverte-du-cheval-mediateur-27-et-28- novembre-2014-sud-ouest-haras-nationaux/
- http://www.ombudsman-touristik.ch/fr/portraet/
- http://www.rfi.fr/afrique/20130102-le-mediateur-centrafricain-paulin-pomodimo-bozize-seleka/
- http://www.rfi.fr/afrique/20130102-le-mediateur-centrafricain-paulin-pomodimo-bozize-seleka/
- http://www.rfi.fr/moyen-orient/20140406-egypte-23-morts-affrontements-entre-tribus
- http://www.thierry-noellec-mediation.com/l-abecedaire-de-la-mediation/
- http://www.transparency.org/news/pressrelease/indice_de_perceptions_de_la_corruption_2014_des_ombres_a_la_croissance
- http://www.un.org/press/fr/2012/AG11242.doc.htm
- http://www.unesco.org

- http://www.vos-droits.justice.gouv.fr/index.php?rubrique=10062&ssrubrique=10063&article=10115
- http://www2.ombudsnet.org/
- http://www2.ombudsnet.org/history.htm
- http://xibaaru.com/people/le-president-jacob-zuma-accuse-de-depenses-somptuaires/
- https://ombudsmandemontreal.com/services/independance-et-confidentialite
- https://ombudsmandemontreal.com/services/independance-et-confidentialite
- https://protecteurducitoyen.qc.ca/fr
- https://www.definitions-marketing.com/definition/medias-sociaux/
- www.alwihdainfo.com/La-democratie-est-une-belle-femme-que-je-n-ai-pas- vue_a4144.htlml
- www.asf-france.com
- www.mfa.gov
- www.un.org/press/fr

Sigles et Abreviations

- AAI : Autorité Administrative indépendante
- ACTT : Association des chefs traditionnels du Tchad
- ADR : Alliance des démocrates résistants
- AFD : Alliance des forces démocratiques
- AMP : Association des médiateurs des pays membres de l'UEMOA
- AOMA : Association des Ombudsman et Médiateurs africains
- AOMF : Association des Ombudsman/Médiateurs de la francophonie
- APICED : Agence pour la promotion des initiatives communautaires en éducation au Tchad
- APRD : L'Armée populaire pour la restauration de la République et la démocratie (groupe rebelle centrafricain)
- ARL : règlement approprié des litiges
- ARL Règlement approprié des litiges
- B.E.T. : Borkou, Ennedi, Tibesti
- CAMOJET : Collectif des associations et mouvements de jeunes du Tchad
- CBC : Radio et télévision du Canada
- CEEAC : Communauté Économique des États de l'Afrique Centrale
- CEI : Commission électorale indépendante

- CEMC: Décrivez, Expliquez, Montrez, Communiquez
- CESDIP : Centre de recherches sociologiques sur le droit et les institutions pénales
- CFA : communauté francophone africaine
- CNDH : Commission nationale des droits de l'homme
- CNDS : Comité national pour le dialogue social (au Tchad)
- CNDS : Commission nationale de déontologie de la sécurité
- CNRT : Conseil National révolutionnaire tchadien (en France)
- CNS : La Conférence nationale souveraine
- CNT : Concorde Nationale Tchadienne
- CPDC : Coordination des partis politiques pour la défense de la constitution
- CSAIT : Conseil supérieur des affaires islamiques (au Tchad)
- CTDDH : Convention tchadienne pour la défense des droits humains
- DAECH : Oragnisation d'Etat Islamique
- DGIP : Direction générale institutions et populations
- ECOSIT : Enquête sur la Consommation et le Secteur informel au Tchad
- EISO : équipe d'intervention spéciale d'Ombudsman
- FAIDT : Forces armées pour l'instauration de la démocratie au Tchad

- FAN : Front Armé du Nord
- FDP : Front démocratique populaire
- FJC : Force de la jeunesse pour le changement
- FNT : Front national du Tchad
- FPR : Front populaire pour le redressement
- Frolinat : Front de libération nationale du Tchad
- GDZ : Agence allemande de coopération internationale
- GRAMP/TC : Groupe de recherches Alternatives et de Monitoring du Projet Pétrole Tchad-Cameroun
- GUNT : Gouvernement d'union nationale du Tchad
- HCC : Haut conseil de la communication
- IFOMENE : Institut de formation à la Médiation et à la négociation de l'Institut catholique de Paris
- IIGC : Institut international de gestion des conflits
- IIO : Institut international des ombudsmans
- Iyina : en arabe tchadien veut dire « nous sommes fatigués », allusion au pouvoir
- MARC : Modes alternatifs de règlement des conflits
- MARC : Modes alternatifs de résolution des conflits
- MARL : Mode alternatif de règlement des litiges
- MDD : Mouvement pour la Démocratie et le

Développement

- MDJT : Mouvement pour la Démocratie et la justice au Tchad
- MEC : Médiation entre éleveurs et cultivateurs au Tchad
- MINURCA : La Mission des Nations unies en République centrafricaine
- MJST : Mouvement pour la justice sociale et la démocratie
- MLPC : Mouvement de libération du peuple centrafricain
- MN : Mouvement National
- MPRD : Mouvement pour la Reconstruction et le Développement
- MRC : Mode de résolution de conflit
- MRT : Médiature de la République du Tchad
- MURCEF : La loi MURCEF est entrée en vigueur en décembre 2001 qui régule les relations entre les banques et les clients.
- OE : Office des étrangers
- OEI : Organisation Etat Islamique (DAECH)
- ONG : organsiation non gouvernementale
- ONRTV : Office national radio et télévision
- ONU : Organisation des Nations unies
- PBF : (en anglais) Fonds d'appui à la consolidation de la paix
- PCA : Président du conseil d'administration

- PDI : Personnes déplacées internes
- PNUD : Programme des nations unies pour le développement
- PRAC : Problème, Règle, analyse, conclusion
- REL : Règlement extraordinaire des litiges
- RFC : Rassemblement des forces pour le changement
- RFI : Radio France internationale
- RPL : Règlement proportionnel des litiges
- RT : République du Tchad
- Séléka (coalition en langue Sangho) Mouvement de libération du peuple centrafricain
- SMIG : salaire minimum interprofessionnel garanti
- *SPF : Service public fédéral*
- SST : Service de sécurité de territoire
- TCA : Taux de conversion alimentaire
- UA : Union Africaine
- UEMOA : Union économique et monétaire de l'afrique de l'Ouest
- UFCD/GPP : l'Union des forces pour le changement démocratique/Groupe des Patriotes pour la paix
- UFDD : Union des forces pour la démocratie et le Développement
- UFR : Union des forces pour la Résistance
- *UFVN : Union des forces vives de la nation (en Centrafrique)*

- UJR : l'Union des jeunes pour la résistance

Graphiques

Cartes

- Les différents types de conflits que traite l'institution tchadienne
- Identification des zones touchées par des conflits éleveurs/ agriculteurs
- Carte montrant par des étoiles bleues les fiefs des mouvements armés
- Le Lac Tchad où se trouvent de réfugiés victimes de (Boko Haram)
- La région de Batha (Tchad)
- Nouveau découpage de Chigueg
- Carte des zones des conflits
- Cartes itinéraire

Tableaux

Table des matières

Made in the USA
Columbia, SC
16 July 2021

41939279R00251